“十三五”高等职业教育规划教材
国家示范性高职院校中央财政重点建设项目成果

会计基础

（第4版）

主　编　桑丽霞　周彦
副主编　刘爱云　焦丽　于涵

中国财经出版传媒集团
中国财政经济出版社

图书在版编目（CIP）数据

会计基础/桑丽霞，周彦主编．—4版．—北京：中国财政经济出版社，2019.8
“十三五”高等职业教育规划教材　国家示范性高职院校中央财政重点建设项目成果
ISBN 978-7-5095-9092-8

Ⅰ.①会…　Ⅱ.①桑…②周…　Ⅲ.①会计学-高等职业教育-教材　Ⅳ.①F230

中国版本图书馆CIP数据核字（2019）第137303号

责任编辑：李　媛　　　　　　　　　责任校对：徐艳丽
封面设计：陈宇琰

中国财政经济出版社出版
URL：http：//www.cfeph.cn
E-mail：cfeph@cfeph.cn

社址：北京市海淀区阜成路甲28号　邮政编码：100142
营销中心电话：010-88191537
北京密兴印刷有限公司印刷　　　各地新华书店经销
787×1092毫米　16开　15印张　348 000字
2019年9月第4版　2021年8月北京第2次印刷
定价：37.00元
ISBN 978-7-5095-9092-8
（图书出现印装问题，本社负责调换）
本社质量投诉电话：010-88190744
打击盗版举报热线：010-88191661　QQ：2242791300

前 言

《会计基础》（第3版）自2017年9月出版以来，深受众多高职院校教师和学生以及广大读者的认可和厚爱，值此第4版问世之际，谨向选用本书和提出宝贵修改建议的广大师生和读者朋友，致以衷心的感谢！

本教材自出版至今已十余年，在教材的使用过程中，许多读者提出了更加合理的意见和建议，这是我们完善教材体系和内容的宝贵资源。此外，近三年来政府出台了新的相关的法律法规，原有的法律法规不断完善，对于以政府的法律法规作为编写依据的会计教材，必须与时俱进，及时更新。另外，本教材的特色之一就是课证深度融合，与相关证书考试有关的内容发生了一些改变，教材也应该相应做出调整。

会计基础课程是会计、审计、金融等财经类专业的专业基础课程，是在校学生的专业必修课。该课程在培养学生专业能力的同时，也注重培养学生的综合素养，为未来的可持续发展奠定基础。我们充分考虑本教材在财会专业人才培养过程中的地位和作用，深入企业调研，与行业企业专家深度座谈，听取他们对该教材修订的意见和建议。在充分考虑全面贯彻新一轮教学改革的精神（中高职协调发展、职业教育的五个对接、产教（校企）合作）的基础上，我们对本教材进行了修订。在修订过程中，除了体现原有的教材编写两大理念（一是校企合作开发，课证深度融合，充分体现职业性、实践性和开放性；二是学做一体，突出岗位职业能力和职业素质的培养，促进学生综合素质的养成和提高）以外，本次修订主要体现在以下方面：

1. 根据新的法律法规和职业资格考试的内容，结合高职高专的特点，对相关内容进行完善和更新。

2. 采纳三年来教师和学生在教材使用过程中提出的合理化建议，对相关内容进行修订。

3. 将部分任务案例改为引导案例，真正发挥案例的作用，激发学生的学习兴趣。

4. 进一步壮大教材校企合作编写团队，吸纳有丰富会计教学经验的教师和有丰富会计核算与管理实践经验的企业专家加入编写队伍，聘请行业专家担任审定工作，使教材更加贴近实际，提高教材质量。

本教材由校企合作共同编写，山东商业职业技术学院教授、注册会计师桑丽霞，教授周彦担任主编；山东信和有限责任会计师事务所高级会计师、注册会计师、注册税务师刘爱云，山东商业职业技术学院副教授焦丽、副教授于涵担任副主编；中国烟草总公司山东省公司总经济师梁茂松，山东商业职业技术学院讲师王繁一、讲师赵丽丽、讲师孙楠楠，山东商业职业技术学院李硕、张慧老师参加编写。山东省再担保集团有限公司高级会计师安郁杰担任主审。

教材具体分工如下：项目一由桑丽霞编写；项目二由桑丽霞、于涵编写；项目三由刘爱云、孙楠楠编写；项目四由焦丽、赵丽丽编写；项目五由周彦、梁茂松编写；项目六由王繁一、李硕编写；项目七由张慧编写。全书最后由桑丽霞总纂定稿。

本教材既可作为高职高专财经类专业教材，也可作为在职会计人员培训及自学者自学用书。本教材电子课件和习题答案等教学资源可扫描封底“中财资源库”二维码获取。

本教材在编写过程中参阅、借鉴了一些相关教材、著作和网络资源，在此对相关作者表示诚挚的谢意。由于编写时间仓促，作者水平和实践经验有限，书中不妥之处，恳请读者批评指正。

编　者

2019年7月

目 录

项目一

初步认识会计

学习目标

1. 能正确理解会计的本质和职能
2. 能熟练区分各项会计要素，并掌握各项要素之间的内在联系
3. 能掌握会计等式，并理解经济业务的发生不会破坏会计等式
4. 能理解并熟练应用会计科目与账户
5. 能理解复式记账，并熟练掌握借贷记账法
6. 能初步认识各种会计核算方法，理解各种方法之间的关系

任务一
认识会计的本质与职能

【引导案例】

王冰是一名在校大学生。2019 年 3 月，学校组织表现突出的王冰等 10 名学生到天元集团所属的新华公司财务部会计科参观学习，为期 3 天。首先，财务部长对新华公司的会计岗位设置、财务运行情况、内部控制等进行了讲解，然后他们开始实地了解每一个会计岗位的职责，查看了公司 2018 年 12 月份的会计凭证、会计账簿和会计报表，并就各自的问题请教了有关会计人员。回校后，这 10 名同学结合自己所学的会计理论以及校内的模拟实训，根据学习到的新华公司的有关会计信息，撰写一份报告，谈一谈自

己对会计本质和职能的认识，以下是王冰在报告中提出的对会计的本质和职能的基本看法：

1. 会计的本质是一种管理活动，它既为管理提供信息，又直接履行管理的职能。

2. 会计的基本职能是核算与监督，但是通过三天的参观学习，王冰发现在企业里，监督的职能被弱化了，在实施时有诸多障碍。

3. 会计核算的基本方法是记账、算账和报账。

思考：王冰对会计的本质和职能的初步看法是否正确？你对该问题有什么看法？

【知识准备】

一、会计的概念与特点

会计是经济管理的重要组成部分，是为进行经营决策，提高经济效益服务的，是以提供财务信息为主的经济信息管理系统。它是以货币为主要计量单位，运用一系列专门方法，连续、系统、全面地核算和监督企业、事业等单位的经济活动过程及其成果的一种经济管理活动。它能为会计信息使用者提供有用的经济信息，促使企业提高经济效益。

会计的特点是指会计本身所具有的特殊性，它反映了会计的本质特征。会计的特点是以货币为主要计量单位、运用一整套专门的方法，对经济活动进行连续、系统和全面地记录和核算。

（一）会计以货币为主要计量单位进行综合反映

为了记录和计算经济业务数量的增减变化，必须采用一定计量单位。计量单位通常有实物单位（如千克、米）、劳动单位（如工时）和货币单位（如元）。在会计核算中虽然也使用实物和劳动单位进行计量，但主要是以货币单位对经济活动进行综合记录和核算。货币单位可以把不同种类的财产物资、不同性质的收入和支出、发生的成本和费用等综合在一起加以反映，以取得经营管理上所必须的各种综合的核算资料，它能全面地说明各单位的各种错综复杂的经济活动和财务收支情况，所以在商品货币经济存在的条件下，会计必须以货币作为主要计量单位对经济活动进行综合地核算和监督，以求得各种总括的核算指标。

（二）会计以凭证为主要依据，运用一整套专门的方法

为了正确核算和监督经济活动，会计运用一整套专门的方法，包括设置账户、复式记账、填制和审核凭证、登记账簿、成本计算、财产清查和编制会计报表等。这些专门方法的互相配合与综合运用，构成了记录、计算、反映和监督经济活动的一套完整的方法体系。

（三）会计核算具有连续性、系统性和全面性的特点

会计的另外一个特点是对经济活动的记录和计算必须是连续的、系统的、全面的。所谓连续，是指按照经济业务发生的时间顺序进行记录，不能间断。所谓系统，是指对发生的经济业务要科学分类，以分门别类反映经济活动和财务收支情况，同时各项指标又要有科学联系，构成一套完整的指标体系。所谓全面，是指对属于会计所要核算和监督的经济业务都要全面记录和计算，做到正确无误，既不能遗漏，也不能任意取舍。

二、会计的本质

会计的本质是管理，会计是一项重要的经济管理活动。

（一）会计是管理生产经营过程的一种实践活动

会计作为生产经营的管理活动，是随着社会生产的发展和由此产生的经济管理的需要而产生和发展起来的。随着生产的发展，经济活动范围的日益扩大，人们为了达到预期的目的，取得较好的经济效益，必须随时掌握经济活动中的数量变化情况，对生产过程进行必要的组织管理，对生产过程中的劳动消耗及取得的劳动产品等经济现象进行观察、计量和登记，以便获得有关管理生产过程所必需的数据；同时，根据所取得的数据资料，在生产活动之前、之中、之后进行适当调节、干预，使之不断节约劳动消耗，取得更多的劳动产品，从而提高经济效益。这就是会计管理的雏形。会计从生产的附带职能发展到独立的职能，主要是因为产生了商品货币。社会再生产过程中的一切物质资料的生产、分配和交换都要通过货币来计量。为了以价值形式综合反映出生产经营情况，计算、考核经济效益，会计逐渐形成一套用价值形式管理经济的技术方法。因此，在实践中就出现了以价值为主要形式来管理生产活动、讲求经济效益的工作，即会计管理工作。

（二）会计既为管理提供信息，又直接履行管理的职能

物质资料的生产是人类社会生存和发展的基础。有生产就必须有管理，有管理就必须有核算。因此，会计与管理是密不可分的。会计不仅为管理提供数据资料，形成经济管理中的主要信息来源，而且由于会计系统占有大量日常经济活动的第一手资料，最能揭示经济活动的动态。特别是在市场经济条件下，管理重心从以实物管理为主，转向以价值管理为主。会计是一种重要的价值管理工作，它对经济活动中所有以价值表现的数量方面都要干预、指导、调节和控制，因此会计本身就是一种管理活动。从会计记账、算账的数据处理工作来看，实质上也是一种管理工作，因为数据处理的工作内容是伴随着对数据反映的经济业务进行不同程度的管理而实现的。例如，记账就和审核工作结合在一起，算账则和分析、评价相继展开。

（三）会计方法的变革和发展实际上是出于管理的要求

会计是社会现象，产生于管理的需要，一开始它就以经济管理的形式出现。管理的最

初形式是计量、计算，这种管理形式的出现，是和人们比较生产和交换活动中的得失、讲求经济活动的效益分不开的。随着生产力的发展和经济关系的复杂化，管理的内容和方式方法也在变化：由简单的计量、计算发展成为对劳动过程的指挥与调节。私有制出现之后，管理产生了新的职能，即对经济活动进行严格的监督与控制。随着商品货币经济的产生和发展，以核算和监督私人资本运动为主要内容的民间会计得到迅速发展，会计的技术方法由简单到复杂，从不完善到逐步完善。会计技术方法的改进和发展也是与人们的管理实践分不开的。

从会计产生和发展的过程看，会计随着社会生产力的发展而发展。会计同社会生产力水平的这种紧密联系是不以人的意志为转移的，表现为会计具有一整套专门的技术方法，这是会计的自然属性，即技术性。另一方面，会计是经济管理的一个组成部分，必然有其经济管理的目的性，为一定的经济、政治、法律、文化等社会环境所支配，使会计具有一定的社会属性，即社会性。

三、会计的职能

会计的职能是指会计在经营管理过程中所具有的功能，是会计本质的体现。马克思曾把会计的基本职能概括为对“过程的控制和观念的总结”，这是对会计职能的一种传统的概括方式。

会计作为经济管理的一种活动，其职能随着会计的发展而发展。《中华人民共和国会计法》明确规定：“会计机构、会计人员依照本法规定进行会计核算，实行会计监督。”可见在我国将会计核算与会计监督作为法律赋予会计的基本职能。但随着生产的发展、社会的进步、管理水平的提高，会计的职能也在不断地发展，会计职能的具体内容也在不断地丰富和扩展。会计除了传统的核算、监督职能外，还有预测、决策、控制、分析等职能。

（一）会计的基本职能

1. 会计核算职能

会计核算职能又称会计反映职能，是指运用货币形式，对企业、事业等单位的经济活动过程及其成果进行确认、计量和记录，最后以财务会计报告的形式报送有关方面，为经营管理提供经济信息。确认是指以专业的标准确定会计事项是否发生、何时发生，并以此确定经济信息能否进入会计核算系统；计量是指以货币为计量单位，确定应计入会计核算系统的金额；记录是指将会计事项以特有的专门方法在会计特有的载体上登记的过程；报告是指将会计确认、计量、记录的真实资料进行汇总，编制出能反映企业财务状况和经营成果的报告文件，提供给各有关会计信息使用者。

各企业、事业等单位对于下列经济业务，应当办理会计手续，进行会计核算：①款项的收付；②财产物资的增减和使用；③债权、债务的发生和结算；④资本的增减；⑤收入、费用、成本的计算；⑥财务成果的计算和处理等。

2. 会计监督职能

会计监督职能是指利用会计核算所提供的会计信息，按照国家的财经法规、政策的规定，对企业、事业等单位的经济活动过程进行分析、控制和指导，使企业沿着正确的经营方向发展。

随着生产的发展和管理要求的不断提高，会计监督的内容也在发展变化。从当前情况看，会计主要是对过去和当前的经济活动过程和结果进行监督。包括：①审查各项收入和支出是否符合有关财经法规、制度的规定，手续是否完备，数字是否真实；②确保所有者的权益。建立健全财务管理制度，保证资本的完整、利益分配的准确；③保证企业、事业等单位财产物资的安全与完整，保证财产物资的增减变化符合规定的手续，避免损失和浪费，做到账实相符；④监督资金的组织、分配和使用，考核资金的使用效果；⑤监督生产过程和消耗，促进节约，以提高经济效益。

会计核算和监督是相辅相成、辩证统一的。会计核算是会计监督的基础和前提，没有会计核算所提供的会计信息，会计监督就失去了依据；而会计监督又是会计核算的深入和质量保证，没有严格的会计监督，就难以保证会计核算所提供信息的真实与可靠，会计核算也就失去了意义。

（二）会计的其他职能

1. 预测职能

预测职能是指运用专门的计算方法，利用会计资料和其他信息资料，找出经济活动中客观存在的规律性，并以此为依据，对经济活动未来的发展趋势或状况进行估计或测算。预测可以为决策提供数据资料。

2. 决策职能

决策职能是指在预测的基础上，利用会计资料和其他信息资料，对未来经济活动可能采取的各种备选方案，进行定量分析，权衡利弊得失，从中选出最优方案。

3. 控制职能

控制职能是指按照管理的目的和要求，通过组织、指挥、协调企业的经济活动，对经济行为进行必要的干预，使之按照预定的轨道有序地进行。如事先编制计划，确定企业财务目标；事中组织计划的执行，并随时利用会计信息同财务目标相比较，进行评价；对存在的问题及时反馈，并采取措施调整脱离计划的偏差，以实现预定的财务目标。

4. 分析职能

分析职能是指以会计核算提供的信息资料为依据，结合计划、统计等其他资料，对会计主体的经济活动结果、财务状况，以及预算执行情况等，进行比较、分析、评价，总结经验，巩固成绩，找出存在的问题，挖掘潜力，改进工作。

四、会计的目标

会计目标是指在一定的客观环境和经济条件下，会计工作人员通过会计实践活动，期望达到的结果。它决定着整个会计活动过程的发展方向和方式，是会计运行的出发点和归结点。它也决定了会计应提供什么信息，以及所提供信息的具体数量和质量。

会计目标受客观条件的影响和制约，在不同的时空范围内，会计目标也往往不一样。对于现代企业来说，会计是一项重要的管理工作，它必然要为实现企业的经营目标服务。因此，实现企业的经营目标即提高经济效益是会计的根本目标或总目标。

由于会计核算是会计的基础工作，因此为了达到提高经济效益的总目标，就要首先确定会计核算的具体目标。企业会计准则明确指出会计核算的具体目标是：会计信息应当符合国家宏观经济管理的要求，满足有关各方了解企业财务状况和经营成果的需要，满足企业加强内部经营管理的需要。

首先，会计核算提供的信息要符合国家宏观经济管理的要求。由于会计工作是经济管理工作的重要基础，国家作为社会管理者，需要各企业遵守国家的政策和法规，提供真实可靠的会计信息，以便利用各种经济杠杆和法律、行政手段进行国民经济宏观控制、调节和引导。其次，会计核算提供的信息要满足有关各方了解企业财务状况和经营成果的需要。投资者和潜在的投资者需要了解企业的财务状况和盈利能力以及发展趋势等会计信息，以便预测投资报酬、投资风险，作出投资、继续投资或转让投资的决策；债权人需要了解企业的财务状况、盈利能力和资产变现程度，以便作出增加或减少贷款的决策；税务部门需要了解企业的纳税情况，以便加强对企业的税收征管。最后，会计核算提供的信息要满足企业加强内部经营管理的需要。企业管理者需要了解企业财务状况、经营成果和成本水平等方面的信息，以利于总结经验教训、挖掘潜力，不断改善经营管理。

【知识拓展】

一、中国会计的产生与发展

会计是社会经济发展到一定历史阶段的产物，是适应人们提高经济效益的要求而产生的，并随着社会生产的发展而不断发展。物质资料的生产是人类社会存在和发展的基础。人类要生存就需要消费物质资料，而要取得这些物质资料就必须要进行生产活动。在生产过程中，人们总是期望以最少的耗费，生产出尽可能多的物质资料。因此，在进行生产的同时，必须对生产所发生的耗费和取得的成果活动进行观察、计量、记录、计算和比较，于是会计就应运而生了。

在人类社会的初期，生产活动比较简单，人们最初对生产活动的计算和记录是通过大脑的计算和记忆来完成的。这与生产力极其低下，生产活动极其简单，劳动产品极其贫乏的社会是完全适应的。当生产力发展到一定水平，生产活动比较频繁，劳动产品有所增多，这时还单凭人类的大脑来进行计算和记忆是远远不够的，这就需要借助于一些物品进行计算和记录，于是就产生了“结绳记事”“刻竹作书”等进行计算和记录的方法。这时候的计算和记录只是生产活动的附带工作。

随着社会生产的不断发展，社会再生产过程日益复杂，原来对生产活动进行计算和记录的方法也随之得到了变化和发展。当社会生产出现剩余产品，并开始了社会分工协作时，人类需要进一步对生产过程进行反映和监督，以计算、记录产品的数量，以及为进行生产所需要的劳动消耗，需要权衡得失，保管剩余产品。于是就产生了原始的核算，即原始的会计，并进而出现了专门从事记录、计算工作的记账员。这就使原来是生产的一种附带工作，逐步形成为一种生产管理所必需的专门的会计工作。会计也就由简单到复杂，由低级到高级，由不完善到逐渐完善起来。

会计在我国有悠久的历史。"会计"一词远在西周时代就已经出现了。据史籍记载，我国西周王朝已设立了"司会"这一专职官吏来掌管国家和地方的"百物财用"。"司会掌邦之六典八法、八则……而听其会计"，并"以参互考日成，以月要考月成，以岁会考岁成"。参互、月要、岁会可以理解为日报、月报和年报。"会计"一词的涵义，清代学者焦循在《孟子正义》一书中解释："零星算之为计，总合算之为会。"根据月计岁会，通过日积、月累到岁终的核算，达到正确考核王朝财政经济收支的目的。

我国唐代，"账"字已经开始应用到会计当中，与"簿"联用，形成了"账簿"一词，账簿开始普遍使用纸张。唐代还设有户部掌管会计工作，设比部作为审计机关，加强了会计监督和会计检查。唐代还向国外传播中国会计的理论和方法。中国的收付记账法以及记账所用的数码字、计量单位等都在此时传入日本，为日本所广泛应用。

我国宋代，会计有了突飞猛进的发展。宋代健全了会计组织机构，设有会计司和审计司。宋代已设有草账（又称底簿或底账，即备忘录）、流水账（序时明细账）和总账，并且分别会计科目记账。尤其是"四柱清册"可称得上是宋代会计的重大发明。所谓四柱清册，就是封建官府办理钱粮报销或移交手续时所登记的账册。它分为：旧管（上期结存）、新收（本期收入）、开除（本期支出）和实在（本期结存）四部分，称之为四柱，所以这种账册叫四柱清册。四柱之间的平衡关系是：旧管+新收-开除=实在。四柱清册为中国收付记账法奠定了理论基础。

明清两代，行政机构继承宋制。明代统一了账簿的格式，账页分上收下付两部分，会计记录已经以货币为统一量度，代替了实物量度。明末清初，出现了中国最早的复式记账法——龙门账。这对中国会计由单式记账法向复式记账法转变起着重要的推动作用。清代会计记账也由单式记账法向复式记账法过渡，出现了三脚账和四脚账等按复式记账原理登记的账簿。这些对中国会计的发展起到了很大的促进作用。

在20世纪初期，借贷记账法传入我国，随后又引进了英美的会计法规，对改革中式会计，促进我国会计的发展起到了一定的作用。

中华人民共和国成立以后，我国会计工作者一方面继承了中式会计的优点，另一方面又吸收了西式会计的精华，比照苏联会计的模式，逐步建立起我国会计的理论和方法。在这以后的几十年里，我国会计工作虽多次遭受严重挫折，历经几起几落，但仍然取得了较大成就。1985年，我国颁布了《中华人民共和国会计法》，使会计工作进入法制轨道。1992年11月30日，我国在经过多年的调查研究，广泛地听取和吸收各方的意见，并在充分借鉴国际会计惯例的基础上，由财政部颁布了《企业会计准则》，并从1993年7月1日起施行。这一准则的发布实施，对于完善我国的会计核算工作，促进我国市场经济的不断发展，具有重要的意义。2000年12月29日，由国家财政部颁布2001年1月1日起施行的《企业会计制度》，是我国会计核算制度的又一次重大改革。2006年2月，财政部发布了重新修订的《企业会计准则》，包括基本准则和38项具体准则，于2007年1月1日执行；2006年10月，又发布了《企业会计准则——应用指南》。2017年财政部发布了多项新准则或修订准则，大多自2018年1月1日起施行。这套完整、全新的会计准则体系的颁布，是我国为适应新形势下国内外经济环境发展变化的需要而做出的重大会计改革决策，必将大大改善我国企业会计信息的质量，进一步提高我国企业经营和财务信息的透明度，增强我国企业会计信息在国际范围内进行交流、使用的可信度，从而更好地满足投资者、债权人和其他利益关系人等有关方面对会计信息的需求，进一步规范企业会计行为和会计秩序，有力地维护社会各方及广大公众的利益。同时，对于完善我国市场经济体制、推进经济增长方式转变也具有十分重要的意义。

二、西方会计的产生与发展

在外国，会计的历史也很悠久。在印度太古的共同体里农业上已经有了记账员。在公元前三四千年，古埃及法老已设有专职的“录事”，管理宫廷的赋税收入和各种军饷、官吏俸禄等各项支出。大约距今4 000年以前，巴比伦就开始在金属或瓦片上做商业交易的记录。在西方，会计在封建经济逐渐瓦解、资本主义经济逐渐形成过程中产生了。

中世纪地中海沿岸资本主义经济逐渐繁荣起来，与之相适应的会计也得到了发展。13世纪意大利的佛罗伦萨，从事金融业的经纪人所使用的账簿，开始以借主和贷主的名字开立人名账户。每一人名账户都分借贷两方：左方为借，右方为贷。每笔借贷款项分别记入一个账户的借方，另一个账户的贷方。这种方法被称为佛罗伦萨式簿记法。这是借贷记账法的萌芽。

随着资本主义经济的进一步发展，1340年，意大利的热那亚开始出现了不仅根据人名设置账户，还根据物品设置账户的会计账簿。每一账户分左右两方，左方为借，右方为贷。一切经济业务都分别记入一个账户的借方，另一个相应账户的贷方；借贷两方金额相等。这种方法被称为热那亚式簿记法。这使记账方法前进了一大步。

到了15世纪末期，意大利的威尼斯商人在热那亚簿记法的基础上，增设了损益账户、资本账户和试算平衡表，致使所有账户都能够进行试算平衡。这种方法被称为威尼斯式簿记法。这使西方会计的记账法得到进一步的完善。

1494年，意大利人卢卡·帕乔利（Luca Pacioli）撰著的《算术·几何·比与比例概要》一书对威尼斯式簿记法进行了详细介绍，这是会计发展史上的重要里程碑，标志着近代会计的形成。随后，借贷复式记账法传至世界各国，并在实践中不断发展和完善，至今仍为世界绝大多数国家所采用。

18世纪末19世纪初，西方股份公司的出现和发展，资本所有权同经营权的分离，产生了独立职业会计师，从而形成了以企业会计向股东集团、债权人及外部利害关系人提供各种财务报表为中心任务的“财务会计”概念。20世纪30年代以后，为了使会计核算工作规范化，增强会计报表的真实性和可比性，西方各国先后制订了会计准则，将会计理论和方法推上了一个新水平。第二次世界大战后，出现了大规模的企业经营，适应国内外市场激烈竞争需要，迫切需要企业内部经济活动和经营管理的合理化，迫使企业经营管理与企业会计结合起来，从而形成了同传统“财务会计”相并列的“管理会计”，进一步丰富了会计学的内容。

随着现代科学技术的进步，会计理论和会计技术更有了突飞猛进的发展。现代会计的特征是日益科学化、规范化和国际化，尤其是电子计算机在会计上的应用，不仅代替了会计人员从审核凭证到会计报表编报的全部核算过程的工作，更重要的是这能快速而准确地提供经营管理所需要的各种会计数据资料，这给会计工作及会计理论带来了极大的变革，成为现代会计的重要标志。

综上所述，会计是适应人类社会对生产过程中生产耗费和生产成果的记录、计量、比较，以分析考核其经济效益的客观需要而产生，并随着社会生产的发展而不断发展和完善，由生产职能的附带部分逐渐分离出来，成为经济管理的重要组成部分。实践证明，经济越发展，会计越重要，经济工作离不开会计。

任务二
认识会计要素与会计等式

【任务案例】

2019 年 2 月初，新华公司总资产为 720 万元，其中 260 万元是负债形成的，其余 460 万元是投资者的投资和企业的积累，三者之间存在着相等关系（即 720 万元 =260 万元 +460 万元）。2 月份，新华公司发生了多项经济业务，上述三方面数字都发生了变化。

思考：这些变化是否使它们之间的相等关系受到破坏？

另外，经过一个月的生产经营，假设新华公司在 2 月份实现营业收入 600 万元，发生相关成本费用 500 万元。

思考：新华公司在 2 月份实现多少利润？收入、费用和利润之间存在怎样的关系？作为一名会计人员，应该用什么核算方法来反映新华公司 2 月份发生的所有经济业务？

【知识准备】

一、会计对象

会计对象是指会计所要反映和监督的内容，是会计的客体。在社会主义市场经济条件下，会计的对象是社会再生产过程中的资金及其运动。

企业的一切经济活动都离不开资金。为了开展经济活动，各单位都必须筹集与其规模相当的资金。资金是指单位各种财产物资的货币表现，包括货币本身。

无论是生产企业，还是商品流通与服务企业，它们都要进行生产经营活动，都是营利性组织。其资金运动是一种循环周转式运动。以工业企业为例，其生产经营过程分为供应、生产和销售三个阶段。在供应过程，为了给生产和销售做好各种准备，企业必须用货币购买机器设备、原材料等，从而使货币资金转化为固定资金和储备资金。在生产阶段，劳动力利用机器设备对原材料进行加工、生产产品，从而使储备资金和一部分货币资金以及机器设备的损耗转化为生产资金。当产品完工达到可销售状态，生产资金就转化为成品资金。在销售阶段，企业将产成品对外出售，取得销售收入，从而使成品资金又转化为货币资金。资金随着企业供应、生产和销售的不断进行，由货币资金依次不断改变其形态，这一过程称为资金循环；资金随着企业再生产过程周而复始的演变，称为资金周转。企业就是在这种资金的不断循环和周转的过程中，实现资金的增值，从而达到企业财富最大化的目的。

二、会计要素

通过对上述资金运动过程的分析可知，会计对象涉及面广，而且十分复杂，因此，必须对会计对象按照一定的经济特征进行分类。会计要素就是对会计对象进行的基本分类，是会计对象的具体化。企业会计要素包括资产、负债、所有者权益、收入、费用和利润。这六大会计要素可以划分为两大类：一类是反映企业财务状况的会计要素，包括资产、负债和所有者权益；另一类是反映企业经营成果的会计要素，包括收入、费用和利润。

（一）资产

资产是指企业过去的交易或者事项形成的、由企业拥有或者控制的、预期会给企业带来经济利益的资源。企业过去的交易或者事项包括购买、生产、建造行为或其他交易或者事项。预期在未来发生的交易或者事项不形成资产。由企业拥有或者控制，是指企业享有某项资源的所有权，或者虽然不享有某项资源的所有权，但该资源能被企业所控制。预期会给企业带来经济利益，是指直接或者间接导致现金和现金等价物流入企业的潜力。

1. 资产的特征

（1）资产是由过去的交易和事项形成的。也就是说，资产是过去已经发生的交易或者事项所产生的结果。资产必须是现实的资产，而不能是预期的资产。未来的交易和事项可能产生的结果不能作为资产确认。

（2）资产是为企业拥有或者控制的。拥有即所有权归企业所有，而控制是由企业支配使用，但并不等于企业取得所有权。一项经济资源是否属于企业的资产，通常要看其所有权是否属于该企业，但企业是否拥有经济资源的所有权，不是确认资产的绝对标准。那些所有权不属于特定企业，但为该企业所实际控制的经济资源，也就是企业能够自主地运用该项经济资源，从事经营活动，谋求经济利益，并承担着相应的风险的资源，也是资产。例如，企业以融资方式租入的固定资产，尽管所有权不属于承租企业，但由于受承租企业实际控制，因此在会计实务中将其列作承租企业的固定资产。

（3）资产预期会给企业带来经济利益。企业现在拥有或控制的经济资源，通过对它有效的使用，能为企业带来未来的经济效益，才属于企业的资产，这是资产的一个重要属性。例如，资产可以当做一种购买力使用，如现金、银行存款；可以出售而转变为货币资产或某种债权，如存货；可以为企业提供未来的经济效益，如厂房、机器等。如果一项经济资源不能提供未来的经济效益，它就不能再列作资产，而应作为费用或损失处理，如无法收回的应收账款等。

2. 资产的分类

资产按其流动性不同，可以分为流动资产和非流动资产。

（1）流动资产。流动资产是指预计在一年或超过一年的一个营业周期内变现或耗用的资产。流动资产主要包括库存现金、银行存款、交易性金融资产、应收票据、应收账款、预付款项、应收利息、其他应收款、存货等。

（2）非流动资产。非流动资产是指流动资产之外的资产，即在一年以上或超过一年的一个营业周期以上变现或耗用的资产。非流动资产主要包括持有至到期投资、长期股权投资、固定资产、在建工程、无形资产等。

（二）负债

负债是指企业过去的交易或者事项形成的、预期会导致经济利益流出企业的现时义务。现时义务是指企业在现行条件下已承担的义务。未来发生的交易或者事项形成的义务不属于现时义务，不应当确认为负债。

1. 负债的特征

（1）负债是过去的交易或事项形成的。也就是说，导致负债的交易或者事项必须已经发生，例如接受银行贷款就会产生偿还贷款的义务。只有源于已经发生的交易或者事项，会计上才有可能确认为负债。对于企业正在筹划中的未来交易或者事项，不构成企业的负债。

（2）负债的清偿预期会导致经济利益流出企业。大多数情况下，负债要用现金清偿，有的时候也可以用商品或者其他资产或者通过提供劳务来清偿，甚至还可以通过举借新债来清偿。无论采取何种方式，均会导致经济利益流出企业。

2. 负债的分类

负债按流动性不同，可以分为流动负债和非流动负债。

（1）流动负债。流动负债是指预计在一个正常的营业周期中清偿，或者自资产负债表日起一年内（含一年）到期应予以清偿，或者企业无权自主地将清偿推迟到资产负债表日后一年以上的负债。流动负债主要包括短期借款、应付票据、应付账款、预收款项、应付职工薪酬、应交税费、应付利息、应付股利、其他应付款等。

（2）非流动负债。非流动负债是指流动负债之外的负债，主要包括长期借款、应付债券等。

（三）所有者权益

所有者权益是指企业资产扣除负债后由所有者享有的剩余权益。公司制企业的所有者权益又称为股东权益。

对于任何企业而言，其资金来源不外乎两个：一个是债权人，一个是所有者。债权人对企业资产的要求权形成企业负债；所有者对企业资产的要求权形成企业的所有者权益。

1. 所有者权益的特征

（1）除非发生减资、清算或者分配现金股利，企业不需要偿还所有者权益。

（2）企业清算时，只有在清偿全部负债后，所有者权益才返还给所有者。

（3）所有者凭借所有者权益可以参与利润的分配。

2. 所有者权益的分类

所有者权益包括实收资本（或者股本）、资本公积、盈余公积和未分配利润。盈余公积和未分配利润又统称为留存收益。

（四）收入

收入是指企业在日常活动中形成的，会导致所有者权益增加的，与所有者投入资本无关的经济利益的总流入。

1. 收入的特征

（1）收入是从企业的日常活动中产生的，如销售商品、提供劳务及让渡资产使用权等。如果从偶然的交易或事项中产生的，如固定资产出售、取得罚款等收入，虽然能给企业带来经济利益，但由于不属于企业的日常活动，故不属于收入的范畴。

（2）收入会导致所有者权益增加。

（3）收入的取得必定会导致经济利益的流入，它表现为资产增加、负债减少或者两者兼而有之。

2. 收入的分类

收入可以有不同的分类。按照收入的性质，可以分为销售商品收入、提供劳务收入和让渡资产使用权收入。按企业经营业务的主次分类，可以分为主营业务收入和其他业务收入。主营业务收入是指企业的主要经营业务所取得的收入。其他业务收入是指企业的其他经营业务所取得的收入。

（五）费用

费用是指企业在日常活动中发生的，会导致所有者权益减少的，与向所有者分配利润无关的经济利益的总流出。

1. 费用的特征

（1）费用是在企业日常活动中发生的。如果在偶然的事项中发生的支出，如罚款支出、捐赠支出等，虽然会使企业经济利益流出，但由于不属于企业的日常活动，故不属于费用的范畴。

（2）费用会导致所有者权益减少。

2. 费用的分类

费用可以有多种分类方法，按经济用途分，可以分为产品生产费用和期间费用。

产品生产费用是指构成产品生产成本的各项费用，如直接材料、直接人工、制造费用等成本项目。

期间费用是指本期发生的，不能归属于某种产品成本，而应直接计入当期损益的各项费用，如企业行政管理部门为组织和管理生产经营活动而发生的管理费用；企业为销售商品和提供劳务而发生的销售费用；企业为筹集资金等发生的财务费用。

（六）利润

利润是指企业在一定会计期间的经营成果。利润包括收入减去费用后的净额、直接计入当期损益的利得和损失等。直接计入当期利润的利得和损失，是指应当计入当期损益、会导致所有者权益发生增减变动的、与所有者投入资本或者向所有者分配利润无关的利得或者损失。

利润有营业利润、利润总额和净利润之分。营业利润是营业收入减去营业成本税金及附加、期间费用、资产减值损失、加上公允价值变动净收益、投资净收益后的金额。利润总额是指营业利润加上营业外收入，减去营业外支出后的余额。净利润是指利润总额减去所得税费用后的金额。

【任务处理】

一、会计等式

如前所述，会计的六大要素包括资产、负债、所有者权益和收入、费用、利润两组。六大要素之间的数量关系，我们称之为会计等式，它是各种会计核算方法的理论基础。

（一）资产、负债、所有者权益的关系

任何一个经济组织从事正常的生产经营活动，都要筹集一定数量的资金，拥有一定的经济资源。筹集资金的渠道：一是吸引投资者投资；二是举借债务。企业筹集的资金必然要投入营运，从而形成企业所持有的各种资产。投资者对投入企业的资金视投资额的多少和所担的风险的大小，等比例的获取投资所得，这就是投资人对企业资产的要求权（所有者权益）；债权人有要求企业偿还债务的权利，这就是债权人对企业资产的要求权（债权人权益，即企业的负债），企业拥有的每一项资产，都是投资者或债权人所提供。所以，上述两项权益之和等于企业资产总额。用公式表示为：

资产 = 权益

或者： **资产 = 负债 + 所有者权益**

这个等式的一边是资产，表明资金占用的形态，另一边是负债和所有者权益，表明企业的资产来自何处，即资金的来源。资产不能离开权益而存在，没有无资产的权益，也没有无权益的资产。而且从数额上看，有一定数额的资产，就必然有等额的权益；反之，有一定数额的权益，也必然有等额的资产。这就是说，一个企业的资产总额与权益总额必定相等。从任何一个时点来看，两者之间都必然保持数量上的平衡关系。

（二）收入、费用、利润的关系

企业的业务经营活动也就是提供商品和劳务的过程。随着企业商品的销售或者劳务的提供，一方面取得各类收入，另一方面为取得收入会发生相关的各种耗费（即费用）。在一定的会计期间内，企业获得的总收入扣除相关的总费用就形成了企业的利润。用公式表

示为：

收入－费用＝利润

当收入大于费用时，形成企业的利润，反之就是亏损。

（三）会计六要素之间的关系

会计等式“资产＝负债＋所有者权益”反映的是企业某个会计期间开始时（即某一时日）企业财务状况。“收入－费用＝利润”反映的是企业在某一会计期间的经营成果。随着企业经济活动的进行，在会计期间内，企业一方面取得了收入，并因此而增加了资产或减少了负债；另一方面要发生各种各样的费用，并因此而减少了资产或增加了负债。所以，企业在会计期间内的任一时刻，即未结账之前，原来的会计等式就转化为下面的形式：

资产＝负债＋所有者权益＋（收入－费用）

到了会计期末，企业将收入与费用相抵减，计算出利润（或亏损），并按规定的程序进行分配，剩余的又全部归入所有者权益项目。这样在会计期末结账之后，会计等式又恢复会计期初的形式，即：

资产＝负债＋所有者权益

由此可见，会计等式揭示了会计要素之间的联系，它是进行复式记账、试算平衡和编制会计报表的理论依据。

【例1－1】 根据【任务案例】，新华公司2月份实现营业收入600万元，发生相关成本费用500万元，所以，新华公司在2月份实现利润100万元。收入、费用和利润之间存在的关系是：收入600万元－费用500万元＝利润100（万元）。

二、经济业务发生对会计等式的影响

企业日常发生的经济业务是多种多样的，但无论企业在生产经营过程中发生什么样的经济业务，引起资产、负债和所有者权益这三个会计基本要素在数额上发生怎样的增减变化，都不会破坏会计基本等式的平衡关系。因为任何一个企业的经济业务发生后所引起的资金运动都不外乎以下四种类型：

1. 经济业务的发生，只引起资产方面的项目发生增减变动，而不涉及权益方面的项目

在这种情况下，资产方面的项目此增彼减，而资产总额不变。

【例1－2】 2月1日，新华公司以银行存款购入材料5万元，验收入库。

根据【任务案例】，新华公司2019年2月初资产、负债、所有者权益之间的关系为：

720万元＝260万元＋460万元

上述采购业务的发生引起了企业资产形态的变化：一方面使银行存款减少了5万元，另一方面又使原材料增加了5万元。“银行存款”和“原材料”都是资产项目，这项经济业务的发生使资产内部的两个项目以相等的金额，此增彼减。也就是说，使资产以相等的金额从一种形态变为另一种形态，反映了资产内部的增减变化，资产总额不变。

经济业务发生后资产、负债、所有者权益之间的关系为：

(720 +5 -5）万元 =260 万元 +460 万元

2. 经济业务的发生，只引起权益方面的项目发生增减变动，而不涉及资产方面的项目

在这种情况下，权益方面的项目，此增彼减，而其总额不变。

【例1-3】2月8日，新华公司向银行借款6万元，直接偿还应付供货单位的账款。

这项经济业务的发生，引起了权益方面的转化。它使企业的短期借款项目增加了6万元，同时使应付账款项目减少了6万元。“短期借款”和“应付账款”都是权益项目，所以这项经济业务的发生只使权益内部的两个项目，以相等的金额，此增彼减，反映了权益内部的增减变化，负债及所有者权益总额不变。

经济业务发生后资产、负债、所有者权益之间的关系为：

720 万元 =（260 +6 -6）万元 +460 万元

3. 经济业务的发生，使有关的资产项目与权益项目的数额同时增加

在这种情况下，资产与权益两方面的项目，同时增加，双方增加的数额相等。

【例1-4】2月16日，新华公司接受某外商投入的设备一套，价值20万元。

这项经济业务的发生使企业的固定资产价值增加了20万元，就是说它使企业的资产一方的“固定资产”项目增加了20万元；同时，因为设备是外商投入的，属外商投资，所以使权益方的“实收资本”项目相应地增加了20万元。这项经济业务使资产与权益两方同时发生了相同数额的增加。双方的总额也就发生了相同数额的增加。

经济业务发生后资产、负债、所有者权益之间的关系为：

(720 +20）万元 =260 万元 +（460 +20）万元

4. 经济业务的发生，使有关的资产项目与权益项目的数额同时减少

在这种情况下，资产与权益两方面的项目，同时减少，双方减少的数额相等。

【例1-5】2月28日，新华公司以银行存款偿还到期的短期借款50万元。

这项经济业务的发生使企业的银行存款减少了50万元，同时，银行的借款也减少了50万元。就是说，资产方的“银行存款”项目和权益方的“短期借款”项目，两者同时减少，减少的数额相等。双方的总额也就发生了相同数额的减少。

经济业务发生后资产、负债、所有者权益之间的关系为：

(740 -50）万元 =（260 -50）万元 +480 万元

从以上四种情况可以看出，经济业务的发生对资产与权益双方总额的影响是：

（1）资产方内部有关项目有增有减，资产总额不变，双方总额仍相等；

（2）权益方内部有关项目有增有减，权益总额不变，双方总额仍相等；

（3）资产和权益项目同时增加相等的金额，双方总额仍相等；

（4）资产和权益项目同时减少相等的金额，双方总额仍相等。

可见，企业任何一项经济业务引起的资金变化，都不会破坏会计等式。

【知识拓展】

一、行政、事业单位的资金运动

行政单位是指行使国家行政管理，组织经济建设和文化建设，维护社会公共秩序的单位。例如，国家各级权利机关、行政机关、司法机关等。事业单位是指直接或间接地为生产建设服务和人民生活服务的单位，如教育、卫生、科研、水利、气象等单位。

与企业性质不同，行政事业单位是非营利性组织，其职责是完成国家赋予的各项任务。各行政事业单位的资金大部分是由国家拨付的。国家每年根据各单位的预算，拨付一定数额的资金，形成预算拨款，即各行政事业单位的资金来源。资金支出后，其运动就宣告结束，不会产生回流。因此，行政事业单位的资金运动是直线式的，不存在循环与周转的问题。本书以后涉及的资金运动均指企业的资金运动。

二、会计核算方法

会计方法是指用来核算和监督会计对象，执行会计职能，实现会计目标的手段。会计方法是人们在长期的会计工作实践中总结创立的，并随着生产的发展和会计管理活动的复杂化而逐渐完善。

会计方法包括会计核算方法、会计分析方法、会计检查方法、会计预测方法和会计决策方法等。会计核算方法是最基本、最主要的方法，是会计方法体系的基础。会计核算方法包括设置会计科目和账户、复式记账、填制和审核会计凭证、登记账簿、成本计算、财产清查、编制会计报表等七个方面。

（一）设置会计科目和账户

设置会计科目和账户是对会计对象的具体内容分类进行核算的方法。所谓会计科目，就是对会计对象的具体内容进行分类核算的项目。各企业、事业、机关等单位发生的经济活动和财务收支是经常的、大量的、复杂多样的，为了便于管理，必须对这些经济活动和财务收支分门别类地进行核算，以取得各种不同性质的核算指标。根据会计科目设置账户，对于取得的各项资金及其运用情况，收入成果的增减变化，发生的各种成本和费用等，都要分别设置和运用一定的账户，进行日常核算和监督，以便取得经营管理中所需要的各种不同的核算指标。

（二）复式记账

复式记账是对每一笔经济业务，都以相等的金额在两个或两个以上相互联系的账户中进行登记的方法。任何一项经济活动和财务收支的发生都必然引起资金的运动，而资金的运动又有其来龙去脉。例如，把现金存入银行，一方面引起库存现金减少，另一方面又使银行存款增加，这两种现象是有内在联系的，即库存现金的减少是因为将其存入银行，而银行存款的增加则是因为存入了现金。经济活动和财务收支所涉及的两个方面需要分别设置账户进行核算。因此，应用复式记账法记账时，就要将每一项经济活动和财务收支用两个或两个以上相互联系的账户进行登记，以全面反映资金运动的来龙去脉，便于对各项经济活动和财务收支进行监督。

（三）填制和审核凭证

会计凭证是记录经济业务、明确经济责任的书面证明，是登记账簿的依据。填制和审核会计凭证是为了保证会计记录完整、可靠；审查经济业务是否合理合法而采用的一种专门方法。任何一项经济业务发生以后，都应当按规定的程序取得或填制会计凭证，并且要经过会计部门和其他有关部门或人员的严格审核，然后才据以记账。只有经过审核的，能够证明经济业务的执行和完成情况的凭证才是合法凭证，也只有合法的凭证才是登记账簿的依据。通过凭证的填制和审核，可以明确各有关部门和人员的经济责任，又可以为账簿记录提供真实可靠的依据，还可以对发生的经济业务按照有关的政策、法令、制度、计划和预算的要求实行经常的会计监督。因此，填制和审核会计凭证是会计核算的又一种专门方法。

（四）登记账簿

账簿是由具有一定格式的账页组成的，用以记载各项经济业务的簿籍。登记账簿是以会计凭证为依据，按照规定的账户，运用一定的记账方法，对经济活动和财务收支进行全面、连续、系统地记录和反映的一种专门方法。在账簿中，既要将所有的经济业务按照账户加以归类反映，又要将全部或部分经济业务按其发生时间的先后顺序，进行序时地记录。在账簿中，既要进行总括的核算，以提供总括的核算资料，又要进行明细的核算，以提供某些详细的核算资料。通过账簿的记录，既可以为掌握各项财产物资的增减变动提供数据资料，以保护企业财产的安全完整与合理使用，又可以为分析和检查经济活动和财务收支提供系统的可靠的根据。同时，也为编制会计报表，总结财务状况，编制下期计划提供必要的资料。因此，登记账簿是完整地核算和监督经济活动和财务收支的重要方法。

登记账簿和设置账户是密切联系的。账簿是账户的载体。设置账户是为了对经济活动和财务收支进行分类核算，以提供经营管理所需要的各种不同性质的核算指标，而账户就需要在具有一定格式的账簿中设置，以便进行登记并取得各种不同性质的核算指标，这就是登记账簿。但两者之间又是有区别的，设置账户是按会计科目划分为若干部分，以便分门别类地进行记录。而登记账簿则是把各项经济业务运用一定记账方法按照规定的账户进行记录，把各种核算指标科学地组织起来，为日常监督和编制会计报表提供完整的、系统的资料。

（五）成本计算

成本就是归集到一定对象上的费用。成本计算就是计算经营过程中各个阶段所发生的全部费用，并把这些费用按一定的对象加以归集借以确定各该对象的总成本和单位成本。企业在经营过程中必然要发生各种各样的耗费，这些耗费的货币表现称为费用。进行成本计算，可以了解有关的成本费用水平及构成。把成本与所取得的成果进行对比，可以了解经营成果，考核成本计划的完成情况，挖掘节约的潜力，促进成本的进一步降低。

（六）财产清查

财产清查就是定期或不定期地盘查实物和现金，核对银行存款和往来账项。通过对财产清查可以查明财产和资金的实有数额。将其与账面数额核对，可以查明账实是否相符，有利于正确编制会计报表和加强财产物资的管理。在清查中如发现账实不符，应查明原因，确定责任，及时处理。通过财产清查，在确定了一定时期期末物资的实有数额后，也可以倒求出本期财产物资的发出额，以便进行会计核算。通过财产清查，还可以查明物资储备是否保证业务需要，有无超储、积压等情况，各项往来款项是否能及时结算，有无长期拖欠不清的情况，物资的保管是否妥善等。

（七）编制会计报表

会计报表是指企业对外提供的反映其某一特定日期的财务状况和某一期间经营成果、现金流量的书面文件。企业的会计报表是企业会计核算的最终成果。

企业发生的任何一项经济业务，都可以通过编制凭证、登记账簿加以记录和反映，但会计凭证只能反映单一经济业务，账簿也只能反映一定时期某一类经济业务，而不能综合地反映一定时间内企业资金运动的最终结果。这就需要通过编制会计报表来简单明了、通俗易懂地表达出来。编制会计报表是会计核算的一项专门方法，是会计核算过程的最后一个环节。

上述会计核算的各种专门方法，构成了一套完整的方法体系。为了科学地组织会计核算，必须全面地、相互联系地运用这些方法。一般来说，对日常所发生的每一项经济业务，要以合法的凭证为依据，按照规定的账户，对经济业务进行分类，并应用复式记账法在有关账簿中进行登记；对于经营过程中发生的各项费用，应当进行成本计算；还应当定期或不定期地进行财产清查，在保证账实相符的基础上，根据账簿记录编制各种会计报表。

任务三

认识会计科目与账户

【引导案例】

王冰同学在预习课程内容时，看到书上有时写“银行存款科目”，有时又写“银行存款账户”，有些迷惑。

思考：会计科目和账户有什么联系与区别？对这个问题你是怎么认识的？

【知识准备】

一、会计科目

（一）会计科目的内容

会计科目是对会计要素的具体内容进行分类的标志，也就是对各项会计要素在科学分类的基础上所赋予的名称。

会计科目体系是科学的、系统的。参照我国《企业会计准则——应用指南》，企业应设置的会计科目如表 1－1 所示。企业财会人员应该熟练掌握会计科目表，并根据企业的经济业务正确设置账户和进行账务处理，为经济管理提供系统化和标准化的核算资料。

表 1－1　　**会计科目表**（简表）

序号	编号	会计科目名称	序号	编号	会计科目名称
		一、资产类	27	1602	累计折旧
1	1001	库存现金	28	1603	固定资产减值准备
2	1002	银行存款	29	1604	在建工程
3	1101	交易性金融资产	30	1605	工程物资
4	1121	应收票据	31	1606	固定资产清理
5	1122	应收账款	32	1701	无形资产
6	1123	预付账款	33	1702	累计摊销
7	1131	应收股利	34	1703	无形资产减值准备
8	1132	应收利息	35	1711	商誉
9	1221	其他应收款	36	1801	长期待摊费用
10	1231	坏账准备	37	1811	递延所得税资产
11	1401	材料采购	38	1901	待处理财产损溢
12	1402	在途物资			**二、负债类**
13	1403	原材料	39	2001	短期借款
14	1404	材料成本差异	40	2201	应付票据
15	1405	库存商品	41	2202	应付账款
16	1406	发出商品	42	2203	预收账款
17	1407	商品进销差价	43	2211	应付职工薪酬
18	1408	委托加工物资	44	2221	应交税费
19	1411	周转材料	45	2231	应付利息
20	1471	存货跌价准备	46	2232	应付股利
21	1501	债权投资	47	2241	其他应付款
22	1502	债权投资减值准备	48	2501	长期借款
23	1511	长期股权投资	49	2502	应付债券
24	1512	长期股权投资减值准备	50	2701	长期应付款
25	1531	长期应收款	51	2801	预计负债
26	1601	固定资产	52	2901	递延所得税负债

续表

序号	编号	会计科目名称	序号	编号	会计科目名称
53	3101	衍生工具			**五、损益类**
54	3201	套期工具	64	6001	主营业务收入
		三、所有者权益类	65	6051	其他业务收入
55	4001	实收资本	66	6101	公允价值变动损益
56	4002	资本公积	67	6111	投资收益
57	4101	盈余公积	68	6301	营业外收入
58	4103	本年利润	69	6401	主营业务成本
59	4104	利润分配	70	6402	其他业务成本
		四、成本类	71	6403	税金及附加
60	5001	生产成本	72	6601	销售费用
61	5101	制造费用	73	6602	管理费用
62	5201	劳务成本	74	6603	财务费用
63	5301	研发支出	75	6701	资产减值损失
			76	6711	营业外支出
			77	6801	所得税费用
			78	6901	以前年度损益调整

会计科目表中列举的各个会计科目相互联系、相互补充地组成一个完整的会计科目体系，可用来全面、系统地核算和监督会计对象的具体内容，提供企业内部经营管理和外部有关方面所需要的一系列核算指标。为了正确掌握和运用会计科目，可以按照下列标准对会计科目进行适当的分类。

（二）会计科目的分类

1. 按经济内容分类

会计科目按其所反映的经济内容，可以划分为资产类科目、负债类科目、所有者权益类科目、成本类科目和损益类科目五大类，详见会计科目表（如表1－1所示）。

2. 按提供指标的详细程度分类

会计科目按其提供核算指标的详细程度，可以分为总分类科目和明细分类科目两种。

（1）总分类科目，也称总账科目或一级科目，是对会计对象具体内容进行总括分类的科目。前述会计科目表中所列会计科目均为总分类科目。

（2）明细分类科目，也称明细科目或子、细目，是对总分类科目进一步分类的科目。明细分类科目的设置，除去有关法规统一规定外，企业可以根据经济管理的实际需要自行规定。在会计实务中，除少数总分类科目外，大多都要设置明细分类科目。例如，在“库存商品”总分类科目下面，应按库存商品的类别、品种和规格设置明细分类科目。

如果某一总分类科目所统驭的明细分类科目较多，可以增设二级科目。二级科目是介于总分类科目和明细分类科目之间的科目。例如，在“原材料”总分类科目下面，按材料的类别设置二级科目（即子目），再按材料的品名设置三级科目（即细目）：“原材料——原料及主要材料——面粉”。

通过会计科目按提供核算指标详细程度的分类，可以更好地满足企业经营管理的需要。

二、账户

账户是在具有一定格式的账簿中根据会计科目（或子、细目）开设户名的账页。

账户应具有一定的结构。由于企业经济业务的发生必然会引起会计要素发生变动，而这种变动从数量上看，不外乎是增加和减少两种情况。因此，为了清晰反映和便于计算经济业务引起的各项会计要素的增减变动，通常相应地将账户的结构划分为左右两方，分别登记增加数和减少数。无论何种记账方法，何种性质的账户，左右两方的增减意义都是相反的，也就是说，如果左方记增加，则右方记减少；反之，如果左方记减少，则右方记增加。作为账户的基本结构，一般应包含下列内容：

(1) 账户的名称（即会计科目）；

(2) 日期和摘要（登记经济业务的日期和经济业务内容的概述）；

(3) 凭证号数（说明账户记录的依据）；

(4) 增加和减少的金额及余额。

账户的一般结构，如表 1－2 所示。

表 1－2　　**账户名称**（会计科目）　　第　　页

年		凭证字号	摘　要	增 加	减 少	余 额
月	日					

作为一个账户，所记录的金额提供四项核算指标，即期初余额、本期增加额、本期减少额和期末余额。

余额与发生额的关系，可用下列公式表示：

期末余额＝期初余额＋本期增加发生额－本期减少发生额

例如，某企业“银行存款”账户的记录如图 1－1 所示：

左方	银行存款		右方
期初余额	200 000		
本期增加额	580 000	本期减少额	560 000
发生额合计	580 000	发生额合计	560 000
期末余额	220 000		

图 1－1　银行存款“T”形账户图示

根据图 1－1 中账户的记录，可知该企业期初存放在银行的款项为 200 000 元；本期增加了580 000元，本期减少了560 000元，到期末企业还有银行存款220 000元。

为了教学和研究的方便，在教学实践和教材中常用上述简化账户的格式代替实际账户。该格式只突出账户基本结构：左方与右方，其他部分略去。该简化格式形似英文字母“T”，所以称为“T”形账户。

每个账户的本期增加发生额和本期减少发生额都应分别记入各账户左右两方的金额栏内，以便分别计算增减发生额。至于账户的左方与右方，哪一方登记增加金额，哪一方登记减少金额，则取决于该账户所属的类别。

综上所述，设置账户是会计核算方法体系的重要组成部分，它可以为会计核算与监督提供定期与日常相结合、总括与明细相结合、静态与动态相结合的数据资料。

三、账户与会计科目的关系

在会计核算中，账户是分类核算和监督会计对象的重要工具。设置和运用账户，是会计核算方法体系中的重要环节，也是应用复式记账的前提条件。由此可见，各单位在会计核算工作中必须依据会计科目开设账户。一方面，应当根据会计科目按经济内容分类开设账户，如一般企业应开设资产类账户、负债类账户、所有者权益类账户、成本类账户和损益类账户；另一方面，应当根据会计科目按提供核算指标的详细程度分别开设总分类账户、明细分类账户，以全面地反映会计对象的具体内容，为经济管理提供各种各样的核算资料。

账户与会计科目是既有联系又有区别的两个概念，它们都是用来分门别类地反映会计对象的具体内容。会计科目是账户的名称，它只表明某项经济内容，本身没有结构，而账户却必须有便于记录会计对象具体内容的结构。会计科目是在经济活动发生之前，由政府有关部门对如何反映会计对象的具体内容作出的分类规范，具有统一性，而账户则是企业单位在经营管理过程中根据需要在账簿中开设的，具有相对的灵活性。会计科目可以按照经济内容分类，而账户既可以按照经济内容分类，又可以按照用途结构分类。

【知识拓展】

一、会计科目的意义

会计科目的设置，对于正确核算和监督企业单位的经济活动，具有重要的作用：

1. 会计科目是对会计对象的具体内容进行科学归类，是连续核算和监督的重要工具

为了连续、系统、全面地核算企业单位的经济活动和财务收支，要求我们在会计处理时，必须采用专门的方法对各项经济业务进行科学的归类、整理和记录，最后提供系统化的数据和资料。设置会计科目，就是根据会计对象的具体内容和经济管理的要求进行分类核算的方法。例如，银行存款和原材料同属资产类会计要素，但它们的作用和性质不同，一个是货币资金，另一个是储备资金，因此，要分别设置“银行存款”和“原材料”两个会计科目进行归类核算。又如，现金和银行存款虽然同属货币资金性质，但因它们的存

放地点、管理办法和作用不同，需要通过设置“库存现金”和“银行存款”两个会计科目分别进行核算和监督。

2. 会计科目是设置账户的依据

各企业单位在会计核算中必须根据规定的会计科目，在账簿中开设账户，对各项经济业务要连续、系统、分类地记录。会计科目是账户的名称，账户的设置依据是会计科目。没有会计科目，就无法设置账户。一旦会计科目重新制订，账户也要重新设置。可见，会计科目是设置账户的依据，账户则是会计科目在记账工作中的具体运用，它们共同构成复式记账应用的基础和条件。

3. 会计科目是规范会计核算和加强会计监督的重要手段

会计科目的核算内容和会计科目之间的相互关系都是统一规定的。一般来说，会计科目名称的规范、会计科目的分类、会计科目的解释口径等，决定着企业单位会计核算的详略程度，决定着企业单位编制会计报表的要求和内容。各个企业单位原则上都必须按照有关会计科目的规定处理会计业务，防止会计核算内容上的混乱，防止不合理、不合法的经济业务随意记入会计系统，以利于加强对会计工作的宏观调控和有效监督。

二、会计科目的设置原则

会计科目的设置应符合会计核算的一般原则对会计核算工作的基本要求，以保证会计信息的质量。为此，各单位对会计科目的设置应遵循以下原则：

1. 设置会计科目，既要全面反映会计核算的内容，又要结合会计对象的具体特点，具有系统性

会计的基本职能包括从数量上连续、系统、全面地记录各单位的经济活动情况和对各单位经济活动全过程进行有效监督。设置会计科目是对会计对象进行分类管理，应对各项会计要素作全面反映，形成一个科学完整的体系，包括分别设置核算和监督资产、负债、所有者权益、收入、费用、利润等若干类会计科目，不能有任何遗漏。同时，会计科目的设置又要以会计对象的特点为依据，根据不同会计主体经济业务的主要性质特征，有针对性地设置，既要设置反映会计主体共同业务的通用科目，又要设置反映会计主体本身特点的专用科目。

2. 设置会计科目，必须符合经济管理和业务发展的需要，具有适应性

设置会计科目作为为经济管理提供有用信息的重要方法，必须从实际出发，要符合国家宏观管理的需要。如为了加强宏观调控，反映税利的取得、分配和上交情况，需要设置“本年利润”“利润分配”“应交税费”“应付股利”等科目。同时，企业内部经营管理与企业外部有关方面对会计信息的要求不尽相同，这就要求在设置会计科目时，既设置能够提供总括核算指标的会计科目，以满足企业外部有关方面的需要，又要设置明细科目，主要满足企业内部经营管理的需要。会计科目的设置，应保持相对稳定性，但也不是一成不变的，当会计环境发生变化时，会计科目也要随之做相应的调整变更，以及时反映新的经济业务的全部内容。

3. 设置会计科目，要符合政府有关机构的规定，具有统一性

企业设置统一的会计科目，可以对外提供统一的会计指标。由于会计科目设置的科学性直接影响会计报表的内容和向外提供的会计信息，因此，对会计科目的设置应注意以下几点：一是强调会计科目的统一、科学和规范。不管哪一个行业，凡经济业务相同，会计处理方法相同，要求设置的会计科目名称、核算说明、文字表述等，应尽量统一。二是要求涉及财务会计政策的内容，以及一些基本概念、定义要和《企业会计准则》相一致。三是为了满足电算化的需要，会计科目应进行统一编号。比如，对大类和共用科目编号基本统一；对行业特点明显，统一编码有困难的，允许行业在编号区内调整。在统一性的前提下，各单位也可以根据实际需要，对会计科目作必要的增补或合并，具有相应的灵活性。

4. 设置会计科目要含义明确，通俗易懂，保持相对稳定性

会计科目设置，要尽可能文字简短并含义明确。如“银行存款”科目，表示存放在银行的货币资金；“库存商品”科目，表明存放在仓库中的待售商品等。科目名称简明，文字要使用经济生活中常用的，避免使用晦涩难懂的术语，便于会计信息使用者理解和分析。此外，会计科目设置后应保持相对的稳定性，不能经常变动会计科目的名称、核算内容，以使核算指标保持可比性。

任务四

认识复式记账与借贷记账法

【引导案例】

新华公司2019年3月发生下列经济业务：

1. 3月5日，以银行存款购进甲材料20 000元入库。

2. 3月10日，向银行借入短期借款100 000元偿还欠A单位货款。

3. 3月15日，从B单位购进一批乙材料，金额为50 000元，验收入库，货款暂欠。

4. 3月20日，以银行存款偿还银行短期借款80 000元。

思考：会计人员应该运用什么记账方法将上述经济业务进行账务处理？

【知识准备】

一、复式记账

各单位为了核算和监督会计对象的具体内容，首先应根据规定的会计科目设置账户。但要取得经济管理所必需的核算指标，还必须采用一定的记账方法。所谓记账方法，就是在账簿中登记各项经济业务的方法。

在会计理论和方法的发展中，会计的记账方法也经历了由简单到复杂、由不科学到科学这样一个过程，产生了单式记账法和复式记账法两种记账方法。

单式记账法是对发生的每一项经济业务只在一个账户中登记的方法，通常只登记现金和银行存款的收付以及应收、应付款的结算。例如，用现金600元支付某种费用，记账时只登记库存现金账户减少600元，以此控制货币的收支和结存情况，至于费用的发生情况就忽略不计了。再如，当购买材料而货款尚未支付时，只记债务的增加，而不记材料的增加。单式记账法手续简便，但没有考虑事物之间的客观联系，虽然也能提供一些数据资料，但不能全面地反映企业经济活动的来龙去脉，也不便于对记账结果进行核对和检查。单式记账法的这个特点，决定了它是一种不完整、不科学的记账方法。随着社会经济的发展，市场经济活动越来越复杂，需要运用会计反映和提供数据资料的要求越来越高，单式记账法自然就被逐渐淘汰了。现在，我国企业、行政和事业单位所采用的记账方法，都是复式记账方法。

所谓复式记账，就是对每一项经济业务，都以相等的金额同时在两个或两个以上相互联系的账户中进行登记的方法。

采用复式记账法，能够对每一项经济业务所引起的资金增减变化同时在两个或两个以上的账户中相互联系地进行登记。例如，用银行存款8 000元购买原材料，根据复式记账方法，这项经济业务要以相等的金额同时在“银行存款”和“原材料”这两个相互联系的账户中进行登记。即一方面在“银行存款”账户中登记减少数8 000元，另一方面在“原材料”账户登记增加数8 000元。

复式记账法与单式记账法相比有两个明显的特点：一是对发生的各项经济业务活动，都要按规定的会计科目，至少在两个账户中相互联系地进行分类记录；二是对记录的结果可以进行试算平衡，以检查账户记录是否正确。

复式记账的经济内容是会计要素，各会计要素之间具有一定的数量关系，即形成会计等式。复式记账法建立的理论基础就是会计等式。按照会计等式，任何一项经济业务都会引起资产与权益之间至少两个项目发生增减变动，而且增减金额相等。因此对每笔经济业务的发生，都可以以相等的金额在两个或两个以上相关的账户中做等额的双重记录。由于会计要素之间既相互联系、相互依存，又各自具有独立的含义，以不同具体形式存在着，企业发生的经济业务，会引起每一具体形式的数量变化，因而应设置相应账户进行登记，这样复式记账就组成一个完整的、系统的记账组织体系。有了这样一个记账组织体系，不仅反映了资产、负债和所有者权益的增减变化和结存情况，而且还能反映收入、费用和利润的数额及其形成原因。这样复式记账就能够全面地核算和监督企业的各项经济活动。

与单式记账法相比，复式记账是一种科学的记账方法，主要表现在以下三个方面：

（1）设置了完整的账户体系，可以全面记录和反映所有的经济业务。由于复式记账法不仅要求每一笔经济业务通过相互联系的两个或两个以上的账户进行全面地反映，而且对各单位发生的全部经济业务都要进行记录。因此，就必然要设置一整套账户，用来全面、系统、相互联系地反映所发生的经济业务。

（2）由于对每项经济业务都要在两个或两个以上相互联系的账户中进行登记，反映每一项经济业务的来龙去脉，并且复式记账具有完整的账户体系，所以它不仅对每项经济业务都能反映其来龙去脉，而且通过全部经济业务相互联系地记入到有关账户中去，从而使账户体系能够全面清晰地反映出所有经济业务的来龙去脉，系统地反映和监督一个单位全部经济活动的过程及结果，提供经济管理所需要的会计资料。

(3) 由于对每项经济业务在相互联系的不同账户中的登记都是等额的，因此，可以对会计记录的结果进行试算平衡。每一笔经济业务发生后，复式记账都是以相等的金额在有关账户之间做双重平衡记录，而所有经济业务又都在各个账户中进行全面反映，所以对反映一定时期全部经济业务的记录，必然能进行全面的综合试算平衡，从而可以通过账户对应关系了解经济业务内容，检查经济业务是否合法、合规；又可以通过对账户记录结果进行试算平衡，来检查账户记录是否正确。因此，复式记账法作为一种科学的记账方法一直得到广泛的应用。目前，我国的企业、行政、事业单位会计核算所采用的记账方法，都是复式记账法。

复式记账法是经过长期的会计实践逐步形成的。目前，世界各国广泛采用的复式记账法是借贷记账法。我国在相当长的一段时间里，出现过三种复式记账法并存的局面，即借贷记账法、增减记账法和收付记账法。随着会计核算的规范化，我国企业会计准则规定，企业应当采用借贷记账法记账。

二、借贷记账法

借贷记账法是以“借”和“贷”作为记账符号，对任何一笔经济业务，都以借、贷相等的金额在两个或两个以上账户中相互联系地进行登记的一种复式记账法。

下面从记账符号、账户结构、记账规则、账户的对应关系和会计分录、试算平衡等方面介绍借贷记账法。

（一）记账符号

在数百年前借贷记账法产生的时候，“借、贷”的含义最初是从借贷资本家的角度来解释的，它仅仅表示债权（应收款）和债务（应付款）的增减变动，即在账户中分两方面来登记与债权人和债务人的关系，账户的一方登记收进的存款，表示债务，另一方登记付出的贷款，表示债权。这是借贷记账法的借、贷的由来。后来随着商品经济的发展，经济活动的范围日益扩大，经济活动的内容日益复杂，记账对象也随之扩大，在账簿中不仅要登记债权、债务的借贷关系，而且要登记财产物资和财务收支的增减变化。因而“借”“贷”就失去了原来的意义，转化为单纯的记账符号，变成会计上的专门术语，也可以理解为账户中两个对立的记账部位和方向，表明对每一经济业务应该记录在账户的“借方”或“贷方”。

（二）账户结构

掌握借贷记账法，应当了解账户的结构以及账户所反映的经济内容，才能正确地运用记账规则，登记好账簿。

在借贷记账法下，任何账户都分借方和贷方两个基本部分，通常左方为借方，右方为贷方，如图 1－2 所示。

借方	账户名称（会计科目）	贷方

图 1－2 账户结构图示

在借贷记账法下，账户的借方和贷方分别用来反映金额的相反变化，即一方登记增加金额，另一方登记减少金额。至于哪一方登记增加金额，哪一方登记减少金额，则取决于账户的性质是资产与费用，还是负债、所有者权益与收入。

1. 资产类账户的结构

在资产类账户中，借方登记增加，贷方登记减少，若有期末（期初）余额，则期末（期初）余额一般在借方，表示期末（期初）资产的实有数。资产类账户的结构如图 1－3 所示。

借方	资产类账户名称（会计科目）		贷方
期初余额	×××		
本期增加额	×××	本期减少额	×××
借方发生额合计	×××	贷方发生额合计	×××
期末余额	×××		

图 1－3 资产类账户结构图示

资产类账户余额与发生额的关系为：

借方期初余额＋借方本期发生额－贷方本期发生额＝借方期末余额

2. 负债和所有者权益账户的结构

在负债和所有者权益类账户中，贷方登记增加，借方登记减少，若有期末（期初）总额，其期末（期初）余额一般在贷方，表示负债和所有者权益的期末实有数。负债类和所有者权益类账户的结构如图 1－4 所示。

借方	负债、所有者权益类账户名称（会计科目）		贷方
		期初余额	×××
本期减少额	×××	本期增加额	×××
借方发生额合计	×××	贷方发生额合计	×××
		期末余额	×××

图 1－4 负债和所有者权益账户结构图示

负债类和所有者权益类账户余额与发生额的关系为：

贷方期初余额＋贷方本期发生额－借方本期发生额＝贷方期末余额

3. 收入类账户和成本费用支出类账户的结构

收入类账户结构与权益类账户一致，贷方登记收入的增加额，借方登记减少额或转销额。企业的各种收入是形成利润总额的主要因素，因此期末各收入的总额减去收入的减少额，差额转入“本年利润”账户的贷方，结转后各收入类账户没有余额。收入类账户的结构如图1－5所示。

借方	收入类账户名称（会计科目）		贷方
本期减少额或转销额	×××	本期增加额	×××
借方发生额合计	×××	贷方发生额合计	×××

图1－5　收入类账户结构图示

由于成本费用支出类账户的结构与资产类账户的结构一致，因而，成本费用支出类账户的借方登记增加额，贷方登记减少额或转销额。企业发生的各种费用和支出形成利润减少的因素，因此期末时应将费用和支出的发生额，转入“本年利润”账户的借方，同时登记在有关费用和支出账户的贷方。所以，除反映成本的账户外，费用支出类账户期末结转后一般没有余额。成本类账户若有余额，表示期末资产的余额。费用支出类账户的结构如图1－6所示。

借方	费用类账户名称（会计科目）		贷方
本期增加额	×××	本期减少额或转销额	×××
借方发生额合计	×××	贷方发生额合计	×××

图1－6　费用类账户结构图示

根据以上对各类账户结构的说明，可以将账户借方和贷方所记录的经济内容加以归纳，如图1－7所示。

借方	账户名称（会计科目）贷方
资产的增加额	资产的减少额
负债的减少额	负债的增加额
所有者权益的减少额	所有者权益的增加额
费用的增加额	费用的减少额
收入的减少额	收入的增加额

图1－7　账户记载经济内容图示

（三）记账规则

由于复式记账法是以会计等式作为其理论基础，因此运用借贷记账法记录各项经济业务时，可以总结出一定的规则。

根据引导案例，运用借贷记账法进行下面的举例分析，说明借贷记账法的记账规则。

【例 1－6】依据【任务案例】，2019 年 3 月 5 日，新华公司以银行存款购进甲材料 20 000 元入库。

这项经济业务的发生，一方面使该企业的原材料这一资产项目增加了 20 000 元，另一方面使银行存款这一资产项目减少了 20 000 元。因此，这项经济业务涉及“原材料”和“银行存款”这两个账户，资产的增加，应记在“原材料”账户的借方，资产的减少，应记在“银行存款”账户的贷方。这项经济业务登账的结果如图 1－8 所示。

借方	银行存款		贷方
期初余额	350 000		
		(6)	20 000

借方	原材料		贷方
期初余额	250 000		
(6)	20 000		

图 1－8　经济业务登账示意图

【例 1－7】2019 年 3 月 10 日，新华公司向银行借入短期借款 100 000 元偿还 A 单位货款。

这项经济业务的发生，一方面使该企业的短期借款这一负债项目增加了 100 000 元，另一方面使应付账款这一负债项目减少了 100 000 元。因此，这项经济业务涉及“短期借款”和“应付账款”这两个账户，负债的增加，应记在“短期借款”账户的贷方，负债的减少，应记在“应付账款”账户的借方。这项经济业务登账的结果如图 1－9 所示。

借方	短期借款		贷方
		期初余额	100 000
		(7)	100 000

借方	应付账款		贷方
		期初余额	150 000
(7)	100 000		

图 1－9　经济业务登账示意图

【例 1－8】2019 年 3 月 15 日，新华公司从 B 单位购进一批乙材料，金额为 50 000 元，验收入库，货款暂欠。

这项经济业务的发生，一方面使该企业的原材料这一资产项目增加了 50 000 元，另一方面，使应付账款这一负债项目也相应增加了 50 000 元。因此，这项经济业务涉及“原材料”和“应付账款”这两个账户，资产的增加，应记在“原材料”账户的借方，负债的增加，应记在“应付账款”账户的贷方。这项经济业务登账的结果如图 1－10 所示。

借方	应付账款		贷方
		期初余额	150 000
(7)	100 000		
		(8)	50 000

借方	原材料		贷方
期初余额	250 000		
(6)	20 000		
(8)	50 000		

图 1－10　经济业务登账示意图

【例1－9】2019年3月20日，新华公司以银行存款偿还银行短期借款80 000元。

这项经济业务的发生，一方面使该企业的银行存款这一资产项目减少了80 000元，另一方面使短期借款这一负债项目减少了80 000元。因此，这项经济业务涉及“银行存款”和“短期借款”这两个账户，资产的减少，应记在“银行存款”账户的贷方，负债的减少，应记在“短期借款”账户的借方。这项经济业务登账的结果如图1－11所示。

借方	银行存款		贷方
期初余额	350 000	（6）	20 000
		（9）	80 000

借方	短期借款		贷方
		期初余额	100 000
（9）	80 000	（7）	100 000

图1－11 经济业务登账示意图

综合以上四大类型的经济业务，所有经济业务的发生，都是有借方必有贷方，而且记入借方的金额与记入贷方的金额必须相等，因此，借贷记账法的记账规则可以概括为“有借必有贷，借贷必相等”。

在实际运用借贷记账法的记账规则记录一项经济业务时，要从以下三个方面分析：

（1）分析所发生的经济业务，根据经济业务的内容，确定它所涉及的账户及账户的性质（资产类、负债类、所有者权益类、收入类和成本费用支出类账户）。

（2）分析经济业务对所涉及账户的影响，即引起的是有关账户金额的增加或减少。

（3）根据账户的结构特点，确定哪个账户记借方，哪个账户记贷方。

（四）账户的对应关系和会计分录

1. 账户的对应关系

运用借贷记账法记录经济业务时，根据“有借必有贷，借贷必相等”的记账规则，对每项经济业务都要在两个或两个以上账户的借方和贷方相互联系地进行反映。这就使有关账户之间形成一定的关系，这种账户之间的相互对应、相互依存的关系称为账户对应关系，存在对应关系的账户叫做对应账户。账户之间的对应关系取决于经济业务性质。反过来，通过账户的对应关系，又可以了解经济业务的内容。

例如，某项经济业务发生，记入“银行存款”账户借方60 000元和“主营业务收入”账户贷方60 000元。通过这两个账户的对应关系，可以了解到银行存款（资产项目）的增加，是由于增加了营业收入，即销售产品（或商品）或提供劳务引起的。

需要指出的是，账户对应关系是相对某项具体经济业务而言，并非某个账户与某个账户是固定的对应账户。例如，出纳员将现金2 000元存入银行。这项经济业务，应记入“银行存款”账户借方2 000元和“库存现金”账户贷方2 000元。由于这项经济业务而使“银行存款”和“库存现金”这两个账户发生了应借、应贷的相互关系，这两个账户就叫做对应账户。又如，以银行存款50 000元偿还前欠外单位贷款。这项经济业务，应记入“应付账款”账户借方50 000元和“银行存款”账户贷方50 000元。由于这项经济业务而使“应付账款”账户和“银行存款”账户发生了应借、应贷的相互关系，这两个账户成为对应账户。

2. 会计分录

在会计实际工作中，为了保证账户记录的正确性，在把经济业务记入账户之前，应先根据经济业务发生时所取得的原始凭证，在记账凭证中编制会计分录。

所谓会计分录（简称分录），是指表明某项经济业务应借、应贷的账户名称以及应记入账户的金额的记录。会计分录的内容包括：一组对应的记账符号，即借方和贷方；所涉及的两个或两个以上的账户的名称；借贷双方的相等金额。

会计分录的一般书写要求如下：

（1）先借后贷；

（2）借贷要分行写，并且文字和金额都要错开两个字；

（3）在有多借或多贷的情况下，要求借方或贷方账户的文字和金额数字上下对齐。

依据【任务案例】，以及上述【例1－6】至【例1－9】对经济业务的分析，分别编制会计分录如下：

【例1－10】 2019年3月5日，新华公司以银行存款购进甲材料20 000元入库。

该项经济业务的发生，使新华公司的原材料增加20 000元，应记入“原材料”账户的借方；同时银行存款减少相等的金额，应记入“银行存款”账户的贷方。编制会计分录如下：

借：原材料——甲材料　　20 000

　　贷：银行存款　　20 000

【例1－11】 2019年3月10日，新华公司向银行借入短期借款100 000元偿还A单位货款。

该项经济业务的发生，使新华公司欠A单位款项减少100 000元，应记入“应付账款”账户的借方；但增加了欠银行的款项，应记入“短期借款”账户的贷方。编制会计分录如下：

借：应付账款——A单位　　100 000

　　贷：短期借款　　100 000

【例1－12】 2019年3月15日，新华公司从B单位购进一批乙材料，金额为50 000元，验收入库，货款暂欠。

该项经济业务的发生，使新华公司原材料增加50 000元，应记入“原材料”账户借方；同时，欠B单位货款增加50 000元，应记入“应付账款”账户贷方50 000元。编制会计分录如下：

借：原材料——乙材料　　50 000

　　贷：应付账款——B单位　　50 000

【例1－13】 2019年3月20日，新华公司以银行存款偿还银行短期借款80 000元。

该项经济业务的发生，使新华公司的短期借款和银行存款各减少了80 000元，应分别记入“短期借款”账户的借方和“银行存款”账户的贷方。编制会计分录如下：

借：短期借款　　80 000

　　贷：银行存款　　80 000

以上所列举的会计分录都是由一个账户的借方与另一个账户的贷方相对应组成的，这种只涉及两个账户的会计分录，称为“简单分录”。涉及两个以上账户的会计分录，称为“复合分录”。

【例 1－14】 2019 年 3 月 26 日，新华公司从 C 企业购进乙材料 200 000 元，以银行存款支付 120 000 元，其余 80 000 元暂欠。

该项经济业务的发生，使新华公司的原材料增加了 200 000 元，应记入“原材料”账户的借方；银行存款减少了 120 000 元，应记入“银行存款”账户的贷方，同时还欠了 C 企业 80 000 元，负债增加了，应记入“应付账款”账户的贷方。编制会计分录如下：

借：原材料——乙材料　　200 000
　　贷：银行存款　　120 000
　　　　应付账款——C 企业　　80 000

上述分录就是一笔复合分录。它是由一个借方账户与两个贷方账户相对应组成的。复合会计分录实际上是由若干个简单分录复合而成的。如上例复合会计分录是由以下两个简单会计分录合并组成的。

借：原材料——乙材料　　120 000
　　贷：银行存款　　120 000
借：原材料——乙材料　　80 000
　　贷：应付账款——C 企业　　80 000

通过比较可以看出，编制复合会计分录既可以集中反映某项经济业务的全面情况，又可以简化记账工作。

在借贷记账法下，可以编制“一借多贷”或“多借一贷”的会计分录，尽量避免编制多借多贷的会计记录，因为多借多贷会计分录不能清晰地体现账户之间的对应关系。经济业务确实需要时除外。但如果企业采用汇总记账凭证核算形式，就不能编制“多贷”的会计分录，否则无法编制汇总记账凭证。

（五）试算平衡

所谓试算平衡，就是根据资产、权益之间的平衡关系和记账规则来检查账户记录是否正确、完整的一种验证方法。

在借贷记账法下，按照“有借必有贷，借贷必相等”的记账规则记账，就使得根据每一项经济业务所编制的会计分录，借贷两方的发生额必然相等；在一定时期内，全部账户的借贷方本期发生额合计是每一项经济业务会计分录借贷发生额的累积，因此，将一定时期内（如 1 个月）反映全部经济业务的所有会计分录，都记入有关账户后，所有账户的借方本期发生额合计数与贷方本期发生额合计数也必然是相等的；所有账户的期末余额，又是以一定的积累发生额为基础进行计算的结果，与此相适应，所有账户的借方期末余额合计数与贷方期末余额合计数也是必然相等的。

无论是“发生额平衡”，还是“余额平衡”，都是依据资产等于权益的平衡原理及借贷记账法的记账规则推导出来的。然而，如果在记账过程中发生差错，就可能使借贷金额出现不平衡，进而影响编制会计报表。因此，为了检查和验证账户记录是否正确，以便及时找出差错及其原因并予以更正，就必须定期进行试算平衡。

借贷记账法的试算平衡有发生额平衡法和余额平衡法两种。

1. 发生额平衡法

发生额平衡法是用来检查账户的借贷方发生额是否相等的方法。其计算公式如下：

借方发生额 = 贷方发生额

发生额平衡法既可以用来检查每笔经济业务编制的会计分录是否正确，又可以检查一定时期内全部账户的记录是否正确。

2. 余额平衡法

余额平衡法是用来检查全部账户的借方余额和贷方余额合计是否相等的方法。其计算公式如下：

全部账户借方余额合计 = 全部账户贷方余额合计

余额平衡法既可以用来检查期初全部账户的余额是否正确，又可以检查期末全部账户的余额是否正确。

月末，在结出各个账户的本月发生额和月末余额后，依据上述两式可以分别编制本期发生额试算平衡表和期末余额试算平衡表，也可以合并编制初期、期末余额和本期发生额试算平衡表，来进行试算平衡。

必须指出，试算平衡只是通过借贷金额是否平衡来检查账户的记录是否正确。如果借贷不平衡，就可以肯定账户记录或计算有错误，应查找原因并予以更正。如果借贷平衡，却不能肯定记账没有错误，因为有些记账错误并不影响借贷方的平衡。例如，某项经济业务在有关账户中全部漏记或重记；又如，某项经济业务记错账户，把应借应贷的账户互相颠倒；再如，对某项经济业务，记入有关账户的借贷金额出现同时多记或少记的错误。以上情况，并不能通过试算平衡来发现，还应通过其他方法发现这些记账错误。这表明只根据试算平衡的结果，并不足以说明账户的记录没有错误。因此，需要对一切会计记录进行日常或定期的复核，以保证账户记录的正确性。

【例 1－15】 假定某企业 2019 年 3 月有关账户的初期余额如图 1－12 所示，本期发生额参见【例 1－10】至【例 1－14】所列举的五笔经济业务，期末据以编制试算平衡表（如表 1－3 所示）。

表 1－3 **账户期初余额表** 单位：元

账户名称	借方余额	账户名称	贷方余额
银行存款	350 000	短期借款	100 000
原材料	250 000	应付账款	150 000
固定资产	650 000	实收资本	1 000 000
合　计	1 250 000	合　计	1 250 000

各项经济业务编制会计分录以后，即应记入有关账户，这个记账步骤通常称为“过账”。过账以后，一般要在月末进行结账，即结算出每个账户的本期发生额和期末余额。现将以上【例 **1－10**】至【例 1－14】的会计分录记入下列各账户，并计算出各账户的本

期发生额和期末余额。各账户记录如图1－12所示。

银行存款

借方		贷方	
期初余额	350 000		
		（6）	20 000
		（9）	80 000
		（10）	120 000
发生额合计	0	发生额合计	220 000
期末余额	130 000		

短期借款

借方		贷方	
		期初余额	100 000
（9）	80 000	（7）	100 000
发生额合计	80 000	发生额合计	80 000
		期末余额	120 000

原材料

借方		贷方	
期初余额	250 000		
（6）	20 000		
（8）	50 000		
（10）	200 000		
发生额合计	270 000	发生额合计	0
期末余额	520 000		

应付账款

借方		贷方	
		期初余额	150 000
（7）	100 000	（8）	50 000
		（10）	80 000
发生额合计	100 000	发生额合计	130 000
		期末余额	180 000

固定资产

借方		贷方	
期初余额	650 000		
发生额合计	0	发生额合计	0
期末余额	650 000		

实收资本

借方		贷方	
		期初余额	1 000 000
发生额合计	0	发生额合计	0
		期末余额	1 000 000

图1－12 过账示意图

根据以上记录，即可编制总分类账户试算平衡表，如表1－4所示。

表1－4 **试算平衡表**

2019年3月31日 单位：元

账户名称	期初余额		本期发生额		期末余额	
	借 方	贷 方	借 方	贷 方	借 方	贷 方
银行存款	350 000		0	220 000	130 000	
原材料	250 000		270 000	0	520 000	
固定资产	650 000		0	0	650 000	
短期借款		100 000	80 000	100 000		120 000
应付账款		150 000	100 000	130 000		180 000
实收资本		1 000 000	0	0		1 000 000
合计	1 250 000	1 250 000	450 000	450 000	1 300 000	1 300 000

【知识归纳】

- 初步认识会计
  - 会计的本质与职能
    - 会计的特点
    - 会计的本质
    - 会计的职能
      - 基本职能
      - 其他职能
    - 会计的目标
      - 根本目标
      - 具体目标
  - 会计要素和会计等式
    - 会计对象
    - 会计要素
      - 资产
      - 负债
      - 所有者权益
      - 收入
      - 费用
      - 利润
    - 会计等式
    - 经济业务对会计等式的影响
  - 会计科目与账户
    - 会计科目
    - 账户
  - 复式记账与借贷记账法
    - 复式记账
    - 借贷记账法

【职业能力训练】

职业判断能力训练

一、单项选择题

1. 我国企业会计准则所规定的收入是指（　　）。
   A. 主营业务收入和其他业务收入　　B. 主营业务收入和投资收益
   C. 营业收入和投资收益　　D. 营业收入和营业外收入

2. 下列各项中，能同时减少资产和负债总额的是（　　）。
A. 偿还欠款　　B. 收回应收账款
C. 接收固定资产投资　　D. 借入短期借款

3. 下列各项中，符合会计要素收入定义的是（　　）。
A. 商品销售收入　　B. 转让无形资产净收益
C. 销售商品收到的增值税　　D. 出售固定资产净收益

4. 会计的具体目标是（　　）。
A. 提高经济效益　　B. 实现企业的经营目标
C. 进行会计监督　　D. 为会计信息使用者提供有用信息

5. 下列各项中，能够引起资产和所有者权益同时变动的是（　　）。
A. 购进材料，货款未付
B. 以银行存款偿还短期借款
C. 接受投资者投入固定资产
D. 向银行借款直接偿还前欠甲单位货款

6. 下列各项中，能够引起企业资产总额减少的是（　　）。
A. 向银行借入长期借款　　B. 以银行存款偿还短期借款
C. 接受投资者投入货币资金　　D. 购进设备，货款尚未支付

7. 下列可以确认为企业资产的是（　　）。
A. 经营租入的设备　　B. 外购的商品
C. 企业的人力资源　　D. 计划购买的生产设备

8. 下列各项中，属于流动负债的是（　　）。
A. 长期借款　　B. 预付账款
C. 预收账款　　D. 债券投资

9. 下列各项中，属于流动资产的是（　　）。
A. 固定资产　　B. 预付账款
C. 预收账款　　D. 无形资产

10. 下列经济业务中，引起负债减少，同时所有者权益增加的是（　　）。
A. 以赊购方式购入材料　　B. 以银行存款偿还前欠货款
C. 将应付账款转为股本　　D. 宣告分派现金股利

11. 费用是指企业在日常活动中发生的、会导致所有者权益减少的、与向所有者分配利润无关的经济利益的总流出。它不包括（　　）。
A. 主营业务成本　　B. 管理费用
C. 所得税费用　　D. 长期待摊费用

12. 下列各项中，不应记入账户贷方的是（　　）。
A. 资产增加　　B. 所有者权益增加
C. 资产减少　　D. 负债增加

13. 总分类科目是对会计对象的具体内容进行（　　）分类的科目。
A. 详细　　B. 总括

C. 一般　　D. 具体

14. 总分类科目和明细分类科目是按照提供核算指标的（　　）进行的分类。

A. 用途　　B. 内容

C. 详细程度　　D. 结构

15. 下列会计科目中，属于流动资产类的是（　　）。

A. 在建工程　　B. 制造费用

C. 短期借款　　D. 应收账款

16. 下列会计科目中，属于流动负债类的是（　　）。

A. 长期借款　　B. 应收账款

C. 财务费用　　D. 应交税费

17. 下列会计科目中，属于长期负债类的是（　　）。

A. 应付债券　　B. 应付账款

C. 管理费用　　D. 实收资本

18. 下列会计科目中，属于损益类的是（　　）。

A. 应付股利　　B. 应收股利

C. 预收账款　　D. 投资收益

19. 下列会计科目中，不属于损益类的是（　　）。

A. 主营业务收入　　B. 销售费用

C. 债券投资　　D. 其他业务成本

20. 账户在一定时期内所记录的增加额或减少额，称为（　　）。

A. 本期发生额　　B. 本期增加发生额

C. 期末余额　　D. 本期减少发生额

21. 账户和会计科目之间的主要区别在于（　　）。

A. 反映的经济内容不同　　B. 反映经济内容的详细程度不同

C. 账户是会计科目的名称　　D. 账户有结构，而会计科目无结构

22. 账户期末余额的计算公式是（　　）。

A. 期末余额 = 上期期初余额 + 本期减少发生额 − 本期增加发生额

B. 期末余额 = 本期期初余额 + 本期减少发生额 − 本期增加发生额

C. 期末余额 = 上期期初余额 + 本期增加发生额 − 本期减少发生额

D. 期末余额 = 本期期初余额 + 本期增加发生额 − 本期减少发生额

23. 应付职工薪酬和长期借款都属于（　　）账户。

A. 资产　　B. 流动资产

C. 负债　　D. 流动负债

24. 下列账户中，不属于费用类的是（　　）。

A. 管理费用　　B. 销售费用

C. 主营业务成本　　D. 制造费用

25. 下列账户中，期末一般有借方余额的是（　　）。

A. 预付账款　　B. 应付账款

C. 实收资本　　D. 预收账款

26. 下列账户中，属于成本类的是（　　）。

A. 主营业务成本　　B. 其他业务成本

C. 制造费用　　D. 财务费用

27. 会计科目是对（　　）的具体内容进行分类的项目。

A. 会计账户　　B. 会计要素

C. 会计分录　　D. 经济业务

28. 一般来说，一个账户的增加发生额与该账户的期末余额都应该记在账户的（　　）。

A. 相同方向　　B. 相反方向

C. 借方　　D. 贷方

29. 一般来说，企业的净收益应该归属于（　　）。

A. 企业管理者　　B. 企业投资者

C. 企业职工　　D. 国家

30. 明细分类账对总分类账起着（　　）作用。

A. 统驭　　B. 控制

C. 补充说明　　D. 总结

31. 复式记账是对发生的每一项经济业务，都要在两个或两个以上相互联系的账户中（　　）。

A. 补充登记　　B. 连续登记

C. 平行登记　　D. 以相等的金额进行登记

32. 库存现金账户期初余额为2 000元，本期借方发生额为6 000元，贷方发生额为5 000元，则该账户期末余额为（　　）元。

A. 1 000　　B. 2 000

C. 3 000　　D. 4 000

33. 应付利息账户期初余额为2 000元，本期借方发生额为6 000元，贷方发生额为5 000元，则该账户期末余额为（　　）元。

A. 1 000　　B. 2 000

C. 3 000　　D. 4 000

34. 盈余公积账户期初余额为40 000元，本期借方发生额为10 000元，贷方发生额为50 000元，则该账户期末余额为（　　）元。

A. 0　　B. 100 000

C. 80 000　　D. 90 000

35. 账户的借方登记（　　）。

A. 资产的增加　　B. 费用的减少

C. 所有者权益的增加　　D. 负债的增加

36. 下列各项中，本期减少金额记入借方的账户是（　　）。

A. 银行存款　　B. 主营业务收入

C. 生产成本　　D. 管理费用

37. 下列各项中，本期增加金额记入借方的账户是（　　）。

A. 预付账款　　B. 应交税费

C. 实收资本　　D. 其他业务收入

38. 固定资产账户本期借方发生额为 60 000 元，贷方发生额为 50 000 元，期末余额为 90 000 元，则该账户期初余额为（　　）元。

A. 100 000　　B. 80 000

C. 20 000　　D. 10 000

39. 下列错误能够通过试算平衡查找的是（　　）。

A. 漏记经济业务　　B. 借贷方向相反

C. 重记经济业务　　D. 借贷金额不等

二、多项选择题

1. 会计职能包括（　　）。

A. 会计核算　　B. 会计监督

C. 预测与决策　　D. 持续经营

2. 会计的特点有（　　）。

A. 以货币为主要计量单位　　B. 有一整套专门方法

C. 以凭证为主要依据　　D. 只核算实物数量

3. 会计的本质有（　　）。

A. 管理生产经营过程的一种实践活动　　B. 不属于管理活动

C. 为管理提供信息　　D. 直接履行管理的职能

4. 下列可以确认为收入的有（　　）。

A. 商品销售收入　　B. 咨询公司的咨询服务收入

C. 罚款收入　　D. 销售固定资产收入

5. 下列各项中构成利润总额的有（　　）。

A. 收入减去费用后的净额　　B. 直接计入当期利润的利得和损失

C. 所得税费用　　D. 投资净收益

6. 下列各项中，会导致资产总额增加的有（　　）。

A. 将现金送存银行　　B. 接受投资者投入设备

C. 收回某公司前欠货款　　D. 向银行借入短期借款存入银行存款户

7. 将一项资源确认为资产时，应当符合以下条件（　　）。

A. 是由过去的经济事项引起的　　B. 是付出货币资金购买来的

C. 预期会给企业带来经济利益的　　D. 是企业拥有或控制的

8. 会计核算方法包括（　　）。

A. 设置账户　　B. 成本计算

C. 复式记账　　D. 填制凭证

9. 下列属于负债特征的有（　　）。
A. 负债是企业承担的现时义务
B. 负债是由过去的经济事项引起的
C. 负债的清偿会导致企业经济利益的流出
D. 未来流出的经济利益的金额能够可靠地计量

10. 下列各项不属于所有者权益的有（　　）。
A. 投资者投入的资本
B. 向银行借入的款项
C. 留存收益
D. 因赊购货物欠其他企业的款项

11. 下列各项不属于流动资产的有（　　）。
A. 固定资产
B. 库存现金
C. 在建工程
D. 周转材料

12. 下列各项中，能够确认为企业资产的有（　　）。
A. 银行存款
B. 融资租入的固定资产
C. 购入的工程物资
D. 经营租入的固定资产

13. 下列各项中，能够引起资产和负债同时变动的有（　　）。
A. 支付职工薪酬
B. 发放现金股利
C. 计提短期借款利息
D. 计提固定资产折旧

14. 会计要素包括（　　）。
A. 所有者权益
B. 复式记账
C. 利润
D. 费用

15. 会计等式可以描述为（　　）。
A. 资产－所有者权益＝负债
B. 资产－负债＝所有者权益
C. 资产＋费用＝负债＋所有者权益＋收入
D. 资产＝负债＋所有者权益＋利润

16. 下列各项中，属于收入的有（　　）。
A. 销售产品收入
B. 提供劳务收入
C. 投入资本金收入
D. 罚款收入

17. 下列各账户中，贷方登记增加额的有（　　）。
A. 累计折旧
B. 主营业务收入
C. 预付账款
D. 应交税费

18. 关于总分类账户，下列说法正确的有（　　）。
A. 余额在借方
B. 对所属各明细账户起统驭作用
C. 只用货币单位进行计量
D. 按一级会计科目开设账户

19. 下列各项中，属于负债类的有（　　）。
A. 预收账款
B. 应付职工薪酬

C. 预付账款　　D. 应付债券

20. 下列各项中，属于流动负债类的有（　　）。

A. 预付账款　　B. 应交税费

C. 应付债券　　D. 短期借款

21. 下列各项中，属于费用的有（　　）。

A. 所得税费用　　B. 长期待摊费用

C. 制造费用　　D. 税金及附加

22. 下列各项中，不属于损益类的有（　　）。

A. 主营业务成本　　B. 其他业务成本

C. 生产成本　　D. 坏账准备

23. 下列各项中，属于资产类的有（　　）。

A. 固定资产　　B. 应收账款

C. 累计折旧　　D. 预付账款

24. 下列各项中，不属于流动资产类的有（　　）。

A. 原材料　　B. 工程物资

C. 无形资产　　D. 预付账款

25. 会计科目与账户的联系有（　　）。

A. 科目是根据账户设置的　　B. 科目就是账户

C. 账户是根据科目设置的　　D. 账户与科目名称相同

26. 账户的基本结构由（　　）构成。

A. 日期栏　　B. 增加栏

C. 减少栏　　D. 余额栏

27. 账户的内容一般应包括（　　）。

A. 账户名称　　B. 日期、摘要

C. 增加、减少金额及余额　　D. 凭证字号

28. 下列各项目中，不属于账户名称的有（　　）。

A. 流动资产　　B. 固定资产

C. 原材料　　D. 所有者权益

29. 会计科目与账户的相同点有（　　）。

A. 作用相同　　B. 结构相同

C. 名称相同　　D. 反应的经济内容相同

30. 在下列各项中，与负债账户结构不相同的有（　　）。

A. 资产账户　　B. 费用成本账户

C. 收入账户　　D. 所有者权益账户

31. 复合会计分录是指（　　）的会计分录。

A. 一借多贷　　B. 一借一贷

C. 多借一贷　　D. 多借多贷

32. 会计等式是各会计要素之间关系表达式，是（　　）的理论基础。

A. 试算平衡　　B. 成本计算
C. 复式记账　　D. 借贷记账法

33. 下列各式正确的有（　　）。
A. 借方发生额＝贷方发生额　　B. 借方期初余额＝贷方期初余额
C. 借方期末余额＝贷方期末余额　　D. 借方期初余额＝贷方期末余额

三、判断题

1. 收入会导致经济利益的流入，从而导致企业资产增加。（　　）
2. 处置固定资产净损失会引起企业经济利益的流出，所以它属于会计准则所定义的“费用”的范围。（　　）
3. 营业利润是企业在日常活动中取得的经营成果，因此它不应包括企业在偶发事件中产生的利得和损失。（　　）
4. 如果某项资产不能再为企业带来经济利益，即使是由企业拥有或控制的，也不能再作为企业的资产在资产负债表中列示。（　　）
5. 会计对象是指会计所要核算和监督的内容，是社会再生产过程中的资金运动。（　　）
6. 资产是指企业过去的交易或事项形成的、由企业拥有或控制的、预期会给企业带来经济利益的资源，如银行存款、预收账款、原材料等。（　　）
7. 流动负债是指预计在一年内（含一年）或一个营业周期内清偿的债务，包括短期借款、应付账款、应付职工薪酬等。（　　）
8. 所有者权益是指企业资产扣除负债后由所有者享有的剩余权益，包括实收资本（或股本）、资本公积、盈余公积和未分配利润。其中，资本公积和未分配利润又合称为留存收益。（　　）
9. 会计的基本职能包括核算、监督、预测、决策等。
10. 收入是指企业在日常活动中形成的、会导致所有者权益增加的、与所有者投入资本无关的经济利益的总流入，如主营业务收入、其他业务收入、营业外收入等。（　　）
11. 会计等式既可以表示为“资产－负债＝所有者权益”，又可以表示为“资产－所有者权益＝负债”。（　　）
12. 处置无形资产所取得的收益会导致经济利益流入企业，所以它属于会计准则所定义的“收入”的范围。（　　）
13. 会计的根本目标是实现企业的经营目标，即提高经济效益。（　　）
14. 会计的本质是一种经济管理活动。（　　）
15. 会计科目是对会计要素的具体内容进行进一步科学分类的项目。（　　）
16. 账户是根据会计科目设置的，会计科目就是账户的名称，所以二者是一回事，没有区别。（　　）
17. 账户的设置与会计科目的分类密切相关，企业应根据总分类科目和明细分类科目分别设置总分类账户和明细分类账户。（　　）

18. 账户是按照会计科目设置的，因此会计科目规定的核算内容，就是账户记录反映的内容。（ ）

19. 总分类账户是根据总分类科目设置的，它提供总括的核算资料。（ ）

20. 在必要的情况下，企业可以在总分类科目与明细分类科目之间设置二级科目。（ ）

21. 总分类科目统驭下的二级科目和三级科目均可称为明细分类科目。（ ）

22. 总分类账户提供总括的核算指标，因此，不仅要用货币量度，还要辅以实物量度。（ ）

23. 为了保证核算资料完整、统一，每个总分类账户下面都必须设置明细分类账户。（ ）

24. 会计科目是由财政部制定的企业会计准则统一规定的，各单位必须严格执行，不能增设或减并。（ ）

25. 凡有贷方余额的账户均为权益类账户，凡有借方余额的账户均为资产账户。（ ）

26. 所有账户都分为左右两方，左方反映增加，右方反映减少。（ ）

27. 会计等式就是指“有借必有贷，借贷必相等”。（ ）

28. 简单分录就是指一借一贷的会计分录。（ ）

29. 在借贷记账法下，可以设置资产、权益双重性账户。（ ）

30. 在借贷记账法下，账户的借方表示增加，贷方表示减少。（ ）

31. 在借贷记账法下，账户的左边为借方，右边为贷方。（ ）

32. 发生额试算平衡是根据“资产 = 负债 + 所有者权益”来检查的。（ ）

33. 一借多贷、多借一贷的会计分录不能反映账户的对应关系。（ ）

34. 账户余额的方向一般与记录减少额的方向一致。（ ）

35. 只要按照试算平衡方法进行试算平衡，就可以保证记账工作准确无误。（ ）

36. 复式记账法的优点是，可以反映资金的来龙去脉，能够进行试算平衡。（ ）

职业实践能力训练

实训一　会计要素

（一）目的

掌握会计要素的内容（资产、负债、所有者权益）。

（二）要求

判断哪些项目属于资产、负债、所有者权益，并将金额填入有关栏内。

（三）资料

长城公司2019年2月末有关资料如表1－5所示。

表1－5　　业务内容与会计要素表

项目内容	资产	负债	所有者权益
1. 商标权36 000元			
2. 应交未交的税金16 800元			
3. 仓库中存放的原材料260 000元			
4. 应付未付的职工工资36 000元			
5. 运输用车辆300 000元			
6. 厂房1 200 000元			
7. 投资者投入的资本5 000 000元			
8. 所欠供货单位的货款20 000元			
9. 正在建设中的办公楼2 000 000元			
10. 正在运入途中的材料30 000元			
11. 出纳员保险柜中的现金1 000元			
12. 应向客户收取的货款35 100元			
13. 暂付采购员的差旅费2 000元			
14. 欠银行的短期借款90 000元			
15. 已完工入库的产品608 678元			
16. 盈余公积金160 000元			
17. 预收客户货款120 000元			
18. 存放在银行的款项826 022元			
19. 预付购材料的定金10 000元			
20. 机器设备1 000 000元			
21. 欠银行的长期借款800 000			
22. 到本月末累计实现的利润66 000元			
合　计			

实训二　会计要素

（一）目的

掌握会计要素的内容（收入、费用、利润）。

（二）要求

1. 根据经济业务内容，区分哪些属于收入，哪些属于费用，并将其金额填入表1－6

相应栏内。

2. 根据表中的收入、费用合计金额，计算利润总额；设本期所得税 34 000 元，计算本期净利润。

（三）资料

长城公司 2019 年 3 月收支情况如表 1－6 所示。

表 1－6　　业务内容与会计要素表

业务内容	收　入	费　用
1. 本月产品销售收入 550 000 元		
2. 已销产品成本 360 000 元		
3. 出售多余材料，取得收入 52 000 元，其成本 35 000 元		
4. 支付广告费 30 000 元		
5. 支付水电费 5 000 元		
6. 支付本月借款利息 1 200 元		
7. 本月应负担的城市维护建设税和教育费附加 300 元		
8. 本月管理人员报销差旅费 2 500 元		
9. 车间职工出差，预借差旅费 2 000 元		
10. 本月管理人员工资 30 000 元		
合　计		

实训三　会计等式

（一）目的

掌握会计等式以及经济业务的发生对会计等式的影响。

（二）要求

1. 根据资料 1 判断各项目所属的类别，并将相关内容填入表 1－7 的第①、②、⑥、⑦栏。

2. 根据资料 2 计算每个项目本月增加发生额、本月减少发生额，并填入表 1－7 中的第③、④、⑧、⑨栏。

3. 根据表 1－7 资料，计算每个项目的期末余额，并填入表中的第⑤、⑩栏。

（三）资料

1. 东岳公司 2019 年 4 月 1 日有关项目余额如下：

银行存款	320 000	应交税费	10 000
短期借款	80 000	实收资本	1 000 000
库存现金	2 000	固定资产	658 000
应收账款	60 000	库存商品	170 000
长期借款	250 000	应付账款	20 000
原材料	150 000		

2. 4月发生有关经济业务如下：

（1）以银行存款归还到期的长期借款100 000元。

（2）以银行存款购入原材料58 000元，材料入库。

（3）收回应收账款30 000元，存入银行。

（4）以银行存款偿还前欠外单位货款20 000元。

（5）从甲企业购进原材料，已入库，货款30 000元尚未支付。

（6）向银行借入短期借款100 000元，存入银行存款户。

（7）某企业投资设备一套，价值160 000元。

（8）以银行存款交纳上月增值税10 000元。

（9）从银行提取现金1 000元备用。

（10）签发并承兑商业汇票一张，面额为30 000元，抵付应付账款。

表1-7　　会计等式试算表

资产项目 ①	月初余额 ②	本月增加 ③	本月减少 ④	月末余额 ⑤	权益项目 ⑥	月初余额 ⑦	本月增加 ⑧	本月减少 ⑨	月末余额 ⑩
合　计					合　计				

实训四　会计等式

（一）目的

进一步掌握经济业务的发生对会计等式的影响。

（二）要求

1. 根据表1－8资料，说明六项经济业务的内容。

2. 分析每一项经济业务的类型，以及对会计等式的影响。

（三）资料

东华公司2019年5月发生的有关经济业务列示在表1－8中。

表1－8　　会计等式试算表

项　目	资　产				负　债	所有者权益
	银行存款	应收账款	原材料	固定资产	应付账款	实收资本
期初余额	300 000	50 000	100 000	1 500 000	80 000	1 870 000
业务（1）	+20 000	-20 000				
业务（2）	-50 000		+50 000			
业务（3）					-50 000	+50 000
业务（4）			+60 000		+60 000	
业务（5）	-30 000				-30 000	
业务（6）	+100 000		+200 000			+300 000
期末余额	340 000	30 000	410 000	1 500 000	60 000	2 220 000

实训五　会计科目

（一）目的

掌握会计科目的核算内容及其分类。

（二）要求

将经济业务内容所应使用的会计科目填入相应栏内。

（三）资料

见表1－9。

表1－9　　业务内容与会计科目分类表

业务内容	资　产	负　债	所有者权益
1. 出纳员保管的现金			
2. 年度内分配的利润			
3. 应向外单位收取的货款			
4. 库存原材料			
5. 厂房、设备			
6. 完工入库待销售的产品			
7. 土地使用权			
8. 投资者投入的资本			

续表

业务内容	资产	负债	所有者权益
9. 本年度实现的利润			
10. 应交未交的税金			
11. 专利权			
12. 准备长期持有的股票			
13. 准备随时出售的股票			
14. 应付供货单位的货款			
15. 运输车辆			
16. 应付未付的职工工资			

实训六 会计科目

（一）目的

进一步掌握会计科目的核算内容及其分类。

（二）要求

将经济业务内容所应使用的会计科目填入相应栏内。

（三）资料

见表1-10。

表1-10 业务内容与会计科目分类表

业务内容	资产	负债	所有者权益	成本	损益
1. 库存产成品					
2. 广告费					
3. 销售产品收入					
4. 机器设备修理费					
5. 应向外单位支付的货款					
6. 利息支出					
7. 生产甲产品领用的材料					
8. 销售材料收入					
9. 银行结算手续费					
10. 接受外单位捐赠					
11. 应交未交的税金					

续表

业务内容	资产	负债	所有者权益	成本	损益
12. 应收某单位货款					
13. 两年期借款					
14. 非专利技术					
15. 准备随时出售的债券					
16. 本月实现的利润					

实训七 会计科目

（一）目的

掌握会计科目按提供指标的详细程度分类。

（二）要求

指出下列科目中哪些属于一级科目，哪些属于二级科目，哪些属于三级科目，填入表1－11相应栏内。

（三）资料

某公司所使用的会计科目（包括子、细目）如下：

固定资产	金融机构手续费
应付E单位账款	行政管理人员工资
生产用固定资产	利息支出
应付账款	主营业务成本
主要材料	甲商品
送货运费	生产用机器设备
财务费用	甲商品销售成本
A材料	原材料
库存商品	厂部办公费
生产用房屋	B材料
应付F公司账款	乙商品
	乙商品销售成本
管理费用	广告费
销售费用	

表 1－11　会计科目分类表

一级科目	二级科目	三级科目

实训八　余额与发生额的关系

（一）目的

掌握账户余额与发生额的关系。

（二）要求

将下表中账户的有关内容补充完整。

（三）资料

见表 1－12。

表 1－12　账户余额与发生额

账户名称	期初余额	本期增加发生额	本期减少发生额	期末余额
原材料	360 000	640 000	690 000	
实收资本	10 000 000	2 000 000		12 000 000
应收账款	12 000		40 000	20 000
库存现金		8 800	9 200	400
应付账款	50 000		30 000	80 000
盈余公积	400 000	200 000		300 000
库存商品	860 000		2 320 000	540 000
银行存款	2 400 000	9 605 000		2 300 000
应交税费	80 000	230 000		65 000

实训九　余额与发生额的关系

（一）目的

掌握借贷记账法下账户余额与发生额的关系。

（二）要求

将表1－13中账户的有关内容补充完整。

（三）资料（见表1－13）。

表1－13　　　　账户余额与发生额　　　　单位：元

账户名称	期初余额	本期借方发生额	本期贷方发生额	借或贷	期末余额
交易性金融资产	50 000	100 000	90 000		
实收资本	8 000 000	300 000	500 000		
长期待摊费用		50 000	20 000		80 000
应收账款	10 000	18 000	28 000		
应付账款	50 000		30 000		80 000
盈余公积	400 000	200 000			300 000
库存商品	860 000		2 320 000		540 000
银行存款	400 000	3 600 000			600 000
应交税费		50 000	80 000		80 000

实训十　账户结构

（一）目的

掌握借贷记账法下账户的基本结构。

（二）要求

1. 根据资料1开设“银行存款”T形账户，将经济业务登记入账，并结出期末余额。

2. 根据资料2开设“应付账款”T形账户，将经济业务登记入账，并结出期末余额。

（三）资料

1. 明湖公司2019年3月1日“银行存款”账户的期初余额为250 000元，3月发生的存款收支业务如下：

（1）从银行提取现金20 000元。

（2）用银行存款支付采购材料款50 000元。

（3）收回甲单位前欠货款80 000元，存入银行。

（4）将销货款现金5 000元存入银行。

（5）销售产品收到支票一张，面额为35 000元，存入银行。

（6）用银行存款支付水电费8 000元。

2. 泉城公司2019年4月1日“应付账款”账户的期初余额为30 000元，4月发生有关业务如下：

（1）从乙单位购入原材料50 000元，货款未付。

（2）以银行存款归还前欠丙单位货款30 000元。

（3）从丁企业购进设备一台，价款200 000元，用银行存款支付150 000元，余款暂欠。

（4）用银行存款归还前欠乙单位部分货款36 000元。

实训十一　会计分录

（一）目的

掌握借贷记账法下会计分录的编制。

（二）要求

根据下列经济业务编制会计分录。

（三）资料

明湖公司2019年4月发生下列经济业务：

1. 向银行借入两个月期限的借款50 000元，存入银行存款户。
2. 以现金暂付职工张强预借差旅费3 000元。
3. 从银行提取现金5 000元备用。
4. 以现金支付行政管理部门办公费300元。
5. 收回M单位前欠货款60 000元，存入银行存款户。
6. 以银行存款偿还前欠N单位货款80 000元。
7. 以银行存款偿还到期的短期借款100 000元。
8. 以银行存款购买股票500 000元，准备长期持有。
9. 以银行存款支付广告费100 000元。
10. 将现金3 000元存入银行。
11. 从银行借入为期3年的借款1 000 000元，存入银行存款户。
12. 签发并承兑商业汇票50 000元，抵付前欠N单位货款。

实训十二　会计分录

（一）目的

掌握借贷记账法下复合会计分录的编制。

（二）要求

根据下列经济业务编制会计分录。

（三）资料

明湖公司2019年5月发生下列经济业务：

1. 收到P公司投资2 000 000元，其中货币资金1 200 000元，存入银行；专利权一项，作价 300 000 元；新设备一台，价值 500 000 元。

2. 购入甲材料 30 000 元（不考虑增值税，下同），以银行存款支付 29 800 元，以现金支付 200 元，材料入库。

3. 管理人员王永报销差旅费 1 500 元，交回现金 500 元（原借款 2 000 元），出纳员收妥。

4. 车间主任赵方报销差旅费 2 200 元，其原借款 2 000 元，差额由出纳员付给现金。

5. 从 Q 公司购入乙材料 50 000 元入库，以银行存款支付 30 000 元，其余 20 000 元暂欠。

6. 销售给 E 单位产品一批，收入 80 000 元（不考虑增值税，下同），收到 50 000 元存入银行，其余 30 000 元尚未收回。

7. 以银行存款归还前欠 Q 公司货款 20 000 元，偿还银行短期借款 80 000 元。

8. 以银行存款支付广告费 50 000 元，支付行政管理部门办公费 500 元。

实训十三　借贷记账法

（一）目的

综合练习借贷记账法的应用。

（二）要求

1. 根据资料 1 开设“T”形账户，并过入期初余额。

2. 根据资料 2 编制会计分录。

3. 根据会计分录逐笔登记“T”形账户，并结出期末余额。

4. 按照表 1－15 的格式编制发生额及余额试算平衡表。

（三）资料

1. 鲁中公司 2019 年 5 月有关账户期初余额如表 1－14 所示：

表 1－14　　有关账户期初余额表　　单位：元

资产类	借方余额	权益类	贷方余额
库存现金	5 000	短期借款	30 000
银行存款	4 543 000	应付账款	78 000
应收账款	70 000	应交税费	20 000
原材料	1 300 000	长期借款	2 200 000
库存商品	2 280 000	实收资本	10 870 000
固定资产	5 000 000		
合计	13 198 000	合计	13 198 000

2. 该公司 5 月发生下列经济业务：

（1）以银行存款归还前欠 A 单位货款 40 000 元。

（2）从 A 单位购入甲材料 150 000 元入库，货款尚未支付（不考虑增值税，下同）。

（3）向银行借入三个月期借款50 000元，存入银行存款户。

（4）将现金3 000元存入银行。

（5）收回应收B单位货款70 000元，存入银行。

（6）从A单位购入甲材料100 000元入库，连同前欠货款20 000元，一并用银行存款支付。

（7）购入设备一套，总成本600 000元，以银行存款支付。

（8）收到C单位投资1 700 000元，其中设备800 000元，银行存款900 000元。

（9）以银行存款偿还长期借款1 000 000元。

（10）以银行存款交纳上月所得税20 000元。

（11）以银行存款偿还短期借款30 000元。

（12）以银行存款100 000元购入甲材料，入库。

表1－15　发生额与余额试算平衡表　单位：元

账户名称	期初余额		本期发生额		期末余额	
	借方	贷方	借方	贷方	借方	贷方
合计						

项目二

企业日常经济业务处理

学习目标

1. 熟悉资金筹集渠道和相关业务程序，能熟练进行资金筹集业务的处理
2. 熟悉工业企业供应、生产、销售业务手续，能熟练进行采购业务、生产业务、销售业务的账务处理
3. 熟悉企业利润构成和利润分配程序，能熟练进行利润形成与分配的账务处理

任务一
资金筹集业务

【任务案例】

新华公司经营业绩良好，受到长城公司的青睐，长城公司决定向新华公司投资，双方已达成共识。2019 年 3 月 15 日，新华公司收到投资者长城公司投入新设备一台价值 300 000 元，以及货币资金 500 000 元，存入银行。经协商，本企业为长城公司确定的份额为 650 000 元。

思考：以上业务应如何进行账务处理？长城公司投入的设备和货币资金共计 800 000 元，为什么新华公司为其确定的份额为 650 000 元？差额 150 000 元如何处理？

【知识准备】

企业要从事生产经营活动，就必须拥有和控制与生产经营规模相适应的资金。有了资金才能购买固定资产和原材料，才能开展生产经营活动。企业筹集资金的渠道有两种：一是投资者投入的资金，二是向债权人借入的款项。

企业从事生产经营活动，必须以拥有一定数量的资本金为前提。资本金是指企业在工商行政管理部门注册登记的注册资本。资本金按投资主体不同，可分为国家投资、法人投资、外商投资和个人投资。投资者可以用货币资金、实物财产、无形资产等向企业投资。投资者投入的资本在企业经营期内，除法律、法规另有规定的以外，一般不能抽回。企业扩大规模增资或收缩规模减资都要报经有关部门批准，并在工商行政管理部门注册登记。

企业在生产经营过程中，可以向银行等金融机构借款，还可以在购买商品、接受劳务过程中向其他单位赊购，从而形成企业与银行等金融机构、其他单位的债务关系。

【任务处理】

一、接收投资者投资

对投资者投入的资本金，一般企业称为实收资本，在股份有限公司称为股本。收到投资人投入的超过其在注册资本或股本中所占份额的部分，作为资本溢价或股本溢价，计入资本公积。如溢价发行股票，应当按股票面值作为股本入账，而溢价款则作为资本公积入账。

【例2-1】 2019年3月8日，新华公司收到投资者东岳公司投入生产设备一套，价值为100 000元。

该项经济业务的发生，使新华公司的机器设备增加100 000元，应记入“固定资产”账户的借方，同时“实收资本”也增加100 000元，应记入其贷方。编制会计分录如下：

借：固定资产——生产设备　　100 000

　　贷：实收资本——东岳公司　　100 000

【例2-2】 2019年3月12日，新华公司收到恒泰集团投资900 000元，其中货币资金800 000元存入银行，生产设备100 000元交付使用。新华公司为恒泰集团确定的份额为900 000元。

该项经济业务的发生，使新华公司的银行存款和固定资产分别增加了800 000元和100 000元，同时使企业的实收资本增加了900 000元，应分别记入“银行存款”“固定资产”账户的借方和“实收资本”账户的贷方。编制会计分录如下：

借：银行存款　　800 000

　　固定资产——生产设备　　100 000

　　贷：实收资本——恒泰集团　　900 000

【例 2-3】根据【任务案例】，2019 年 3 月 15 日，新华公司收到投资者长城公司投入生产设备一台，价值 300 000 元，交付使用，以及货币资金 500 000 元，存入银行。经协商，新华公司为长城公司确定的份额为 650 000 元。

该项经济业务的发生，使新华公司的“银行存款”和“固定资产”分别增加了 500 000 元和 300 000 元，应分别记入这两个账户的借方；按照为长城公司确定的份额，新华公司的“实收资本”增加了 650 000 元，差额 150 000 元作为企业的“资本公积”，应记入这两个账户的贷方。据以编制会计分录如下：

借：银行存款	500 000	
固定资产——生产设备	300 000	
贷：实收资本——长城公司		650 000
资本公积		150 000

二、借入资金

企业从银行等金融机构取得的借款按偿还时间的长短，分为短期借款和长期借款。短期借款的偿还期在一年以内（含一年）；长期借款一般要有特定的项目，如购置大型设置、技术改造等，偿还期在一年以上。短期借款形成企业的流动负债，长期借款形成非流动负债，即长期负债。

【例 2-4】2019 年 3 月 2 日，新华公司从建设银行借入长期借款 2 000 000 元，存入银行存款户。

该项经济业务的发生，使新华公司的银行存款和长期借款都增加了 2 000 000 元，应分别记入“银行存款”账户的借方和“长期借款”账户的贷方。编制会计分录如下：

借：银行存款	2 000 000	
贷：长期借款		2 000 000

【例 2-5】2019 年 3 月 5 日，新华公司以银行存款偿还到期的短期借款 500 000 元。

该项经济业务的发生，使新华公司的银行存款减少了 500 000 元，同时企业负债也减少了 500 000 元，应分别记入“银行存款”账户的借方和“短期借款”账户的贷方。编制会计分录如下：

借：短期借款	500 000	
贷：银行存款		500 000

【例 2-6】2019 年 3 月 31 日，新华公司收到工商银行转来利息通知单，应支付本月借款利息 12 000 元。

该项经纪业务的发生，使新华公司银行存款减少 12 000 元，应记入“银行存款”账户贷方；本月份的利息支出，应记入“财务费用”账户的借方。编制会计分录如下：

借：财务费用——利息支出	12 000	
贷：银行存款		12 000

【知识拓展】

资金筹集业务核算账户介绍

1. 银行存款

该账户属资产类，用来核算企业存入银行或其他金融机构的各种款项。企业银行存款增加时，记借方；减少时记贷方；期末余额在借方，反映企业存在银行或其他金融机构的款项余额。

2. 长期借款

该账户属负债类，用来核算企业向银行或其他金融机构借入的期限在1年以上（不含1年）的各项借款。借入长期借款时，记贷方；归还借款时，记借方；期末余额在贷方，反映企业尚未偿还的长期借款。本账户可按贷款单位和贷款种类进行明细核算。

3. 短期借款

该账户属负债类，用来核算企业向银行或其他金融机构借入的期限在1年以内（含1年）的各项借款。借入短期借款时，记贷方；归还借款时，记借方；期末余额在贷方，反映企业尚未偿还的短期借款。本账户可按借款种类、贷款人和币种进行明细核算。

4. 财务费用

该账户属损益类，用来核算企业为筹集生产经营所需资金等而发生的筹资费用，包括利息支出（减利息收入）、汇兑损益以及相关的手续费、企业发生的现金折扣或收到的现金折扣等。发生财务费用时，记借方，发生的应冲减财务费用的利息收入等业务时，记贷方。期末，应将本账户余额转入“本年利润”，结转后本账户无余额。本账户可按费用项目进行明细核算。

5. 固定资产

该账户属资产类，用来核算企业持有的固定资产原价。企业购置、建造等增加固定资产时，记借方；报废、出售等减少固定资产时，记贷方；期末余额在借方，反映企业固定资产的原价。本账户可按固定资产类别和项目进行明细核算。

6. 实收资本（股本）

该账户属所有者权益类，用来核算企业接受投资者投入资本的增减变动及结余情况。企业收到投资者投入的资本时，记贷方；按法定程序报经批准减少注册资本而退还投资时，记借方；期末余额在贷方，反映企业实收资本总额。本账户应按投资者设置明细账户，进行明细核算。

7. 资本公积

该账户属所有者权益类，用来核算企业收到投资者出资额超出其在注册资本或股本中所占份额的部分。该部分增加时，记贷方；减少时记借方；期末余额在贷方，反映企业资本公积的实有数额。

任务二
材料采购业务

【任务案例】

2019 年 2 月，新华公司发生下列材料采购业务：

1. 2 月 1 日，从济南钢厂购进原材料一批，对方开具的增值税专用发票列明：206 型钢板 1 000 千克，单价为 30 元/千克，价款为 30 000 元，增值税税额为 3 900 元。

2. 2 月 10 日，从黄河公司购入 201 型钢板 2 000 千克，单价为 50 元/千克；202 型钢板 4 000 千克，单价为 30 元/千克，增值税税率为 13%，取得了增值税专用发票，共支付运费 1 800 元，增值税税额为 162 元，货款及运费均用银行存款支付，材料当日到达，验收入库。

3. 2 月 12 日，从外地青岛钢厂购入 203 型钢板 1 200 千克，单价为 50 元/千克，计 60 000 元，增值税税率为 13%，运费为 800 元，增值税税率为 9%，均用银行存款支付，材料尚未到达，3 日后材料到达，验收入库。

4. 2 月 25 日，收到华光公司 201 型钢板 1 000 千克，单价为 50 元/千克，增值税税率为 13%，材料已验收入库。2 月 28 日收到发票账单，但尚未付款。

5. 2 月 28 日，收到盛宏公司发来 202 型钢板 1 000 千克，尚未收到发票账单。估价为 30 000 元。

6. 2 月 28 日，为从广源公司购买市场稀缺的 205 型钢板，按照合同规定预付货款 50 000 元，委托银行汇出。

思考：上述材料采购业务既包括钱货两清业务，也包括先付款后收货和先收货后付款业务，还有预付账款购进业务。对于不同类型的采购业务应分别如何进行账务处理？你能熟练编制相关会计分录吗？

【知识准备】

材料是指直接用于制造产品并构成产品实体，或虽不构成产品实体但有助于产品形成的物品。它包括原料及主要材料、辅助材料、外购半成品、修理用备件、包装材料、燃料等。

企业要进行生产经营活动，就必须要有适当的材料储备。企业的材料采购部门要按照事先确定的生产计划，及时、足额地提供各种材料，以备生产过程各阶段所需要。

材料采购业务的主要内容包括：进行材料物资的采购，办理验收入库；正确计算材料物资的采购成本；按照结算制度与经济合同的规定，办理与供应单位的结算工作等。

【任务处理】

一、钱货两清业务

企业购进材料支付货款，同时验收入库的，按应计入材料采购成本的金额，借记“原材料”账户，按可抵扣的增值税额，借记“应交税费——应交增值税（进项税额）”账户，按实际支付或开出并承兑商业汇票的金额，贷记“银行存款”“应付票据”等账户。

材料物资的实际采购成本包括购买价、运输费、装卸费、保险费、包装费等采购费用、入库前的整理挑选费、运输途中的合理损耗以及应计入材料成本的税金等。

【例2-7】 依据【任务案例】，新华公司从济南钢厂购进原材料一批，对方开具的增值税专用发票列明：206型钢板1 000千克，30元/千克，价款为30 000元，增值税税额为3 900元。

该项经济业务的发生，使企业的原材料增加了30 000元，应记入“原材料”账户的借方；同时使可以抵扣的增值税进项税额增加了3 900元，应记入“应交税费——应交增值税”明细账户的借方；出纳员王海签发转账支票支付货款后，企业的银行存款减少了33 900元，应记入“银行存款”账户的贷方。会计人员林传文根据对方开具的增值税专用发票、材料入库单和转账支票存根等原始凭证，编制会计分录如下：

借：原材料——206型钢板　　30 000
　　应交税费——应交增值税（进项税额）　　3 900
　　贷：银行存款　　33 900

购买材料支付的运输费、装卸费等各项采购费用，应计入材料的采购成本。购进多种材料共同支付的运杂费，应采用重量比例等方法，分配计入所购各种材料的成本。

【例2-8】 依据【任务案例】，2019年2月10日，从黄河公司购入201型钢板2 000千克，50元/千克；202型钢板4 000千克，30元/千克，增值税税率为13%，取得了增值税专用发票；共支付运费1 800元，增值税税率为9%，货款及运费均用银行存款支付，材料当日到达，验收入库。

首先，计算确定材料的采购成本，对甲、乙两种材料的共同性运费，按重量比例进行分配：

分配率＝1 800÷（2 000＋4 000）＝0.3（元/千克）

201型钢板应负担的采购费用＝2 000×0.3＝600（元）

202型钢板应负担的采购费用＝1 800－600＝1 200（元）

201型钢板采购成本＝100 000＋600＝100 600（元）

202型钢板采购成本＝120 000＋1 200＝121 200（元）

根据上述计算结果，编制会计分录如下：

借：原材料——201型钢板　　100 600
　　　　　——202型钢板　　121 200

应交税费——应交增值税（进项税额）　　37 598
贷：银行存款　　259 398

二、先付款后收货业务

这类业务属于在途物资业务，已经支付货款，但材料物资在途或虽已到达但尚未验收入库。

【例 2-9】 依据【任务案例】，2019 年 2 月 12 日，从外地青岛钢厂购入 203 型钢板 1 200 千克，50 元/千克，计 60 000 元，增值税税率为 13%，运费为 800 元，税率为 9%，均用银行存款支付，材料尚未到达。三日后材料到达，验收入库。

这项业务使企业的在途物资增加 60 800 元，应记入"在途物资"账户借方；支付的材料增值税和运费增值税共 7 872 元准予抵扣，应记入"应交税费——应交增值税"明细账户借方；银行存款减少 68 672 元，应记入"银行存款"账户贷方。编制会计分录如下：

借：在途物资——青岛钢厂　　60 800
　　应交税费——应交增值税（进项税额）　　7 872
　　贷：银行存款　　68 672

三日后货物到达验收入库时，再编制如下会计分录：

借：原材料——203 型钢板　　60 800
　　贷：在途物资——青岛钢厂　　60 800

三、先收货后付款业务

这类业务是欠款购货，材料物资已到，并已验收入库，但尚未付款，或尚未开出、承兑商业汇票。这类业务如果发生在月中，可暂不处理，待发票账单到达后按钱货两清处理。但如果到月末仍未付款，应根据不同情况作不同处理：若月末发票账单已到但尚未付款，应按实际应支付的款项，记入"应付账款"账户贷方；若月末时发票账单仍未到达，应估价入账，次月初红字冲账。

【例 2-10】 依据【任务案例】，2019 年 2 月 25 日，收到华光公司 201 型钢板 1 000 千克，50 元/千克，增值税税率为 13%，材料已验收入库。28 日收到发票账单，但尚未付款。应于月末编制如下会计分录：

借：原材料——201 型钢板　　50 000
　　应交税费——应交增值税（进项税额）　　6 500
　　贷：应付账款——华光公司　　56 500

次月初付款时，编制会计分录如下：

借：应付账款——华光公司　　56 500
　　贷：银行存款　　56 500

【例 2-11】依据【任务案例】，2019 年 2 月 28 日，收到盛宏公司发来 202 型钢板 1 000 千克，尚未收到发票账单。估价为 30 000 元。

借：原材料——202 型钢板　　30 000

　　贷：应付账款——暂估应付账款　　30 000

3 月 1 日红字冲账，编制如下会计分录：

借：原材料——乙材料　　30 000

　　贷：应付账款——暂估应付账款　　30 000

待 3 月份收到发票账单后，于支付货款时，再按钱货两清处理。

四、预付账款购进业务

采用预付账款购进材料，是预先支付供应单位一笔货款，等收到货物之后再结算货款，差额多退少补。

【例 2-12】依据【任务案例】，2019 年 2 月 28 日，为从广源公司购买市场稀缺的 205 型钢板，按照合同规定预付货款 50 000 元，委托银行汇出。

这项业务发生，使公司增加一笔债权预付账款 50 000 元，应记入“预付账款”账户借方；同时，银行存款减少 50 000 元，应记入“银行存款”账户贷方。编制会计分录如下：

借：预付账款——广源公司　　50 000

　　贷：银行存款　　50 000

假如 4 月 10 日收到 205 型钢板 1 000 千克，80 元/千克，共计 80 000 元，增值税税额为 10 400 元，差额以银行存款结算。编制会计分录如下：

借：原材料——205 型钢板　　80 000

　　应交税费——应交增值税（进项税额）　　10 400

　　贷：预付账款——广源公司　　90 400

借：预付账款——广源公司　　40 400

　　贷：银行存款　　40 400

【知识拓展】

采购业务核算账户介绍

1. 原材料

该账户属资产类，用来核算企业库存的各种材料，包括原料及主要材料、辅助材料、外购半成品等。原材料增加时，记借方；领用等减少时，记贷方；期末余额在借方，反映企业库存材料的计划成本或实际成本。本账户可按材料的类别、品种和规格等进行明细核算。

2. 应交税费

该账户属负债类，用来核算企业按照税法等规定计算应交纳的各种税费，包括增值税、消费税、营业税、所得税等。本账户可按应交的税费项目进行明细核算。“应交税费——应交增值税”还应分别对“进项税额”“销项税额”“出口退税”“进项税额转出”“已交税金”等设置专栏。企业购进材料时，按可抵扣的增值税额，借记“应交税费——应交增值税（进项税额）”；销售产品时，按专用发票上注明的增值税额，贷记“应交税费——应交增值税（销项税额）”；交纳增值税时，借记“应交税费——应交增值税（已交税金）”。

3. 在途物资

该账户属资产类，用来核算企业采用实际成本进行材料物资日常核算、货款已付尚未验收入库的在途物资的采购成本。支付货款，材料未到时，记借方；货物到达验收入库时，记贷方；期末余额在借方，反映企业在途材料物资的采购成本。本账户可按供应单位和物资品种进行明细核算。

4. 应付账款

该账户属负债类，用来核算企业因购买材料、商品和接受劳务等经营活动应支付的款项。购进材料，货款未付时，记贷方；偿付货款时，记借方；期末余额在贷方，反映企业尚未支付的应付账款余额。本账户可按债权人进行明细核算。

5. 预付账款

该账户属资产类，用来核算企业按照合同规定预付的款项（预付款项情况不多的，也可以不设置本账户，将预付的款项直接记入“应付账款”账户借方）。预付款项时，记借方；收到所购物资时，按应支付的金额记贷方；期末余额在借方，反映企业预付的款项；期末如为贷方余额，反映企业尚未补付的款项。本账户可按供货单位进行明细核算。

任务三

产品生产业务

【任务案例】

2019年3月31日，新华公司的材料部门转来3月份的“发出材料汇总表”，财务部门的会计人员赵相文要根据“发出材料汇总表”编制会计分录，填制记账凭证。发出材料汇总表如表2-1所示（假设生产车间和厂部领用的纤维板都是维修用）。

表 2-1 发出材料汇总表

2019 年 3 月 31 日 单位：元

用途	201 型钢板		纤维板		卫生用具		合计
	数量（千克）	金额	数量（张）	金额	数量（把）	金额	
生产橱柜	2 000	60 000	10	800			60 800
生产吊柜	1 000	30 000	5	400			30 400
车间耗用			2	160	5	100	260
厂部耗用			10	800	10	200	1 000
合计	3 000	90 000	27	2 160	15	300	92 460

思考：你会进行材料发出业务的核算吗？企业在生产经营过程中，除了发生材料费用，还会发生人工费用、制造费用等，企业应如何核算这些费用？

【知识准备】

生产过程是工业企业最具体色的阶段。在这一阶段中，劳动者借助机器、设备，对原材料进行加工，制造出符合设计要求的各种产品，也就是从领用材料到产品完工入库的全过程。它既是产品制造过程，又是物化劳动和活劳动的消耗过程。

企业在生产过程中发生的各种耗费，必须先按一定的标准和方法进行归集，然后再分配给一定种类的产品，从而形成各种产品的生产成本。生产费用按经济用途分类被称为成本项目，它包括直接材料、直接人工和制造费用，其中直接材料和直接人工统称为直接费用，制造费用称为间接费用。各成本项目的具体内容如下：

直接材料是指直接用于产品生产，构成产品实体的原料及主要材料、外购半成品和辅助材料等。

直接人工是指直接从事产品生产的工人工资、职工福利、社会保险等薪酬。

制造费用是指生产车间为组织和管理生产活动而发生的各项间接费用，包括车间管理人员工资等薪酬、车间固定资产折旧费、办公费、差旅费、水电费、劳动保护费、物料消耗等。

可见，生产过程核算的内容包括：一是生产费用的发生与归集，二是产品生产成本的计算。

【任务处理】

一、材料费用

材料费用一般应按领用部门和用途进行归集，并按其用途分配计入产品成本或期间费用。对生产车间直接用于某种产品生产的原材料，可直接计入该产品的生产成本，对几种产品共同耗用的原材料，应采用适当的方法，将材料费用在各种产品之间分配，分别计入各产品生产成本；生产车间一般消耗的原材料，应记入“制造费用”账户；行政管理部门消耗的材料，应记入“管理费用”账户。

在实际工作中，材料领用业务不一定根据每一张领料单逐笔进行账务处理，可以于月末汇总编制“发出材料汇总表”之后，根据汇总表编制记账凭证，进行账务处理。

【例 2－13】依据上述【任务案例】，该项材料领用业务，使橱柜和吊柜的生产成本分别增加 60 800 元和 30 400 元，车间修理费和其他费用分别增加 160 元和 100 元，厂部修理费和其他费用分别增加 800 元和 200 元。根据现行企业会计准则规定，生产车间的修理费与行政管理部门的修理费同样处理。根据上述经济业务，会计人员赵相文编制会计分录如下：

借：生产成本——橱柜	60 800	
——吊柜	30 400	
制造费用	100	
管理费用——修理费	960	
——其他	200	
贷：原材料——201 型钢板		90 000
——纤维板		2 160
——卫生用具		300

二、人工费用

人工费用是产品成本和期间费用的重要组成部分，应按其发生地点进行归集，并按其用途分别计入产品成本和期间费用。直接从事产品生产的工人的工资等薪酬应记入“生产成本”账户；对几种产品共同发生的人工费用，应采用适当的标准和方法，将人工费用在各种产品之间进行分配，分别计入各产品的生产成本；车间管理人员的费用应记入“制造费用”账户；行政管理部门人员的费用应记入“管理费用”账户；销售机构人员的费用应记入“销售费用”账户。

【例 2－14】2019 年 3 月 31 日，分配本月职工工资为 171 000 元，其中产品生产工人工资为 126 000 元（按两种产品生产工时比例分配：橱柜生产工时为 10 000 个，吊柜生产工时为 8 000 个），车间管理人员工资为 6 000 元，厂部管理人员工资为 39 000 元。

这项业务发生，使公司的负债应付职工薪酬增加 171 000 元，应记入“应付职工薪酬”账户的贷方；同时，车间生产费用增加 132 000 元，根据用途，生产工人工资应记入“生产成本”账户的借方，车间管理人员的工资属于间接费用，应记入“制造费用”账户借方；厂部管理人员工资应记入“管理费用”账户借方。则：

分配率 = 126 000 ÷（10 000 + 8 000）= 7（元/工时）

橱柜应负担的工资费用 = 10 000 × 7 = 70 000（元）

吊柜应负担的工资费用 = 126 000 − 70 000 = 56 000（元）

编制会计分录如下：

借：生产成本——橱柜　　70 000
　　　　　　——吊柜　　56 000
　　制造费用　　6 000
　　管理费用——职工薪酬　　39 000
　　贷：应付职工薪酬——工资　　171 000

【例2-15】2019年3月31日，以银行存款发放工资171 000元。

这项业务发生，使公司的负债应付职工薪酬减少171 000元，应记入“应付职工薪酬”账户借方；同时，使银行存款减少171 000元，应记入“银行存款”账户贷方。编制会计分录如下：

借：应付职工薪酬——工资　　171 000
　　贷：银行存款　　171 000

【例2-16】2019年3月31日，根据有关规定，将本月实际发生的职工福利费10 260元进行分配，其中，橱柜生产工人4 200元，吊柜生产工人3 360元，车间管理人员360元，厂部管理人员2 340元。编制会计分录如下：

借：生产成本——橱柜　　4 200
　　　　　　——吊柜　　3 360
　　制造费用　　360
　　管理费用——职工薪酬　　2 340
　　贷：应付职工薪酬——职工福利　　10 260

三、其他费用

工业企业的生产过程除发生材料费用、人工费用以外，还会发生固定资产折旧费、修理费、水电费、办公费、差旅费等各项费用。

【例2-17】2019年3月31日，编制“固定资产折旧计算表”，计提固定资产折旧62 000元，其中生产车间50 000元，管理部门12 000元。

固定资产折旧形成企业的生产经营费用。车间的固定资产均直接用于生产产品，但因无法直接确认每种产品负担的折旧数额，故应将车间固定资产的折旧记入“制造费用”账户借方，与其他制造费用一起分配计入产品生产成本；管理部门固定资产折旧费，应记入“管理费用”账户借方；固定资产价值减少即累计折旧的增加，应记入“累计折旧”账户贷方。编制会计分录如下：

借：制造费用　　50 000
　　管理费用——折旧费　　12 000
　　贷：累计折旧　　62 000

【例2-18】2019年3月31日以银行存款支付水电费21 360元，其中生产车间应负担15 360元，管理部门应负担6 000元。

这项业务增加制造费用和管理费用，同时减少银行存款，应分别记入“制造费用”和“管理费用”账户借方及“银行存款”账户贷方。编制会计分录如下：

借：制造费用　　15 360
　　管理费用——水电费　　6 000
　　贷：银行存款　　21 360

【例 2-19】2019 年 3 月 31 日，以银行存款支付生产车间设备修理费 10 000 元。

不论是生产车间的修理费，还是管理用设备的修理费，均应计入管理费用。这项业务增加了管理费用，同时减少了银行存款，应分别记入“管理费用”账户借方及“银行存款”账户贷方。编制会计分录如下：

借：管理费用——修理费　　10 000
　　贷：银行存款　　10 000

【例 2-20】2019 年 3 月 31 日，报销差旅费 3 800 元，其中车间主任刘德鑫 1 800 元（原借 2 000 元），会计主管邱天 2 000 元（原借 1 500 元）。差额收付现金。

车间主任的差旅费应记入“制造费用”账户借方，会计主管的差旅费应记入“管理费用”账户借方，原来预借的差旅费应冲减“其他应收款”账户。编制会计分录如下：

借：制造费用　　1 800
　　管理费用——差旅费　　2 000
　　贷：其他应收款——刘德鑫　　2 000
　　　　　　　　——邱天　　1 500
　　　　库存现金　　300

四、制造费用的归集与分配

制造费用是企业为生产产品和提供劳务而发生的各项间接费用，包括车间发生的物料消耗、职工薪酬、折旧费、办公费、水电费等。这些费用企业通过设置“制造费用”账户，按月归集在一起，月末按照各受益产品的生产工时、机器工时、生产工人工资等比例进行分配，分别计入各受益产品的生产成本。

【例 2-21】假设本月橱柜、吊柜的生产工时分别是 10 000 工时和 8 000 工时，月末按工时比例分配制造费用。

根据本月份登记的制造费用明细账（如图 2-1 所示），本月制造费用共发生 73 620 元。

制造费用分配率 = 73 620 ÷（10 000 + 8 000）= 4.09（元/工时）

橱柜应分配的制造费用 = 4.09 × 10 000 = 40 900（元）

吊柜应分配的制造费用 = 73 620 − 40 900 = 32 720（元）

根据分配结果，编制会计分录如下：

借：生产成本——橱柜　　40 900
　　　　　　——吊柜　　32 720
　　贷：制造费用　　73 620

借方	制造费用		贷方
(20)	100	(28)	73 620
(21)	6 000		
(23)	360		
(24)	50 000		
(25)	15 360		
(27)	1 800		
借方发生额合计	73 620	借方发生额合计	73 620

图 2－1　制造费用明细账图示

五、完工产品成本的计算

当全部生产费用都记入产品的“生产成本”明细分类账之后，就可以计算完工产品的成本了。这项工作，实际上就是在完工产品与期末在产品之间分配生产费用。

完工产品与期末在产品之间的关系可用下列公式表示：

期初在产品成本＋本期发生的生产费用＝完工产品成本＋期末在产品成本

等式左边的两项都是已知的。如果期末没有在产品，则全部生产费用就是完工产品的总成本；如果有期末在产品，则必须采用一定的方法，在完工产品和期末在产品之间进行费用分配。

【例 2－22】 假设橱柜期初在产品成本为 23 000 元（其中材料费为 20 000 元，人工费 1 800 元，制造费 1 200 元），期末没有在产品，因此，期初在产品成本加上本期发生的生产费用 175 900 元，全部都是完工产品 60 件的总成本，共计 198 900 元；吊柜期初无在产品，本期完工 55 件，期末尚有 5 件未完工的在产品，设期末在产品的成本为 5 600 元（其中材料费 3 600 元，人工费和制造费均为 1 000 元），则本期发生的生产费用 122 480 元，减去期末在产品成本，得完工吊柜成本 116 880 元。

橱柜生产成本＝23 000＋175 900＝198 900（元）

吊柜生产成本＝122 480－5 600＝116 800（元）

将完工产品验收入库，结转其生产成本。编制会计分录如下：

借：库存商品——橱柜　　198 900
　　　　　　——吊柜　　116 880
　贷：生产成本——橱柜　　198 900
　　　　　　　——吊柜　　116 880

费用分配完毕，计算出完工产品的总成本之后，还要编制“产品成本计算单”，计算出单位成本。

两种产品的“生产成本明细分类账”“产品成本计算单”如表 2－2、表 2－3、表 2－4 所示。

表 2－2　　生产成本明细分类账

品名：橱柜　　期初在产品 5 件，本期投产 55 件　　完工产量 60 件

2019 年 月	日	凭证字号	摘　　要	直接材料	直接人工	制造费用	合计
3	1		期初在产品成本	20 000	1 800	1 200	23 000
	31	19	材料费用	60 800			60 800
		20	分配工资		70 000		70 000
		22	计提福利费		4 200		4 200
		27	分配制造费用			40 900	40 900
			生产费用合计	80 800	76 000	42 100	198 900
	31	23	结转完工产品成本	80 800	76 000	42 100	198 900

生产成本明细账的格式一般用多栏式，即按成本项目在借方设专栏，没设贷方和余额栏，这种格式是实际工作中常用的一种格式。其登记方法要注意，贷方发生额只能以红字登记。

表 2－3　　生产成本明细分类账

品名：吊柜　　本期投产 60 件　　完工产量 55 件

2019 年 月	日	凭证字号	摘　　要	直接材料	直接人工	制造费用	合计
3	31	19	材料费用	30 400			30 400
		20	分配工资		56 000		56 000
		22	计提福利费		3 360		3 360
		27	分配制造费用			32 720	32 720
			生产费用合计	30 400	59 360	32 720	122 480
	31	23	结转完工产品成本	26 800	58 360	31 720	116 880
			期末在产品成本	3 600	1 000	1 000	5 600

表 2－4　　产品成本计算表

成本项目	橱柜 60 件		吊柜 55 件	
	总　成　本	单 位 成 本	总　成　本	单 位 成 本
直接材料	80 800	1 347	26 800	487
直接人工	76 000	1 266	58 360	1 061
制造费用	42 100	702	31 720	577
合计	198 900	3 315	116 880	2 125

【知识拓展】

生产业务核算账户介绍

1. 生产成本

本账户属成本类，用来核算企业进行工业性生产所发生的各项生产费用。生产过程发生的各项生产费用中，直接材料、直接人工等直接费用，直接记入本账户借方；制造费用是间接费用，期末分配记入本账户借方。贷方登记转出完工产品的生产成本；如有余额在借方，表示期末尚未加工完成的在产品成本。本账户按基本生产成本和辅助生产成本设置二级账，按成本核算对象（如产品的品种等）设置明细账，并按成本项目设置专栏。

2. 制造费用

本账户属成本类，用来核算企业生产车间（部门）为生产产品和提供劳务而发生的各项间接费用。生产车间发生各项间接费用时，记借方；月末分配转入生产成本时，记贷方；除季节性的生产性企业外，本账户月末结转后应无余额。本账户应当按照不同的生产车间、部门和费用项目进行明细核算。

3. 管理费用

本账户属损益类，用来核算企业为组织和管理企业生产经营所发生的管理费用，包括企业在筹建期间内发生的开办费、董事会和行政管理部门在企业的经营管理中发生的或者应由企业统一负担的公司经费（包括行政管理部门职工工资及福利费、物料消耗、低值易耗品摊销、办公费和差旅费等）、工会经费、董事会费（包括董事会成员津贴、会议费和差旅费等）、聘请中介机构费、咨询费（含顾问费）、诉讼费、业务招待费、技术转让费、矿产资源补偿费、研究费用、排污费等。企业发生各项管理费用时，记借方；期末，将本账户的余额转入“本年利润”时，记贷方；结转后无余额。本账户应当按照费用项目进行明细核算。

4. 应付职工薪酬

本账户属负债类，用来核算企业根据有关规定应付给职工的各种薪酬。包括“工资”“职工福利”“社会保险费”“住房公积金”“工会经费”“职工教育经费”等项目。按照有关规定计算出应付职工薪酬时，记贷方；实际向职工发放工资、支付福利费，以及从应付职工薪酬中扣还各种款项时，记借方；期末余额在贷方，反映企业应付职工薪酬的结余数额。本账户应按照上述构成项目进行明细核算。

5. 累计折旧

本账户属资产类，用来核算企业对固定资产计提的累计折旧。按月计提固定资产折旧时，记贷方；处置固定资产结转其折旧时，记借方；期末余额在贷方，表示现有固定资产的累计折旧额。本账户应当按照固定资产的类别或项目进行明细核算。

需要说明，“累计折旧”账户是一个特殊资产类账户，其特殊性就在于它的余额永远在贷方，与一般资产类账户是借方余额不同；但它又只能归属于资产类账户，因为它反映的内容是固定资产价值的变动情况（减少）；“固定资产”账户反映固定资产的原价，“累计折旧”账户反映固定资产价值的减少（折旧），二者之差，就是固定资产的实有价值，称净值或折余价值。

6. 其他应收款

本账户属资产类，用来核算企业除应收票据、应收账款、预付账款、应收股利、应收利息、长期应收款等以外的其他各种应收及暂付款项。发生各种其他应收款项时，记借方；收回时，记贷方；期末余额在借方，反映企业尚未收回的其他应收款项。本账户可按对方单位（或个人）进行明细核算。

7. 库存现金

本账户属资产类，用来核算企业持有的库存现金。企业增加库存现金时，记借方；减少时记贷方；期末余额在借方，反映企业持有的库存现金。

8. 库存商品

本账户属资产类，用来核算企业库存的各种商品的实际成本，包括库存产成品、外购商品以及寄存在外的商品等。商品增加验收入库时，记借方；销售商品结转成本或其他原因减少时，记贷方；期末余额在借方，反映企业库存商品的实际成本。本账户可按照商品的种类、品名和规格等进行明细核算。

任务四

产品销售业务

【任务案例】

新华公司于 2019 年 3 月 12 日销售给济南橱具商城不锈钢橱柜 18 件，单价为 4 500 元，总金额为 81 000 元，增值税销项税额为 10 530 元。销售税务会计陈大强开出增值税专用发票，经许海波审核后交付对方。当日收到对方交来面值为 91 530 元的转账支票一张，出纳员王海据以填制进账单，一并送存银行。

思考：假如你是该公司会计人员，应如何进行该项业务的账务处理？

【知识准备】

销售过程是生产耗费获得补偿的过程。通过销售过程，企业将生产出来的产品销售出去，实现其价值，并向购货单位收取货款，形成销售收入，以补偿生产过程中的耗费，保证企业再生产正常进行的资金需要。

在销售过程中企业还会发生包装费、运输费、装卸费、展览费、广告费、专设销售机构经费等销售费用，这些费用应计入当期损益，从销售收入中得到补偿。因此，销售过程核算的主要内容包括：确认和记录销售收入，与购货单位办理结算收回货款，计算并结转销售成本，支付销售费用，计算交纳有关税费等。

【任务处理】

一、主营业务收支

主营业务是指企业为完成其经营目标而从事的日常活动中的主要活动，是企业的重要业务，是企业收入的主要来源。同时，业务的开展也会相应发生成本费用开支。

企业销售产品或提供劳务实现的收入，应按实际收到或应收的金额，借记“银行存款”“应收账款”“应收票据”等账户；按确认的营业收入，贷记“主营业务收入”账户。

【例2-23】依据上述【任务案例】，该项销售业务的发生，使企业的主营业务收入增加了81 000元，收取的增值税销项税额增加了10 530元，价税合计使企业的银行存款增加了91 530元。会计人员编制会计分录如下：

借：银行存款 91 530

　　贷：主营业务收入 81 000

　　　　应交税费——应交增值税（销项税额） 10 530

如果产品销往外地，采用发货制，销售方往往还需要给对方垫付运杂费。垫付的运杂费一般随货款一起收回。

【例2-24】3月15日，向外地虹桥公司销售橱柜20件，单价为4 500元，增值税税率为13%。代垫运输费为500元，以银行存款付清。已办妥委托银行收款手续，款项尚未收到。

这项经济业务，橱柜销售收入90 000元，增值税税额为11 700元，代垫运费500元，全部款项共计102 200元，尚未收到，应收账款增加，应记入“应收账款”账户的借方；产品销售收入增加应记入“主营业务收入”账户的贷方，增值税销项税额增加应记入“应交税费——应交增值税（销项税额）”账户的贷方，支付代垫运费减少了银行存款，应记入“银行存款”账户的贷方。编制会计分录如下：

借：应收账款——虹桥公司 102 200

　　贷：主营业务收入 90 000

　　　　应交税费——应交增值税（销项税额） 11 700

　　　　银行存款 500

【例2-25】3月18日，向盛宏公司发出吊柜10件，单价为3 000元，增值税税率为13%。盛宏公司上月已预先汇来货款20 000元。

本企业已于上月预收了盛宏公司汇来的货款20 000元，此款当时已记入“预收账款”账户的贷方，形成一笔负债。此项销售业务就是清偿前次的预收账款，故应记入“预收账款”账户借方。只不过因货款和增值税税费33 900元超过原预收账款，将使原负债清偿之后转换为债权，“预收账款”账户出现借方余额，成为事实上的应收账款。产品销售收入、增值税的处理与上述业务相同。编制会计分录如下：

借：预收账款——盛宏公司　33 900
　　贷：主营业务收入　30 000
　　　　应交税费——应交增值税（销项税额）　3 900

【例 2-26】3 月 25 日，盛宏公司通过银行补付来货款 13 900 元。

这项业务使本企业银行存款增加 13 900 元，应记入“银行存款”账户借方，“预收账款”账户原有的借方余额得以转销，故记入该账户贷方。编制会计分录如下：

借：银行存款　13 900
　　贷：预收账款——盛宏公司　13 900

产品销售以后，应随时或定期于月末计算结转已销产品的生产成本，借记“主营业务成本”账户，贷记“库存商品”账户。

【例 2-27】3 月 31 日，计算结转橱柜、吊柜两种产品的销售成本。全月销售橱柜 100 件，每件生产成本为 3 315 元；销售吊柜 100 件，每件生产成本为 2 125 元。

此项销售成本的结转工作，实际就是把两种产品的生产成本从“库存商品”账户转入“主营业务成本”账户，故应记入“主营业务成本”账户借方，同时记入“库存商品”账户贷方。编制会计分录如下：

借：主营业务成本　544 000
　　贷：库存商品——橱柜　331 500
　　　　　　　　——吊柜　212 500

二、其他业务收支

工业企业除生产、销售产品以外，还可以经营运输、维修等其他业务。销售材料也属于其他业务。企业经营其他业务实现的收入，应记入“其他业务收入”账户，经营其他业务过程中发生的各种支出，应记入“其他业务成本”账户。

【例 2-28】3 月 31 日，向永盛厂销售不再需用的 204 型钢板一批，其成本价为 5 000 元，售价为 6 000 元，增值税税率为 13% 元，款项已收存银行。

此项业务增加了本企业的银行存款，应记入“银行存款”账户借方；出售材料属于公司的其他业务，其收入应记入“其他业务收入”账户贷方，收取的增值税为销项税额记入“应交税费——应交增值税（销项税额）”账户贷方。编制会计分录如下：

借：银行存款　6 780
　　贷：其他业务收入　6 000
　　　　应交税费——应交增值税（销项税额）　780

结转该批材料的销售成本，将它从“原材料”账户转入“其他业务成本”账户。编制会计分录如下：

借：其他业务成本　5 000
　　贷：原材料——204 型钢板　5 000

三、销售税费

企业在销售过程中，会不可避免地发生广告费、运输费、专职销售人员薪酬、专设销售机构办公费、折旧费等各种开支。这些相关费用发生后，应记入“销售费用”账户。

【例2-29】 3月31日，用银行存款支付广告费10 000元。

这项业务使公司的销售费用增加10 000元，应记入“销售费用”账户借方；支付广告费使银行存款减少，应记入“银行存款”账户贷方。编制会计分录如下：

借：销售费用——广告费	10 000	
贷：银行存款		10 000

【例2-30】 3月31日，分配专设销售机构人员工资为28 000元，分配本月福利费1 680元。

借：销售费用——职工薪酬	29 680	
贷：应付职工薪酬——工资		28 000
——职工福利		1 680

【例2-31】 3月31日，计提专设销售机构固定资产折旧费22 000元。

借：销售费用——折旧费	22 000	
贷：累计折旧		22 000

【例2-32】 3月31日，计算出本月应交城市维护建设税5 600元，教育费附加2 400元。

本月应交城市维护建设税和教育费附加，一方面使税金及附加增加，应记入“税金及附加”账户借方；另一方面，税金及附加尚未交纳，形成企业流动负债，应记入“应交税费”账户贷方。编制会计分录如下：

借：税金及附加	8 000	
贷：应交税费——应交城市维护建设税		5 600
——应交教育费附加		2 400

【知识拓展】

销售业务核算账户介绍

为组织销售过程的核算，反映和监督销售过程发生的各项业务，企业应设置“主营业务收入”“主营业务成本”“其他业务收入”“其他业务成本”“税金及附加”“销售费用”账户；另外，还要设置反映货款结算的“应收账款”“应收票据”和“预收账款”等账户。

1. 主营业务收入

本账户属损益类，用来核算企业确认的销售商品、提供劳务等主营业务的收入。实现主营业务收入时，记贷方；销售退回或销售折让应冲销主营业务收入时，记借方；期末应将本账户余额转入“本年利润”账户，结算后本账户无余额。本账户可按主营业务的种类进行明细核算。

2. 主营业务成本

本账户属损益类，用来核算企业确认销售商品、提供劳务等主营业务收入时应结转的成本。结转主营业务的实际成本时，记借方；已转成本的销售退回商品冲减成本时，记贷方；期末应将本账户余额转入“本年利润”账户，结转后无余额。本账户可按主营业务的种类进行明细核算。

3. 应收账款

本账户属资产类，用来核算企业因销售商品、提供劳务等经营活动应收取的款项，包括应收的货款或劳务价款、应收的增值税销项税额、代垫的运杂费等。企业发生应收账款时，记借方；收回应收账款时，记贷方；期末余额一般在借方，表示尚未收回的应收账款；期末余额如在贷方，反映企业预收的账款。本账户可按债务人进行明细核算。

4. 预收账款

本账户属负债类，用来核算企业按照合同规定预收的款项（预收账款情况不多的，也可以不设置本账户，将预收的款项直接记入“应收账款”账户的贷方）。向购货单位预收款项时，记贷方；销售实现时，记借方；期末余额在贷方，反映企业预收的款项；如在借方，则为购货单位应补付的款项。本账户可按购货单位进行明细核算。

5. 其他业务收入

本账户属损益类，用来核算企业确认的除主营业务活动以外的其他经营活动实现的收入，包括出租固定资产、出租无形资产、出租包装物和商品、销售材料等实现的收入。实现其他业务收入时，记贷方；冲销有关收入时，记借方；期末应将本账户余额转入“本年利润”账户，结转后无余额。本账户可按其他业务的种类进行明细核算。

6. 其他业务成本

本账户属损益类，用来核算企业确认的除主营业务活动以外的其他经营活动所发生的支出，包括销售材料的成本、出租固定资产的折旧额、出租无形资产的摊销额、出租包装物的成本或摊销额等。发生其他业务成本时，记借方；销售退回冲销材料成本时，记贷方；期末应将本账户余额转入“本年利润”账户，结转后无余额。本账户可按其他业务的种类进行明细核算。

7. 销售费用

本账户属损益类，用来核算企业销售商品和材料、提供劳务过程中发生的各种费用，包括应由售货方负担的运输费、装卸费、包装费、保险费、展览费和广告费、商品维修费，以及专设销售机构的职工薪酬、业务费、折旧费等经营费用。在销售过程中发生各项费用时，记借方；期末将本账户借方余额转入“本年利润”账户时记贷方，结转后无余额。本账户可按费用项目进行明细核算。

8. 税金及附加

本账户属损益类，用来核算企业经营活动发生的营业税、消费税、城市维护建设税、资源税和教育费附加等相关税费。按规定计算出与经营活动有关的税费时，记借方；冲销有关税费时记贷方；期末应将本账户余额转入“本年利润”账户，结算后本账户无余额。

任务五

利润形成与分配业务

【任务案例】

2019 年 4 月 30 日，新华公司的会计主管邱天根据本月账簿记录，汇总各损益类账户发生额（如表 2－5 所示），并根据此表计算结转本月利润。

表 2－5　　　　损益类账户发生额　　　　单位：元

收入类账户	贷方余额	费用类账户	借方余额
主营业务收入	1 200 000	主营业务成本	786 000
其他业务收入	250 000	税金及附加	5 000
营业外收入	1 000	其他业务成本	160 000
		销售费用	86 000
		管理费用	121 000
		财务费用	60 000
合　计	1 451 000	合　计	1 218 000

思考：为什么在计算结转当期利润时，要汇总损益类账户发生额？

【知识准备】

利润的构成

利润是指企业一定期间生产经营活动形成的最终财务成果，主要是收入减去费用后所剩余的差额。收入大于费用的差额形成企业利润，收入小于费用的差额称为亏损。利润除包括收入减去费用后的净额以外，还有直接计入当期利润的利得和损失等。但这部分在利润所占的比重比较小。利润有营业利润、利润总额、净利润之分。

1. 营业利润

营业利润是指生产经营活动所获得的利润，是营业收入减去营业成本、税金及附加、期间费用、资产减值损失，加上公允价值变动净收益、投资净收益后的金额。

营业利润＝营业收入－营业成本－税金及附加－销售费用－管理费用－财务费用－资产减值损失＋投资收益±公允价值变动损益

其中，营业收入是指企业经营业务所确认的收入总额，包括主营业务收入和其他业务收入。

营业成本是指企业经营业务所发生的实际成本总额，包括主营业务成本和其他业务成本。

资产减值损失是指企业计提各项资产减值准备所形成的损失。

投资收益是指企业以各种方式对外投资所取得的收益或发生的损失。

公允价值变动损益是指交易性金融资产等公允价值变动形成的应计入当期损益的利得或损失。

2. 利润总额

利润总额是指在营业利润的基础上，加减营业外收支净额后的结果。

利润总额 = 营业利润 + 营业外收入 − 营业外支出

营业外收支净额是指与企业生产经营活动没有直接关系的各种营业外收入减去营业外支出之后的余额。营业外收入与营业外支出是没有配比关系的一些收入、支出项目。其包含的具体内容详见【知识拓展】中的“账户介绍”。

3. 净利润

净利润是指利润总额减去所得税费用后的余额。

净利润 = 利润总额 − 所得税费用

其中，所得税费用是指企业应计入当期损益的所得税费用。它是企业按照税法规定，就其生产经营所得和其他所得计算交纳的一种税金。

【任务处理】

一、利润形成

期末，企业应将本期各损益类账户的发生额合计转入“本年利润”账户，从而结平各损益类账户。期末转账业务需要将各项收入和各项支出分别结转。各项收入转入“本年利润”账户贷方，各项费用转入“本年利润”账户借方。

【例 2－33】根据上述【任务案例】，新华公司会计主管邱天计算结转本月利润时，编制会计分录如下：

1. 将各项收入转入“本年利润”账户的贷方，编制会计分录如下：

借：主营业务收入	1 200 000	
其他业务收入	250 000	
营业外收入	1 000	
贷：本年利润		1 451 000

2. 将各项支出转入“本年利润”账户的借方，编制会计分录如下：

借：本年利润	1 218 000	
贷：主营业务成本		786 000
税金及附加		5 000

其他业务成本	160 000
销售费用	86 000
管理费用	121 000
财务费用	60 000

新华公司本月利润总额 = 1 451 000 - 1 218 000 = 233 000（元）

二、所得税

当期所得税是企业确认的应从当期利润总额中扣除的所得税费用。它是根据应纳税所得额和一定税率计算确定的。

应交所得税 = 应税利润 × 税率

应税利润又称应纳税所得额，是指按照税法规定的会计方法确认、计量的一定时期的收益，是计算确定应纳所得税的基本依据。

期末，企业按规定计算出当期应交所得税时，应借记“所得税费用”账户，贷记“应交税费——应交所得税”账户。

【例 2 - 34】 新华公司 2019 年 4 月应税利润为 233 000 元，按 25% 计算应交所得税并转账。

应交所得税 = 233 000 × 25% = 58 250（元）

该项业务使得本期所得税费用增加，应记入“所得税费用”账户的借方；所得税应交未交，形成了一项负债，应记入“应交税费”账户的贷方。编制会计分录如下：

借：所得税费用	58 250	
贷：应交税费——应交所得税		58 250

将“所得税费用”转入“本年利润”账户，编制会计分录如下：

借：本年利润	58 250	
贷：所得税费用		58 250

新华公司本月净利润 = 233 000 - 58 250 = 174 750（元）

三、利润分配

利润分配的去向有两方面：第一个去向是提取公共积累，增强企业发展后劲。按现行规定，股份公司对可供分配的利润按 10% 提取法定盈余公积金，当法定盈余公积金已达注册资本总额的 50% 时，可以不再提取。法定盈余公积可用于弥补亏损、转增资本和在公司亏损年度按照不超过股票面值 6% 的比率，经股东会特别决议后分配股利。法定盈余公积金转增资本或分配股利后不得低于注册资本的 25%。公司经股东大会决议，还可提取任意盈余公积金，其用途与法定盈余公积金相同。第二个去向是向投资者分配利润。股份公司如果有优先股，应在提取任意盈余公积金之前分配优先股股利，最后向普通股股东分配股利。公司实现的净利润不能全部分光，总要留一部分未分配利润，以便各年度间调剂余缺。

企业进行利润分配时，按提取的盈余公积数额，借记“利润分配”账户的“提取法定盈余公积”和“提取任意盈余公积”明细账户，贷记“盈余公积”账户的“法定盈余公积”和“任意盈余公积”明细账户；按应分配给投资者的现金股利或利润，借记“利润分配”账户的“应付现金股利或利润”账户，贷记“应付股利”账户。

【例 2 -35】 设新华公司 2019 年全年实现净利润 2 200 000 元，根据分配方案，提取 10% 的法定盈余公积金，30% 的任意盈余公积，向股东分配利润 800 000 元。

提取盈余公积和向股东分配利润，均属于利润分配去向，应分别记入“利润分配”账户各相关明细账的借方；利润分配使所有者权益的“盈余公积”增加，应记入“盈余公积”账户贷方；向股东分配利润尚未实际支付，形成企业的负债，应记入“应付股利”账户贷方。编制会计分录如下：

借：利润分配——提取法定盈余公积　　220 000
　　　　　　——提取任意盈余公积　　660 000
　　　　　　——应付现金股利或利润　　800 000
　贷：盈余公积——法定盈余公积　　220 000
　　　　　　——任意盈余公积　　660 000
　　　应付股利　　800 000

四、年终转账

年末，企业应将“本年利润”账户和“利润分配”各明细账户结平，将其余额转入“利润分配——未分配利润”明细账户。

【例 2 -36】 年终，将“本年利润”和“利润分配”账户余额转入“未分配利润”明细账户。编制会计分录如下：

1. 将“本年利润”账户余额转入“未分配利润”明细账户贷方：

借：本年利润　　2 200 000
　贷：利润分配——未分配利润　　2 200 000

2. 将“利润分配”其他各明细账户余额转入“未分配利润”明细账户借方：

借：利润分配——未分配利润　　1 680 000
　贷：利润分配——提取法定盈余公积　　220 000
　　　　　　——提取任意盈余公积　　660 000
　　　　　　——应付现金股利或利润　　800 000

至此，“利润分配”账户仅余下“未分配利润”明细账有余额 520 000 元，即为公司的年末未分配利润，留待以后年度使用。

【知识拓展】

有关核算账户介绍

1. 营业外收入

本账户属损益类，用来核算企业发生的各项营业外收入，主要包括处置固定资产净收益、处置无形资产净收益、债务重组利得、政府补助、罚款净收入、捐赠利得等。取得各项收入时，记贷方；期末转入“本年利润”时，记借方；结转后本账户无余额。本账户可按营业外收入项目进行明细核算。

2. 营业外支出

本账户属损益类，用来核算企业发生的各项营业外支出，包括固定资产盘亏、处置固定资产净损失、处置无形资产净损失、债务重组损失、非常损失、罚款支出、公益性捐赠支出等。发生各项支出时，记借方；期末转入“本年利润”时，记贷方；结转后本账户无余额。本账户可按营业外支出项目进行明细核算。

3. 本年利润

本账户属所有者权益类，用来核算企业当期实现的净利润（或发生的净亏损）。期末结转各收入账户时，记贷方；结转各支出账户时，记借方；结转后本账户的贷方余额为当期实现的净利润，借方余额为当期发生的净亏损。年度终了，应将本账户余额转入“利润分配——未分配利润”账户，结转后本账户无余额。

4. 所得税费用

本账户属损益类，用来核算企业确认的应从当期利润总额中扣除的所得税费用。计算出应交所得税时记借方，期末结转“本年利润”账户时记贷方，结转后本账户无余额。本账户可按“当期所得税费用”和“递延所得税费用”进行明细核算。

5. 利润分配

本账户属所有者权益类，用来核算企业利润的分配（或亏损的弥补）和历年分配（或弥补）后的余额。进行利润分配时，记借方；用盈余公积补亏时，记贷方；年终，应将本年实现的净利润，自“本年利润”账户转入本账户“未分配利润”贷方（为净亏损的转入借方）；同时，将“利润分配”所属其他明细账户余额转入本账户“未分配利润”明细账户。结转后，本账户除“未分配利润”明细账户外，其他明细账户应无余额。本账户年末余额，反映企业的未分配利润（或未弥补亏损）。本账户应当分别“提取法定盈余公积”“提取任意盈余公积”“应付现金股利或利润”“转作股本的股利”“盈余公积补亏”和“未分配利润”等进行明细核算。

6. 盈余公积

本账户属所有者权益类，用来核算企业从净利润中提取的盈余公积。企业提取法定和任意盈余公积时，记贷方；用盈余公积补亏或转增资本时，记借方；期末余额在贷方，反映企业的盈余公积结余数。本账户应当分别“法定盈余公积”“任意盈余公积”进行明细核算。

7. 应付股利

本账户属负债类，用来核算企业分配的现金股利或利润。根据利润分配方案，按应支付的现金股利或利润，记本账户贷方；实际支付现金股利或利润时，记借方；期末余额在贷方，反映企业应付未付的现金股利或利润。本账户可按投资者进行明细核算。

【知识归纳】

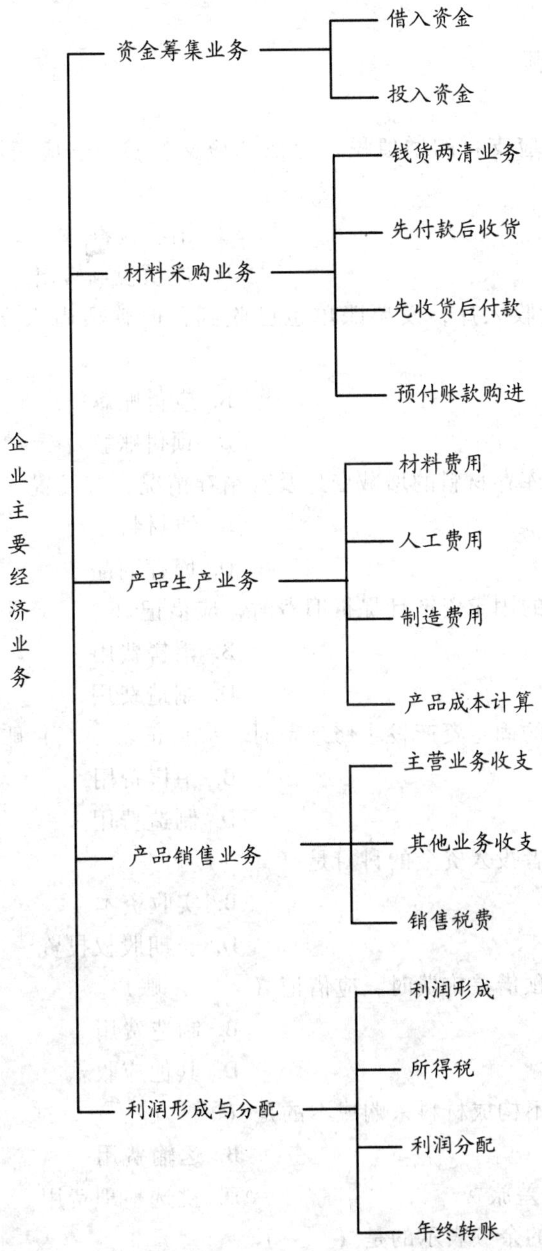

【职业能力训练】

职业判断能力训练

一、单项选择题

1. 企业购买货物应支付的增值税，应在“应交税费——应交增值税（　　）”项目中反映。

A. 进项税额　　B. 销项税额
C. 已交税金　　D. 进项税额转出

2. 月末材料已验收入库，发票账单也已收到，但款项尚未支付，应贷记的账户是（　　）。

A. 应收账款　　B. 应付账款
C. 预收账款　　D. 预付账款

3. 为了反映企业库存材料的增减变化及其结存情况，应设置（　　）账户。

A. 在途物资　　B. 原材料
C. 库存材料　　D. 库存商品

4. 生产车间使用的固定资产计提折旧费时，应借记（　　）账户。

A. 财务费用　　B. 销售费用
C. 管理费用　　D. 制造费用

5. 生产车间使用的固定资产发生修理费时，应借记（　　）账户。

A. 财务费用　　B. 销售费用
C. 管理费用　　D. 制造费用

6. 反映企业所有者投入资金的科目是（　　）。

A. 投入资本　　B. 实收资本
C. 固定资产　　D. 长期股权投资

7. 管理人员出差预借差旅费时，应借记（　　）账户。

A. 管理费用　　B. 制造费用
C. 其他应付款　　D. 其他应收款

8. 下列各项中，不构成材料采购成本的是（　　）。

A. 买价　　B. 运输费用
C. 采购人员的差旅费　　D. 挑选整理费用

9. 在途物资账户的余额表示的是（　　）。

A. 在途材料的实际成本　　B. 在途材料的计划成本

C. 库存材料的实际成本　　D. 库存材料的计划成本

10. 企业为筹集资金发生的费用应计入（　　）。

A. 管理费用　　B. 制造费用

C. 销售费用　　D. 财务费用

11. 企业行政管理部门为组织和管理生产经营活动而发生的费用应计入（　　）。

A. 管理费用　　B. 制造费用

C. 销售费用　　D. 财务费用

12. 通过累计折旧账户对固定资产进行调整，可以反映固定资产的（　　）。

A. 增加价值　　B. 原始价值

C. 折余价值（净值）　　D. 折旧额

13. 销售费用属于期间费用，应按月归集，月末全部转入（　　）账户。

A. 生产成本　　B. 期间费用

C. 本年利润　　D. 管理费用

14. 下列各项中，用来反映企业在销售过程发生的各项费用的是（　　）。

A. 制造费用　　B. 管理费用

C. 财务费用　　D. 销售费用

15. “借：其他业务成本，贷：原材料”，这笔会计分录反应的经济业务是（　　）。

A. 结转完工入库产品的生产成本　　B. 结转已销产品的成本

C. 结转尚未完工产品的生产成本　　D. 结转已销材料的成本

16. 销售产品预收的货款应贷记（　　）。

A. 银行存款　　B. 应付账款

C. 预收账款　　D. 主营业务收入

二、多项选择题

1. 企业收到所有者投入资金时，可能借记的账户有（　　）。

A. 银行存款　　B. 实收资本

C. 固定资产　　D. 资本公积

2. 企业因购买材料而发生的运输费用，支付时可能记入的账户有（　　）。

A. 原材料　　B. 在途物资

C. 管理费用　　D. 销售费用

3. 企业因销售产品而支付的运输费用，支付时可能记入的账户有（　　）。

A. 原材料　　B. 应收账款

C. 管理费用　　D. 销售费用

4. 企业计算并结转应交所得税时，应借记的账户有（　　）。

A. 银行存款　　B. 本年利润

C. 应交税费　　D. 所得税费用

5. 下列各项中，应计入税金及附加账户的有（　　）。

A. 城市维护建设税　　B. 增值税
C. 教育费附加　　D. 所得税

6. 为购买材料而预付货款时，可能使用的核算账户有（　　）。
A. 银行存款　　B. 预付账款
C. 应付账款　　D. 应收账款

7. 企业计提固定资产折旧时，与累计折旧账户相对应的是（　　）。
A. 固定资产　　B. 管理费用
C. 制造费用　　D. 财务费用

8. 下列各项中，属于利润分配的是（　　）。
A. 计算应交所得税　　B. 提取盈余公积
C. 计算应交增值税　　D. 向投资者分配利润

9. 下列各项中，通过应付账款账户核算的是（　　）。
A. 应付供货方代垫的运费　　B. 收取的包装物押金
C. 应支付的罚款　　D. 应付材料采购款

10. 财务费用是指企业为筹集资金等而发生的各项费用，包括（　　）。
A. 广告费　　B. 利息支出
C. 业务招待费　　D. 金融机构手续费

11. 下列项目中不能通过“制造费用”账户核算的有（　　）。
A. 车间管理人员工资　　B. 车间用设备的修理费
C. 行政管理人员工资　　D. 管理用设备的修理费

12. 下列各项中，应于期末转入“本年利润”账户的有（　　）。
A. 制造费用　　B. 销售费用
C. 财务费用　　D. 管理费用

13. 下列各项中，构成材料采购成本的是（　　）。
A. 买价　　B. 运输费
C. 关税　　D. 采购员差旅费

14. 下列各项中，属于销售费用的是（　　）。
A. 销售人员工资　　B. 广告费
C. 送货运费　　D. 产品展销费

15. 分配工资费用时，可能使用的账户有（　　）。
A. 生产成本　　B. 制造费用
C. 销售费用　　D. 管理费用

16. 结转产品销售成本时使用的账户有（　　）。
A. 生产成本　　B. 库存商品
C. 本年利润　　D. 主营业务成本

17. 下列各项中，期末没有余额的是（　　）。
A. 主营业务收入　　B. 生产成本
C. 其他业务收入　　D. 主营业务成本

18. 下列各项中，属于产品生产成本构成内容的是（　　）。

A. 直接材料　　B. 直接人工

C. 制造费用　　D. 期间费用

19. 企业分配职工福利费时，可能使用的账户有（　　）。

A. 生产成本　　B. 管理费用

C. 制造费用　　D. 财务费用

三、判断题

1. 累计折旧账户的余额可以反映固定资产的新旧程度。（　　）
2. 最终财务成果是通过“主营业务收入”账户核算的。（　　）
3. 车间管理人员的工资应计入“管理费用”。（　　）
4. 出售材料物资取得的收入应计入“其他业务收入”。（　　）
5. 从企业所有者的角度看，只有交纳增值税后的利润才是企业最终的财务成果。（　　）
6. 生产车间发生的各项费用称为期间费用。（　　）
7. 预付账款不属于负债类账户。（　　）
8. 产品销售成本是由材料采购成本和销售费用构成的。（　　）
9. 材料的采购成本是指供货单位发票上的价税合计。（　　）
10. 工业企业当期发生的费用，应全部计入当期的产品生产成本。（　　）
11. 企业的产品销售业务，只有收到货款时才能确认为销售收入的实现。（　　）
12. 企业接受捐赠的资产，应作为投入资本核算。（　　）
13. “生产成本”账户用来归集企业生产产品所发生的生产费用，并据以确定产品的实际生产成本。（　　）

职业实践能力训练

实训一　资金筹集业务

（一）目的

练习资金筹集的核算。

（二）要求

根据下列经济业务编制会计分录。

（三）资料

泰山股份有限公司 2019 年 5 月发生下列有关资金筹集的经济业务：

1. 1日，经批准增发股票1 000万股，每股面值1元，发行价5元。款项收到，存入银行。

2. 8日，收到甲企业投资1 200 000元，其中银行存款900 000元，设备300 000元。为对方确定的份额为1 200 000元。

3. 9日，收到乙企业投资2 000 000元，存入银行。为对方确定的份额为1 800 000元。

4. 16日，经批准从建设银行借入为期两年、年利率为6%的借款5 000 000元，存入银行存款户。

5. 22日，经批准从工商银行借入为期一个月、年利率为7.2%的流动资金借款200 000元，存入银行存款户。

6. 29日，以银行存款支付本月借款利息160 000元。

实训二　材料采购业务

（一）目的

练习材料采购业务的核算。

（二）要求

根据下列经济业务编制会计分录。

（三）资料

鲁南公司2019年6月发生材料购进业务如下：

1. 2日，从甲单位购进A材料3 000千克，单价10元，计30 000元，增值税税额为3 900元；运费为800元，增值税税额为72元，均以银行存款支付。材料验收入库。

2. 3日，从乙单位购进A材料1 000千克，单价10元，计10 000元；B材料2 000千克，单价8元，计16 000元，增值税税额共计3 380元；共同性运费为3 000元，增值税税额为270元，均以银行存款支付，材料验收入库（运费按A、B材料的重量比例分配）。

3. 5日，收到甲单位发来A材料5 000千克，单价10元，计50 000元，验收入库，货款尚未支付。

4. 9日，从甲单位购进A材料5 000千克，单价10元，计50 000元，增值税税额为6 500元，对方代垫运费为1 000元，增值税税额为90元均以银行存款支付。A材料已于5日入库。

5. 10日，从乙单位购进B材料8 000千克，单价8元，计64 000元，增值税税额为8 320元，签发并承兑面额72 320元，为期三个月的商业汇票一张，交付对方。材料验收入库。

6. 12日，3个月前签发给丁单位的商业汇票已到期，以银行存款支付票面额为80 000元。

7. 12日，为购买D材料，预付给丙单位200 000元，通过银行汇出。

8. 30日，丙单位发来D材料3 000千克，单价60元，计180 000元，增值税税额为23 400元，对方代垫运费为2 000元，增值税税额为180元，不足款项当即从银行汇出。

9. 从外地丁企业购进 A 材料 5 000 千克，单价 10 元，计 50 000 元，增值税税率 13%，货款从银行汇出，材料未到。

10. 上述从丁企业购进的 A 材料到达，验收无误，入库。

实训三　产品生产业务

（一）目的

练习产品生产过程的核算和产品生产成本的计算。

（二）要求

1. 根据下列经济业务编制会计分录。

2. 登记“制造费用”“生产成本——M 产品”“生产成本——N 产品” T 形账户（设 N 产品期初在产品成本 8 000 元）。

（三）资料

鲁南公司 2019 年 6 月发生产品生产业务如下：

1. 2 日，仓库发出 A 材料 10 万元，其中 8 万元用于 M 产品的生产，2 万元用于 N 产品的生产；发出 B 材料 20 万元，其中 M 产品耗用 6 万元，N 产品耗用 12 万元，车间一般耗用 1 万元，管理部门耗用 1 万元。

2. 5 日，以银行存款发放本月工资 36 000 元。

3. 8 日，以现金 300 元支付车间办公费。

4. 9 日，以银行存款支付本月水电费 5 000 元，其中车间耗用 3 000 元，管理部门耗用 2 000 元。

5. 16 日，计提固定资产折旧费 7 000 元，其中车间 3 000 元，管理部门 4 000 元。

6. 21 日，以银行存款支付本月电话费 6 000 元，其中车间 2 000 元，管理部门 4 000 元。

7. 30 日，分配本月工资：生产工人工资 25 000 元，其中 M 产品 10 000 元，N 产品 15 000 元；车间管理人员工资 3 000 元，行政管理人员工资 8 000 元。

8. 30 日，将本月发生的职工福利费 3 600 元进行分配：M 产品 1 000 元，N 产品 1 500 元，车间管理人员 300 元，行政管理人员 800 元。

9. 30 日，车间主任李强出差归来，报销差旅费 700 元，原借款 1 000 元，余款交回。

10. 30 日，按生产工人工资比例分配本月制造费用，计入 M、N 产品的生产成本。

11. 30 日，M 产品 400 件全部完工，验收入库，按其实际成本转账。

12. 30 日，设 N 产品期初在产品成本为 8 000 元，期末在产品成本为 5 000 元，计算结转完工 580 件 N 产品的总成本。

实训四　产品销售业务

（一）目的

练习产品销售业务的核算。

（二）要求

根据下列经济业务编制会计分录。

（三）资料

鲁南公司2019年6月发生产品销售业务如下：

1. 1日，销售给乙单位M产品100件，单价600元，计60 000元，增值税税额为7 800元，货款收到，存入银行。

2. 6日，销售给丁单位M产品100件，单价600元，计60 000元，N产品200件，单价500元，计100 000元，增值税税额共计20 800元；以银行存款为对方垫付运费为3 000元。货款尚未收到。

3. 9日，向丙单位销售N产品300件，单价500元，计150 000元，增值税税额为19 500元，收到对方交来100 000元转账支票一张，余款暂欠。

4. 12日，向甲单位发出M产品100件，单价600元，计60 000元，增值税税额为7 800元，货款从上月预收甲单位的80 000元中扣除，余款当即从银行汇出。

5. 16日，接银行通知，应收丁单位货款183 800元已收回；同日，丙单位还来欠款69 500元，存入银行。

6. 19日，向乙单位销售M产品200件，单价600元，计120 000元，增值税税额为15 600元，收到乙单位签发并承兑的商业汇票一张，面值135 600元，期限两个月。

7. 22日，3个月前收到的乙单位签发的商业汇票一张已到期，收回票款56 500元存入银行。

8. 23日，出租门头房，收到本月租金10 000元，存入银行。

9. 25日，计提上述门头房本月折旧费3 000元。

10. 26日，以银行存款支付产品广告费50 000元。

11. 28日，分配销售人员工资7 000元，并分配其福利费700元。

12. 28日，以银行存款支付销售过程中的包装费1 200元、运杂费3 000元。

13. 29日，出售E材料一批，售价10 000元，增值税税额为1 300元，货款收到存入银行。

14. 29日，结转上述E材料的成本8 000元。

15. 31日，结转已销M、N产品的生产成本（设M、N产品的单位生产成本分别为450元和360元）。

16. 31日，经计算，本月应交城市维护建设税4 900元，教育费附加2 100元。

实训五　利润形成与分配

（一）目的

练习利润形成与分配的核算。

（二）要求

根据下列经济业务编制会计分录。

（三）资料

鲁中公司发生相关经济业务如下：

1. 因水灾损失甲材料一批，计 6 000 元，经批准转账。

2. 收到某外商捐赠 100 000 美元（当日汇率为 1 美元兑换人民币 6.23 元），存入银行。

3. 向希望工程捐款 800 000 元，款项通过银行汇出。

4. 设本月各损益类账户发生额如下，要求结转本月利润并计算利润总额。

主营业务收入	1 500 000	投资收益	55 000
主营业务成本	800 000	管理费用	70 000
税金及附加	18 000	财务费用	30 000
其他业务收入	200 000	销售费用	50 000
其他业务成本	150 000	营业外支出	504 000
营业外收入	3 000		

5. 设本年应税利润总额为 1 200 000 元，按 25% 计算应交所得税，并将“所得税费用”账户发生额转入“本年利润”账户，然后计算净利润。

6. 根据本年净利润，分别按 10%、20% 的比例计提法定盈余公积、任意盈余公积，并向投资者分配股利 550 000 元。

7. 根据上述资料进行年终转账。

8. 次月以银行存款交纳本期所得税。

职业拓展能力训练

综合业务

（一）目的

综合练习工业企业主要经济业务的核算。

（二）要求

1. 根据下列经济业务编制会计分录。

2. 登记“生产成本”明细账（其中 P 产品月初在产品成本 15 000 元）、“制造费用”和损益类总账“T”形账户。

（三）资料

宏盛股份有限公司 2019 年 12 月发生下列经济业务：

1. 1日，销售P产品1 000件，单价80元，计80 000；Q产品2 500件，单价120元，计300 000元，增值税税额共计49 400元，货款收到，存入银行。

2. 1日，从A单位购进甲材料5 000千克，单价20元，计100 000元；乙材料6 000千克，单价18元，计108 000元，增值税税额共计27 040元，货款从银行存款中支付，材料尚未到达。

3. 2日，上述甲、乙材料到货，验收无误入库。

4. 2日，生产车间为生产P产品领用甲材料400 000元，乙材料200 000元；为生产Q产品领用乙材料250 000元，丁材料300 000元；车间耗用丙材料5 000元，销售部门领用丙材料2 000元。

5. 3日，以银行存款交纳上月所得税税费15 000元，城市维护建设税6 300元，教育费附加2 700元。

6. 3日，经批准从建设银行借入3年期基建借款2 000 000元，存入银行存款户。

7. 4日，出售丁材料一批，成本3 000元，售价4 000元，增值税税额为520元，货款存入银行。

8. 5日，以银行存款支付广告费80 000元。

9. 6日，3个月前收到的E企业商业汇票已到期，收回票款60 000元。

10. 6日，为购进丁材料，预付给D企业货款100 000元，通过银行汇出。

11. 6日，发放工资。将61 000元分别转入职工工资储蓄存款户。

12. 7日，以银行存款购买办公用品一批，车间领用300元，厂部各办公室领用1 800元，销售部门领用500元。

13. 8日，向F企业销售P产品5 000件，单价80元，计400 000元，增值税税额为52 000元，以银行存款垫付运费为1 500元。货款尚未收到。

14. 8日，从D企业购进丁材料8 000千克，单价20元，计160 000元，增值税税额为20 800元。前期已预付款100 000元，不足部分从银行汇出，材料验收入库。

15. 9日，以银行存款支付产品展销费20 000元。

16. 9日，经批准，企业增发股票1 000万股，每股面值1元，发行价8元，款项收到，存入银行。

17. 9日，收到B单位发来丙材料5 000千克，单价30元，计150 000元，增值税税额为19 500元，材料入库，货款尚未支付。

18. 12日，以银行存款支付上述货款。

19. 12日，以银行存款支付本月短期借款利息8 600元。

20. 12日，接银行收账通知，前向F单位托收的货款453 500元已收妥入账。

21. 13日，向F单位销售P产品3 000件，单价80元，计240 000元；Q产品2 000件，单价120元，计240 000元，增值税税额共计62 400元，收到F单位商业汇票一张，面值542 400元，期限6个月。

22. 15日，将一辆运输卡车出租，收取当月租赁费5 000元，存入银行。

23. 16日，3个月前从工商银行借入的3个月期的借款300 000元已到期，年利息率6%，以银行存款归还本息。

24. 16 日，预收 E 企业货款 400 000 元，存入银行。

25. 17 日，以银行存款支付本月水电费 26 000 元，其中生产车间耗用 15 000 元，管理部门耗用 8 000 元，销售部门耗用 3 000 元。

26. 18 日，为生产 P 产品领用乙材料 100 000 元，丙材料 20 000 元；为生产 Q 产品领用乙材料 60 000 元；厂部领用丙材料 8 000 元。

27. 18 日，从 A 单位购进甲材料 5 000 千克，单价 20 元，计 100 000 元，增值税税额为 13 000 元，签发并承兑为期 1 个月的商业汇票一张，面值 113 000 元，交对方收执。材料入库。

28. 19 日，以银行存款支付电话费 10 000 元，其中车间 1 500 元，管理部门 3 500 元，销售部门 5 000 元。

29. 20 日，销售给 E 企业 Q 产品 4 000 件，单价 120 元，计 480 000 元，增值税税额为 62 400 元，扣除预收货款 400 000 元，差额 142 400 元当即收到，存入银行。

30. 22 日，向希望工程捐款 100 000 元，以银行存款支付。

31. 23 日，分配本月工资：P 产品生产工人工资 12 000 元，Q 产品生产工人工资 20 000 元，车间管理人员工资 5 000 元，厂部管理人员工资 15 000 元，销售人员工资 9 000 元。

32. 24 日，将本月发生的福利费 6 100 元进行分配：P 产品 1 200 元，Q 产品 2 000 元，车间管理人员 500 元，行政管理人员 1 500 元，销售人员 900 元。

33. 25 日，从银行提取现金 3 000 元备用。

34. 26 日，计提本月固定资产折旧费：车间 29 000 元，厂部 8 000 元，销售部门 6 000 元，出租卡车的折旧费 2 000 元。

35. 28 日，经计算，本月应交城市维护建设税 13 650 元，应交教育费附加 5 850 元。

36. 29 日，车间主任赵宏出差归来，报销差旅费 2 500 元，余款 500 元交回现金（原借款 3 000 元）。

37. 31 日，按 P、Q 产品的生产工时比例分配本月制造费用（P 产品生产工时 3 250 个，Q 产品 1 750 个），计入 P、Q 产品的生产成本。

38. 31 日，设 P 产品月初在产品成本 15 000 元，月末无在产品；Q 产品月初无在产品，月末在产品成本为 10 000 元。要求计算结转本月完工产品成本。

39. 31 日，计算结转本月已销 P、Q 产品的成本（设 P 产品单位生产成本 50 元，Q 产品 80 元）。

40. 31 日，将本月各损益类账户余额转入“本年利润”账户，并计算出利润总额。

41. 31 日，按本月利润总额的 25% 计算应交所得税并转账。计算本月净利润。

42. 31 日，设本年度净利润为 2 200 000 元，按其 10%、30% 分别计提法定盈余公积、任意盈余公积，并向投资者分配股利 900 000 元。

43. 31 日，根据上述资料进行年终转账。

项目三 会计凭证的填制与审核

学习目标

1. 能根据原始凭证的种类判断发生的是何种经济业务
2. 能熟练并正确地填制各类经济业务的原始凭证
3. 能通过原始凭证的审核，发现企业经济业务是否合理合法，并能根据具体情况，提出合理的处理意见
4. 能正确分析、判断何种经济业务填制何种记账凭证
5. 会正确填制并审核通用记账凭证和收款、付款、转账凭证

任务一 原始凭证的填制与审核

【任务案例】

1. 2019年2月1日，新华公司从济南钢材公司购进原材料一批，收到对方开具的增值税专用发票抵扣联和发票联（如表3－1、表3－2所示），计列：206型钢板200千克，单价150元，价款30 000元，增值税税额为3 900元。

表 3－1

3700063140　　**山东增值税专用发票**　　No. 01295773

发　票　联

开票日期：2019 年 2 月 1 日

购货单位	名　　称：长城有限责任公司 纳税人识别号：37010127874634238 地 址、电 话：济南市旅游路 66 号 86335876 开户行及账号：济南市工商银行历城支行旅游分理处 160200703416089				密码区	（略）	
货物或应税劳务、服务名称	规格型号	单位	数量	单价	金额	税率	税额
钢板		千克	200	150.00	30 000.00	13%	3 900.00
合　计					¥30 000.00		¥3 900.00
价税合计（大写）	⊗叁万叁仟玖佰元整				（小写）¥33 900.00		
销货单位	名　　称：山东省济南钢材有限责任公司 纳税人识别号：370112686115123 地 址、电 话：济南市华山镇 88268863 开户行及账号：济南市工商银行高新支行开元分理处 0700903412079				备注	山东省济南钢材有限责任公司 370112686115123 发票专用章	

收款人：李南　　复核：陈天　　开票人：许海　　销货单位：（章）

第三联：发票联　购货方记账凭证

表 3－2

3700063140　　**山东增值税专用发票**　　No. 01295773

抵　扣　联

开票日期：2019 年 2 月 1 日

购货单位	名　　称：长城有限责任公司 纳税人识别号：37010127874634238 地 址、电 话：济南市旅游路 66 号 86335876 开户行及账号：济南市工商银行历城支行旅游分理处 160200703416089				密码区	（略）	
货物或应税劳务、服务名称	规格型号	单位	数量	单价	金额	税率	税额
钢板		千克	200	150.00	30 000.00	13%	3 900.00
合　计					¥30 000.00		¥3 900.00
价税合计（大写）	⊗叁万叁仟玖佰元整				（小写）¥33 900.00		
销货单位	名　　称：山东省济南钢材有限责任公司 纳税人识别号：370112686115123 地 址、电 话：济南市华山镇 88268863 开户行及账号：济南市工商银行高新支行开元分理处 0700903412079				备注	山东省济南钢材有限责任公司 370112686115123 发票专用章	

收款人：李南　　复核：陈天　　开票人：许海　　销货单位：（章）

第二联：抵扣联　购货方作扣税凭证

根据上述经济业务，出纳员王海签发转账支票（如表3－5所示）支付货款。保管员陈飞验收材料并填制入库单（如表3－8所示）。

思考：以上增值税专用发票、转账支票、入库单是原始凭证吗？增值税专用发票的抵扣联和发票联有什么不同的用途？出纳员王海和保管员陈飞该如何填写转账支票、入库单？

2. 新华公司一车间为生产不锈钢橱柜于2019年3月2日从仓库领用原材料一批，填制领料单如表3－3所示，计列：206型钢板100千克，单价150元，计15 000元。

表3－3 领　料　单

领用部门：一车间　　2019年3月2日　　No. 15290269

编号	品名	规格型号	单位	数量	单价	金额
0110	钢板	206型	千克	100	150.00	15 000.00
备注：						

第二联 财务记账

货物付讫

审核：李勤　　保管：陈飞　　领用人：刘传清

思考：你会填写材料物资领用单吗？作为一名会计人员，对以上领料业务应如何处理？

3. 新华公司于2019年3月2日销售给济南橱具商城不锈钢橱柜一批，销售税务会计陈大强开出增值税专用发票（如表3－4所示），经许海波审核后交付对方。当日收到对方交来转账支票一张（如表3－5所示）。

表3－4

3700063140　　**山东增值税专用发票**　　No. 01295878

记　账　联

开票日期：2019年3月2日

购货单位	名　　称：济南橱具商城 纳税人识别号：3701136585215974 地 址、电 话：济南市中区北园路139号 86265893 开户行及账号：济南市工商银行中区支行北园分理处 160200701608912				密码区	（略）	
货物或应税劳务、服务名称	规格型号	单位	数量	单价	金额	税率	税 额
不锈钢橱柜		件	18	4 500.00	81 000.00	13%	10 530.00
合　计					¥81 000.00		¥10 530.00
价税合计（大写）	⊗玖万壹仟伍佰叁拾元整				（小写）¥91 530.00		
销货单位	名　　称：山东新华有限责任公司 纳税人识别号：3701127874634238 地 址、电 话：济南市历山路23号 88868865 开户行及账号：济南市工商银行历山支行洪山分理处 160200703566077				备注	山东省新华有限责任公司 3701127894634238 发票专用章	

第一联：记账联 销货方记账凭证

收款人：李南　　复核：陈天　　开票人：许海　　销货单位：（章）

表 3－5

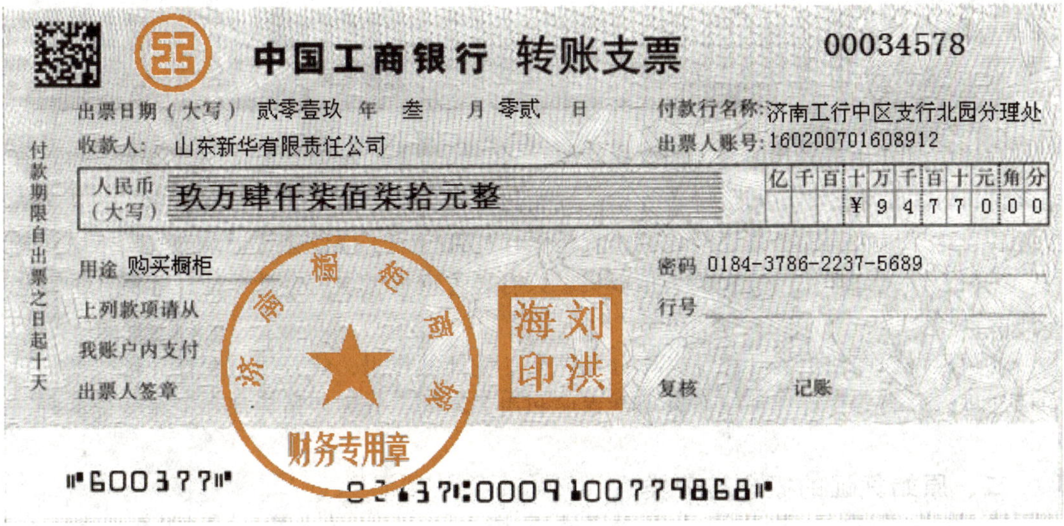
中国工商银行 转账支票 00034578

出票日期（大写） 贰零壹玖 年 叁 月 零贰 日 付款行名称：济南工行中区支行北园分理处

收款人：山东新华有限责任公司 出票人账号：160200701608912

付款期限自出票之日起十天

人民币（大写） 玖万肆仟柒佰柒拾元整

亿	千	百	十	万	千	百	十	元	角	分
			¥	9	4	7	7	0	0	0

用途 购买橱柒 密码 0184-3786-2237-5689

上列款项请从 行号

我账户内支付

出票人签章 复核 记账

济南橱柜商城 财务专用章

海刘印洪

⑈600377⑈ 01⑆37⑆:000910077986B⑈

思考：如果你是税务会计陈大强，你会开具增值税专用发票吗？如果你是出纳，收到的转账支票应该如何送存银行？

4. 2019 年 3 月 22 日职工刘相臣等报销差旅费 3 192 元。差旅费报销单如表 3－6 所示。

表 3－6

差旅费结算单

2019 年 3 月 22 日

项目	金额							
	万	千	百	十	元	角	分	
预借款		3	0	0	0	0	0	出差时间：3 月 11 日至 3 月 16 日共 6 天 出差地点：北京 事　由：参观（5 人小组考察）
飞机								
火车			7	2	0	0	0	
汽车								
旅馆费		1	8	0	0	0	0	部门负责人（签字）宋　彬；财务主管人（签字）沈　虹
补助费			4	5	0	0	0	
交通费				6	2	0	0	
其他			1	6	0	0	0	
合计	¥	3	1	9	2	0	0	
各项支出（大写） 叁仟壹佰玖拾贰元整 退还结余款 补　付　款 壹佰玖拾贰元整								结算人（签字）刘相臣

思考：在审核差旅费的原始单据时，应注意哪些问题？你会填制差旅费结算单吗？

【知识准备】

一、会计凭证的概念与分类

会计凭证是记录经济业务，明确经济责任，作为记账依据的书面证明。例如，企业在购买材料时，由供货单位开出销售发票，列明该项经济业务的内容，并有供货方的业务人员签名盖章，以明确经济责任。该发票就是会计凭证。为了保证会计记录的真实性、正确性，任何会计凭证都要经过有关人员审核。只有经过审核无误的会计凭证，才能作为登记账簿的依据。

要正确认识和使用会计凭证，充分发挥会计凭证的作用，就必须对会计凭证按照一定的标准进行分类。会计凭证按照其填制程序和用途不同，分为原始凭证和记账凭证两种。

二、原始凭证的概念与分类

原始凭证是在经济业务发生时取得或填制的，用以记录经济业务的发生和完成情况的书面证明，是进行会计核算的原始资料和重要依据。如：发票、入库单、领料单、支票存根等。

原始凭证可以按照不同的标志进行分类。

（一）原始凭证按其来源不同分类

原始凭证按其来源的不同，可以分为外来原始凭证和自制原始凭证。

1. 外来原始凭证

外来原始凭证是指经济业务发生时，从其他单位或个人直接取得的原始凭证。如购货时从供货单位取得的增值税专用发票、银行转来的各种结算凭证等。

2. 自制原始凭证

自制原始凭证是由本单位内部具体经办的部门和人员在办理经济业务时填制的原始凭证，如购进材料验收入库时填制的入库单，发出材料时填制的领料单等。

（二）原始凭证按其填制手续及内容不同分类

原始凭证按其填制手续的不同，可以分为一次凭证、累计凭证和汇总凭证。

1. 一次凭证

一次凭证是指填制手续一次完成，只记录一笔经济业务的原始凭证。所有的外来原始凭证都是一次凭证，自制原始凭证中的大部分也是一次凭证，如入库单、发票等。

2. 累计凭证

累计凭证是指在一定时期内多次记录同类型经济业务的原始凭证。累计凭证的填制手续不是一次完成的，而是把多次发生的相同经济业务连续填制在一张凭证上。其特点是在一张凭证内可以连续登记相同性质的经济业务，随时结出累计数及结余数，并按照费用限额进行费用控制，期末按实际发生额记账。如限额领料单（其格式如表3-9所示）。

3. 汇总凭证

汇总凭证又称原始凭证汇总表，是指将一定时期内反映经济业务内容相同的若干张原始凭证，按照一定标准综合填制的原始凭证。它合并了同类型经济业务，简化了记账工作。但需要注意的是，不同类型经济业务的原始凭证，不能汇总编制在一张汇总凭证上。常用的汇总原始凭证有：发出材料汇总表、差旅费报销单、工资结算汇总表等。

【任务处理】

一、原始凭证的填制方法

（一）采购业务原始凭证的填制

1. 增值税专用发票的填制

增值税专用发票是一般纳税人于销售货物时开具的销货发票，一式四联，销货单位和购货单位各两联。其中留销货单位的两联，一联留存有关业务部门，一联做会计机构的记账凭证；交购货单位的两联，一联作购货单位的结算凭证，一联为税款抵扣凭证。购货单位向一般纳税人购货，应取得增值税专用发票，因为只有取得增值税专用发票税款抵扣联，支付的进项税额才能在购货单位作为“进项税额”列账。例如新华公司 2019 年 2 月 1 日由济南钢厂购进材料一批，货款及增值税以银行存款支付。济南钢厂开具增值税专用发票如表 3－1、表 3－2 所示。

2. 转账支票的签发

转账支票是企业付款时由出纳员签发的凭证。转账支票分存根和支票两部分，其内容一致。支票存根由付款方留存作为原始凭证，支票交收款方送存银行。

根据【任务案例】，出纳员王海签发转账支票（如表 3－7 所示）。

表 3－7　　转账支票票样

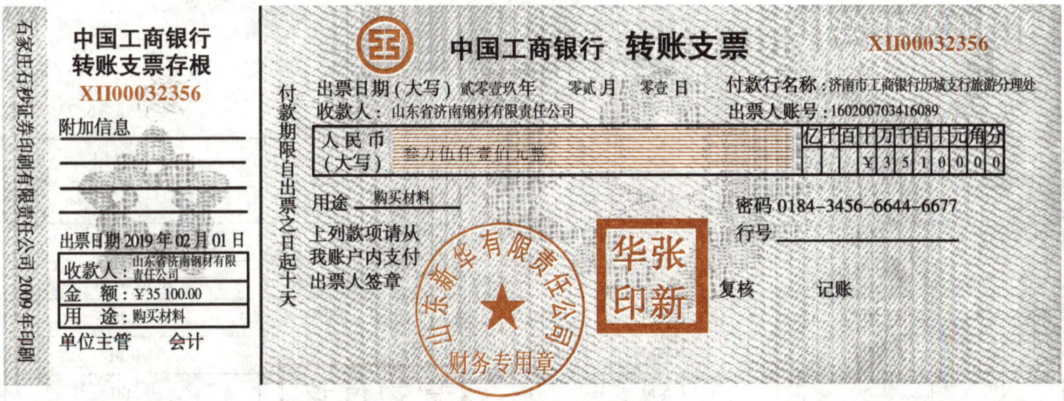
石家庄石钞证券印刷有限责任公司 2009 年印制

中国工商银行
转账支票存根
XII00032356
附加信息
出票日期 2019 年 02 月 01 日
收款人：山东省济南钢材有限责任公司
金　额：¥35 100.00
用　途：购买材料
单位主管　　会计

中国工商银行　转账支票　XII00032356
付款期限自出票之日起十天
出票日期（大写）贰零壹玖年　零贰月　零壹日　付款行名称：济南市工商银行历城支行旅游分理处
收款人：山东省济南钢材有限责任公司　出票人账号：160200703416089
人民币（大写）叁万伍仟壹佰元整

亿	千	百	十	万	千	百	十	元	角	分
			¥	3	5	1	0	0	0	0

用途 购买材料　密码 0184-3456-6644-6677
上列款项请从我账户内支付　行号
出票人签章
山东新华有限责任公司 财务专用章　张新印华
复核　　记账

3. 入库单的填制。入库单是在外购的材料物资验收入库时由验收人员填制的凭证，一般一式三联，一联验收人员留存，一联由仓库保管人员据以登记明细账，一联连同发票交财务部门办理结算。

根据【任务案例】，保管员陈飞验收材料并填制入库单如表3－8所示。

表3－8 入 库 单

存放地点：仓库　　2019年2月1日　　No：5290383

编号	品名	规格型号	单位	数量	单价	金额
0110	钢板	206型	千克	200	150.00	30 000.00
备注：						

第二联 财务记账

货物收讫

部门负责人：齐大力　　保管：陈飞　　制单：陈飞

（二）生产业务原始凭证的填制

1. 领料单的填制

为了便于分类汇总，领料单一般要“一料一单”的填制，即一种原材料填写一张单据。领用原材料需经领料车间负责人批准后，方可填制领料单；车间负责人、领料人、仓库保管员均需在领料单上签字或盖章。领料单的格式如表3－3所示。

2. 限额领料单的填制

在生产定额完善的企业，为了简化领料核算手续，可采用限额领料单领料。限额领料单的填制是一种一次开设、多次使用的累计领料凭证。在有效期间只要领用材料不超过限额，就可以连续领发材料。它适用于经常领用，并规定有领用限额的领料业务。限额领料单应在每月开始前，由生产计划部门根据生产作业计划和材料消耗定额，按照每种材料、分别用途编制，通常一式两联：一联送交仓库据以发料；另一联送交领料部门据以领料。领发材料时，仓库应按单内所列材料品名、规格在限额内发放，同时把实发数量和限额结余数填写在仓库和零料单位持有的两份限额领料单内，并由领发料双方在两份限额领料单内签章。月末结出实领数量和金额，交由会计部门据以记账。限额领料单的格式如表3－9所示。

表3－9 限额领料单

2019年3月

领料部门：二车间　　发料仓库：1号仓库

用　途：生产工具　　No. 16573520

材料编号	材料名称	规格	计量单位	领用限额	单价	全月实用	
						数量	金额（元）
0132	圆钢	15M/M	千克	6 000	2.50	5 800	14 500
领料日期	请领数量	实发数量		领料人签章	发料人签章	限额结余	
5	1 500	1 500		（略）	略	4 500	
10	1 500	1 500				3 000	
19	1 500	1 500				1 500	
26	1 300	1 300				200	
合计	5 800	5 800				200	

货物付讫

审核：刘德鑫　　保管：陈 飞　　领料：孙启山

（三）销售业务原始凭证的填制

销售业务的原始凭证主要有销售方开出的增值税专用发票、出库单以及购货方支付货款的转账支票、银行汇票等。

依据【任务案例】，出纳员王海根据对方交来的转账支票，填制进账单（如表 3－10 所示）送存银行。

表 3－10　　**中国工商银行进账单**（收账通知）**3**

填制日期 2019 年 3 月 2 日　　0120303

出票人	全　称	济南橱具商城	收款人	全　称	山东新华有限责任公司
	账　号	160200701608912		账　号	160200703416089
	开户银行	济南市工商银行中区支行北园分理处		开户银行	济南市工商银行历城支行旅游分理处

人民币（大写）	千	百	十	万	千	百	十	元	角	分
玖万肆仟柒佰柒拾元整			¥	9	4	7	7	0	0	0

票据种类	转账支票	中国工商银行 济南历城支行 2019.03.02 转讫 收款人开户行盖章
票据张数	1 张	
票据号码	0035678	
复核　　记账		

此联是收款人开户行交收款人的收账通知

进账单的填制方法：出纳员根据收到的转账支票等结算凭证，填制进账单一式三联，一联留存，两联连同转账支票一并送交银行，银行收妥后，将收账通知联盖章退回，收款方据以入账。

（四）其他业务原始凭证

职工出差归来报销差旅费时，根据往返车船机票、住宿费单据等外来原始凭证，以及根据企业规定自制的出差补助计算表，填制差旅费结算单（将其他凭证作为其附件），经有关领导审批后，作为报销差旅费的依据。

另外，企业在业务经营过程中，还会发生支付办公费、电话费等各项费用，会产生各种各样的费用单据，以及差旅费借款借据等原始凭证（如表 3－11、表 3－12、表 3－13 所示）。

表 3－11

山东省商品销售统一发票
发 票 联

发票代码 137040760153

发票号码 044439990

客户名称及地址：山东新华公司

2019 年 3 月 26 日填制

品　名	规　格	单位	数量	单 价	金额 千	百	十	元	角	分	备注
打印纸	A4	包	30	18.00		5	4	0	0	0	
签字笔	10 支	盒	3	20.00			6	0	0	0	
稿纸		本	20	5.00		1	0	0	0	0	
合　计 人民币	（大写）　柒佰元整				¥	7	0	0	0	0	

第二联：发票联（客户作报销凭证）

填票人：张　平　　　收款人：高　青　　　单位名称（盖章）

注：此发票二〇二〇年年底前开具有效。

表 3－12

山东省商品销售统一发票

发票代码 137011721786

发票号码 08841344

客户名称

品名	单价	数量	金额
纸板文件夹	7.50	100	750.00
档案盒	8.80	50	440.00

合计金额：1 190.00 元　　　00008054

优惠合计：0.00 元　　　09：52：39

大　　写：壹仟壹佰玖拾元整

开票日期：2019－3－28

备注：

济南文高办公用品公司 税号：370104487221240 发票专用章

除客户名称手写无效二〇二〇年年底前开具有效

鲁国税发票字［2018］079 号卷数 XXXXXXXXXX

山东金岁印务中心 2018 年 7 月印

表 3－13　　差旅费借款单

出差地点	泰安				预计天数		4	
出差事由	联系业务							
金额大写	贰仟元整	万	千	百	十	元	角	分
		¥	2	0	0	0	0	0

部门负责人（签字）	财务负责人（签字）	借款人：
齐大力	王　海	高　虎
2019 年 03 月 05 日	2019 年 03 月 05 日	2019 年 03 月 05 日

差旅费借款结算回单

借 款 人　高虎	借款金额　贰仟元整
借款日期　2019. 03. 05	出差地点　泰安

此联结算后退交本人清账。

二、原始凭证的填制要求

原始凭证的填制应遵循下列要求进行：

1. 记录真实

原始凭证填制的内容和各项数据必须真实可靠，所记经济业务的内容必须真实，不能填写估计数或匡算数，填写的内容要与事实相符。

2. 内容完整

原始凭证的内容必须完整、齐全。凭证的填制日期、经济业务的内容、数量、金额都必须认真填写，不得遗漏。经办人员及有关单位、人员要签名盖章，做到手续完备。

3. 书写正确

为了保证原始凭证的正确，一般有如下技术性要求：

（1）文字摘要要简练，数量、单价、金额计算要正确。

（2）各种凭证必须连续编号，以便考查。凭证如果预先编号，在写错作废时，应加盖“作废”章，并妥善保存，不得销毁，多联凭证要全部保存。

（3）书写要符合规定。书写要按规定使用蓝黑墨水或碳素墨水，字迹要工整、清晰；大小写金额数字要一致，书写要符合规定并正确填写（如：壹、贰、叁、肆、伍、陆、柒、捌、玖、拾、佰、仟、万、亿、角、分、零、整等），小写金额前要加货币符号。

（4）不能随意涂改。原始凭证填写如有错误，数字错误应重新填写，文字错误要使用正确的改错方法更正，不得涂改、刮擦、挖补或用退色药水改写。更正处要加盖开出单位的公章。

4. 填制及时

各种原始凭证必须在经济业务发生时及时填制，并应按规定的程序及时送交财务会计部门，由财务会计部门加以审核并据以编制记账凭证。

三、原始凭证的审核

为了保证会计凭证的真实、正确和合法，会计部门和经办业务的有关部门，必须对原始凭证进行严格认真的审核。及时、认真地审核原始凭证是会计的基础工作，也是会计监督的重要环节。审核原始凭证的主要内容如下。

（一）审核原始凭证所记录的经济业务的真实性

所谓真实性，是指原始凭证确实是本单位经济业务的最初原始证明。审核原始凭证的真实性，应审核原始凭证的日期是否真实、业务内容是否真实、数据是否真实。同时，对外来原始凭证要注意审核凭证是否有填制单位公章和填制人员的签名或盖章；对于自制的原始凭证要注意审核是否有经办部门和经办人员的签名或盖章；对于不真实的原始凭证会计人员不予接受，并及时向单位负责人汇报。

（二）审核原始凭证所记录的经济业务的合法性

所谓合法，就是审核原始凭证所反映的经济业务是否符合国家有关法规和制度等，有无违法违规行为。对于违规的原始凭证，会计人员应拒绝受理。在审核中如发现弄虚作假、营私舞弊、伪造涂改原始凭证等违法乱纪行为，应立即扣留凭证，及时向单位负责人汇报，以便严肃查处。

（三）审核原始凭证所记录的经济业务的完整性

审核原始凭证中所有项目是否填列齐全，手续是否齐备，有关经办人员是否都已签名或盖章，主管人员是否审核、批准。在审核中如发现原始凭证项目填列不全，手续补齐备，签名盖章有遗漏或不清晰，主管人员未批准等情况，会计人员应将原始凭证返还经办人员，待其补办完整后再予受理。

（四）审核原始凭证填写内容的正确性

审核原始凭证，应确认凭证的摘要说明和数字是否填写清楚、正确、数量、单价、金额等数据计算是否正确，大写小写金额是否相符等。对于填写内容不正确的原始凭证，应退还给经办人员进行更正后再予办理。

【知识拓展】

一、会计凭证的意义

合法地取得、正确地填制和审核会计凭证，是会计核算的基本方法之一，也是会计核算工作的起点，对于从源头上保证会计资料的真实性和完整性，有效地进行会计监督，明确经济责任等都具有重要意义。

（一）记录经济业务，提供记账依据

任何经济业务的发生都要填制或取得会计凭证，将经济业务记录下来。会计凭证中详细记录了经济业务发生的具体内容，反映经济业务的发生、执行及完成情况。但会计凭证只是对经济业务所做出的初步归类记录，要全面反映经济活动情况，还必须将经济业务在账户中做出进一步归类和系统化的记录。任何单位的任何经济业务都不能凭空记账，登记账簿必须以审核无误的会计凭证为依据。会计凭证所记录会计信息是否真实、可靠、及时，对于保证会计信息质量具有重要意义。

（二）明确经济责任，强化内部控制

会计凭证不仅记录了经济业务的内容，而且由有关部门和经办人员签名盖章，从而明确了有关部门和人员的责任，这就必然增强经办人员以及其他有关人员的责任感，使其严格按照有关法律法规和制度的规定办事，在其职权范围内各负其责，相互控制。将来一旦发现问题，可以根据凭证上经办部门和人员的记录进行进一步追查，以明确经济责任。而且通过凭证审核还可以及时发现经营管理工作中存在的问题，总结经验教训，以便采取措施，改进工作。

（三）监督经济活动，控制经济运行

通过会计凭证的填制和审核，可以检查发生的经济业务是否符合国家有关政策、法律、法规的规定，是否执行了企业的计划和预算，是否有违法乱纪、铺张浪费等行为，监督经济活动的真实性、合法性、合理性，及时对经济活动进行事中控制，有效地发挥会计监督的作用，保证企业经济活动的健康运行。

二、原始凭证的基本内容

企业等单位的经济业务多种多样，反映其具体内容的原始凭证，其内容、格式也不尽相同。但无论哪一种原始凭证，其基本内容都是相同的。作为原始凭证，必须具备的一些基本内容包括：①原始凭证的名称；②填制原始凭证的日期和编号；③填制原始凭证的单位名称和公章；④接受凭证单位的名称；⑤经济业务的内容摘要；⑥经济业务所涉及的品名、数量、计量单位、单价和金额；⑦经办部门和人员的签名或盖章。

上述原始凭证的基本内容，又称原始凭证的基本要素，一般不得缺少，否则就不能成为具有法律效力的书面证明。

三、原始凭证的其他分类

（一）原始凭证按其格式不同分类

原始凭证按其格式的不同，可以分为通用凭证和专用凭证。

1. 通用凭证

通用凭证是指由有关部门统一印制的，在一定范围内使用的，具有统一格式和使用方法的原始凭证。它可以全国通用，也可以在某一地区、某一行业通用。如中国人民银行统一制定的银行转账结算凭证、由某省税务部门统一规定使用的增值税专用发票等。

2. 专用凭证

专用凭证是指由单位自行印制、仅在本单位内部使用的原始凭证。如领料单、差旅费报销单、工资费用分配表等。

（二）原始凭证按其用途不同分类

原始凭证按其用途不同，可分为通知凭证、执行凭证和计算凭证。

1. 通知凭证

通知凭证是指要求、指示或命令企业进行某项经济业务的原始凭证。如罚款通知单、付款通知单等。

2. 执行凭证

执行凭证又称证明凭证，是用来证明某项经济业务已发生或已执行完毕的凭证。如发票、收料单等。

3. 计算凭证

计算凭证是指根据其他原始凭证和有关会计核算资料计算、编制的原始凭证。如制造费用分配表、产品成本计算单、工资计算表等。

四、转账支票大写日期的书写规则

1. 加零的规则

月为壹、贰和壹拾的，日为壹至玖及壹拾、贰拾、叁拾的，应在其前加“零”。

2. 加壹的规则

日为拾壹至拾玖的，应在其前面加“壹”。如2月12日应写为零贰月壹拾贰日，10月20日应写为零壹拾月零贰拾日，8月5日应写成捌月零伍日。

任务二
记账凭证的填制与审核

【任务案例】

依据本项目任务一【任务案例】，新华公司经营业绩良好，受到长城公司的青睐，长城公司决定向新华公司投资，双方已达成共识。2019 年 3 月 15 日，新华公司收到投资者长城公司投入新设备一台价值 300 000 元，以及货币资金 500 000 元，存入银行。经协商，本企业为长城公司确定的份额为 650 000 元。

思考：以上业务应怎样用记账凭证来反映？记账凭证在会计核算方法中处于怎样的地位？

【知识准备】

一、记账凭证及其内容

记账凭证是会计人员根据审核无误的原始凭证，按照经济业务事项的内容加以归类、整理，并据以确定会计分录后所填制的会计凭证，它是登记账簿的直接依据。

原始凭证只反映经济业务的执行和完成情况，而且种类繁多、数量庞大、格式不一，因而不能直接凭以记账。在实际工作中，必须运用会计方法，将其分类整理，编制记账凭证，标明经济业务应记入的账户名称以及应借、应贷的金额，这样才能凭以登记账簿，进行会计核算。因此，记账凭证都应具备一些共同的基本内容：①记账凭证的名称；②填制记账凭证的日期；③记账凭证的编号；④经济业务的内容摘要；⑤经济业务所涉及的会计科目及其记账方向；⑥经济业务的金额；⑦所附原始凭证张数；⑧会计主管、记账、审核、出纳、制单等有关人员签章。

二、记账凭证的分类

记账凭证可以按用途和反映经济内容不同分类，也可以按其他分类标准分类。按用途和反映经济内容分类，可分为专用记账凭证和通用记账凭证。

（一）通用记账凭证

通用记账凭证是既可以反映收付款业务，又可以反映转账业务的记账凭证。经济业务简单或收付款业务不多的单位可使用这种通用格式的记账凭证。其格式如表 3－14 所示。

（二）专用记账凭证

专用记账凭证是按经济业务的某种特定属性定向使用的凭证。通常按其是否反映货币资金收付业务，分为收款凭证、付款凭证和转账凭证三种。

1. 收款凭证

收款凭证是用来记录现金或银行存款收入业务的记账凭证。收款凭证是根据有关现金和银行存款收入的原始凭证填制的，具体分为现金收款凭证和银行存款收款凭证。收款凭证的格式如表3－15所示。

2. 付款凭证

付款凭证是用来记录现金或银行存款支付业务的记账凭证。付款凭证是根据有关现金和银行存款付出的原始凭证填制的，具体分为现金付款凭证和银行存款付款凭证。付款凭证的格式如表3－16所示。

3. 转账凭证

转账凭证是用来记录非货币资金收付业务的记账凭证。凡是不涉及现金和银行存款收付的业务，均为转账业务，据此编制转账凭证。转账凭证的格式如表3－17所示。

【任务处理】

一、记账凭证的填制

（一）记账凭证填制的基本要求

记账凭证是进行会计处理的直接依据，记账凭证的填制除了要做到“真实可靠、内容完整、填写及时、书写清楚”，还必须注意遵守一些基本要求。

（1）填制记账凭证时，应当对记账凭证进行连续编号。一笔经济业务需要填制两张以上记账凭证的，可以采用分数编号法编号。

（2）记账凭证可以根据每一张原始凭证填制，或者根据若干张同类原始凭证汇总填制，也可以根据原始凭证汇总表填制。但不得将不同内容和类别的原始凭证汇总填制在一张记账凭证上。

（3）除结账和更正错误的记账凭证可以不附原始凭证外，其他记账凭证必须附有原始凭证。如果一张原始凭证涉及几张记账凭证，可以把原始凭证附在一张主要的记账凭证后面，并在其他记账凭证上注明附有该原始凭证的记账凭证的编号或者附原始凭证复印件。

（4）如果在填制记账凭证时发生错误，应当重新填制。已经登记入账的记账凭证，在当年内发现填写错误时，可以用红字填写一张与原内容相同的记账凭证，在摘要栏注明“注销某月某日某号凭证”字样，同时再用蓝字重新填制一张正确的记账凭证，注明“更正某月某日某号凭证”字样。如果会计科目没有错误，只是金额错误，也可以将正确数字与错误数字之间的差额，另编一张调整的记账凭证，调增金额用蓝字，调减金额用红字。发现以前年度记账凭证有错误的，应当用蓝字填制一张更正的记账凭证。

（5）记账凭证填制完经济业务事项后，如有空行，应当自金额栏最后一笔金额数字下的空行处至合计数上的空行处画线注销。

（二）记账凭证的填制方法

1. 通用记账凭证的填制

通用记账凭证既可以反映收付款业务，又可以反映转账业务。通用记账凭证通过“借方金额”栏和“贷方金额”栏区别应借、应贷账户。“日期”填写的是编制本凭证的日期，右上角填写记账凭证的顺序号；“摘要”栏填写对所记录的经济业务的简要说明；“总账科目”和“明细科目”栏填写一级科目、二级科目或明细科目名称；“记账”栏以划“√”表示已记账；“借方金额”和“贷方金额”栏填写该项经济业务的发生额；“附件张”处填写所附原始凭证张数；“合计”栏填列借、贷方各科目金额之和。凭证下方分别由会计主管、记账、复核、出纳、制单等人员签章，以明确经济责任。通用记账凭证编制如表3－14所示。

【例3－1】根据【任务案例】，2019年3月15日，新华公司收到投资者长城公司投入的一台新设备（价值30万元），以及货币资金50万元（存入银行）。经协商，本企业为长城公司确定的份额为65万元。该项经济业务的发生，使新华公司的银行存款和固定资产分别增加了50万元和30万元，同时长城公司对新华公司资产的要求权也相应增加，按照为其确定的份额，企业的实收资本增加了65万元，差额15万元作为企业的资本公积。会计人员林传文填制记账凭证（如表3－14所示）。

表3－14

记 账 凭 证

2019年3月15日　　　　记字第126号

摘要	总账科目	明细科目	记账	借方金额									贷方金额								
			√	百	十	万	千	百	十	元	角	分	百	十	万	千	百	十	元	角	分
接受投资	银行存款				5	0	0	0	0	0	0	0									
	固定资产				3	0	0	0	0	0	0	0									
	实收资本	长城公司												6	5	0	0	0	0	0	0
	资本公积													1	5	0	0	0	0	0	0
合　　计				¥	8	0	0	0	0	0	0	0	¥	8	0	0	0	0	0	0	0

附件3张

会计主管：　　记账：　　出纳：　　复核：邱天　　制单：林传文

2. 专用记账凭证的填制

（1）收款凭证的填制。收款凭证是根据有关现金或银行存款收款业务的原始凭证填制的。收款凭证左上角的“借方科目”按收款的种类填写“库存现金”或“银行存款”；日期填写的是编制本凭证的日期，右上角填写编制收款凭证的顺序号；“摘要”栏填写对所记录的经济业务的简要说明；“贷方科目”栏填写收入现金或银行存款相对应的会计科目，此栏应分别列明一级科目、二级科目或明细科目；“记账”栏以划“√”表示已记账；“金额”栏填写该项经济业务的发生额；“附件张”处填写所附原始凭证张数；“合计”栏填列贷方各科目金额之和。凭证下方分别由会计主管、记账、复核、出纳、制单等人员签章，以明确经济责任。收款凭证编制如表3－15所示。

表3－15

收款凭证

借方科目：银行存款　　2019年3月9日　　银收字第1号

摘要	贷方科目		√	金额									
	总账科目	二级或明细科目		百	十	万	千	百	十	元	角	分	附件1张
收回欠款	应收账款	东岳公司			8	0	0	0	0	0	0	0	
合计				¥	8	0	0	0	0	0	0	0	

会计主管：　　记账：　　复核：邱天　　出纳：王海　　制单：张质彬

（2）付款凭证的填制。付款凭证是根据有关现金或银行存款付款业务的原始凭证填制的，其填制方法与收款凭证基本相同，需要将凭证左上角的“借方科目”换成“贷方科目”，凭证中间的“贷方科目”换成“借方科目”。

需要强调指出的是，对于涉及现金和银行存款之间相互划转的业务，如把现金送存银行或从银行存款户中提取现金等业务，为避免重复记账，一般只填付款凭证，不填收款凭证。例如从银行提取现金，一般只填制银行存款的付款凭证，不填制现金收款凭证。付款凭证编制如表3－16所示。

表3－16

付款凭证

贷方科目：库存现金　　2019年3月9日　　现付字第2号

摘要	借方科目		√	金额									
	总账科目	二级或明细科目		百	十	万	千	百	十	元	角	分	附件1张
预借差旅费	其他应收款	王军					2	0	0	0	0	0	
合计						¥	2	0	0	0	0	0	

会计主管：　　记账：　　复核：邱天　　出纳：王海　　制单：梁亮

（3）转账凭证的填制。转账凭证的格式与通用记账凭证相同，其填制方法也与通用记账凭证相同。转账凭证编制如表3－17所示。

表 3－17

转 账 凭 证

2019 年 3 月 9 日　　　　转字第 19 号

摘要	总账科目	明细科目	√	借方金额									贷方金额								
				百	十	万	千	百	十	元	角	分	百	十	万	千	百	十	元	角	分
计提折旧	制造费用						6	0	0	0	0	0									
	管理费用	折旧费					3	0	0	0	0	0									
	累计折旧		√													9	0	0	0	0	0
合　　计						¥	9	0	0	0	0	0			¥	9	0	0	0	0	0

附件 1 张

会计主管：　　记账：　　复核：邱天　　制单：赵相文

3. 汇总记账凭证（科目汇总表）的填制

汇总记账凭证是定期汇总编制的。编制方法是：根据一定时期全部记账凭证，按照相同会计科目，分别借、贷方打合计，然后按照会计科目表的顺序填写到相关栏目内。汇总记账凭证集中反映一定时期的经济活动情况，便于分析，有利于加强资金管理；会计科目汇总记录集中，便于登记总账。中小企业单位多采用全部汇总凭证。其格式如表 3－18 所示。

表 3－18

科目汇总表

年　月　日　　　　汇字第　　号

会计科目	借　方	贷　方
合　计		

会计主管：　　记账：　　复核：　　制表：

二、记账凭证的审核

为了保证会计信息的质量，在记账之前应由有关稽核人员对记账凭证进行严格的审核。其审核的主要内容包括：

（1）内容是否真实。审核记账凭证是否有原始凭证为依据，所附原始凭证的内容与记账凭证的内容是否一致，记账凭证汇总表的内容与其所依据的记账凭证的内容是否一致等。

（2）项目是否齐全。审核记账凭证各项目的填写是否齐全，如日期、凭证编号、摘要、会计科目、金额、所附原始凭证张数及有关人员签章等。

（3）科目是否正确。审核记账凭证的应借、应贷科目是否正确，是否有明确的账户对应关系，所使用的会计科目是否符合国家统一的规定等。

（4）金额是否正确。审核记账凭证所记录的金额与原始凭证的有关金额是否一致，计算是否正确，记账凭证汇总表的金额与记账凭证的金额合计是否相符等。

（5）书写是否正确。审核记账凭证中的记录是否文字工整、数字清晰，是否按规定进行更正等。

此外，出纳人员在办理收款或付款业务后，应在凭证上加盖“收讫”或“付讫”的印章，以避免重收或重付。

在审核中若发现差错，应查明原因予以重填或予以更正，并有更正人员在更正处签章。

【知识归纳】

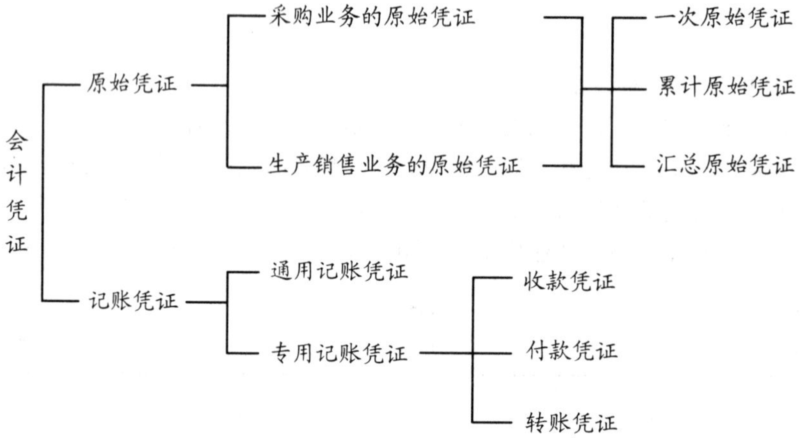

【职业能力训练】

职业判断能力训练

一、单项选择题

1. 工业企业的限额领料单是一种（　　）。

A. 汇总凭证　　B. 一次凭证

C. 累计凭证　　D. 转账凭证

2. 购买材料时收到的增值税专用发票属于（　　）。

A. 累计原始凭证　　B. 汇总原始凭证

C. 自制原始凭证　　D. 外来原始凭证

3. 凡是涉及现金和银行存款的原始凭证，在发生金额填写错误时，正确的处理方法是（ ）。

A. 在凭证上涂改　　B. 在凭证上划线更正

C. 撕毁　　D. 加盖“作废”章，重新填制

4. 连续记录一定时期内所发生的相同经济业务的凭证称为（ ）。

A. 记账凭证　　B. 汇总凭证

C. 累计凭证　　D. 转账凭证

5. 下列各项中不属于原始凭证的是（ ）。

A. 差旅费报销单　　B. 车、船票

C. 发票　　D. 购料申请单

6. 下列各项中，填写的日期应采用大写日期的是（ ）。

A. 增值税专用发票　　B. 普通发票

C. 转账支票　　D. 付款凭证

7. 在填写转账支票时，8 月 8 日应写为（ ）。

A. 捌月捌日　　B. 零捌月捌日

C. 捌月零捌日　　D. 零捌月零捌日

8. 在填写转账支票时，2 月 10 日应写为（ ）。

A. 贰月拾日　　B. 零贰月拾日

C. 零贰月壹拾日　　D. 零贰月零壹拾日

9. 会计人员审核原始凭证时，如果发现凭证真实、合理、合法，但填写有错误，正确的处理方法是( )。

A. 退回原填制单位，由经办人员更正　　B. 不予以办理，并报告单位领导

C. 退回原填制单位，并报告单位领导　　D. 由本单位会计人员直接更正

10. 自制原始凭证与外来原始凭证具有（ ）。

A. 同等效力　　B. 外来原始凭证效力更大

C. 不同等效力　　D. 自制原始凭证效力更大

11. 填制会计凭证是（ ）的前提和直接依据。

A. 设置账户　　B. 登记账簿

C. 复式记账　　D. 编制报表

12. 记账凭证填制的日期，一般情况下应填写（ ）。

A. 经济业务发生时的日期　　B. 填制凭证当日

C. 月末日期　　D. 以上都不正确

13. 会计凭证只有经过（ ）后，才能作为登记账簿的依据。

A. 领导批准　　B. 审核

C. 审计　　D. 审核无误

14. 单式记账凭证是指在一张凭证上只填写（ ）的凭证。

A. 一项经济业务　　B. 一个会计科目

C. 一笔会计分录　　D. 两个会计科目

15. 以银行存款归还短期借款，应编制（ ）。

A. 收款凭证　　B. 付款凭证
C. 转账凭证　　D. 汇总凭证

16. 企业在编制通用记账凭证时，应（　　）编号。
A. 每月从1日开始　　B. 每季从1日开始
C. 每本从1日开始　　D. 每年从1日开始

17. 涉及现金与银行存款相互划转的业务应编制（　　）。
A. 收款凭证　　B. 付款凭证
C. 收款和付款凭证　　D. 转账凭证

18. 下列各项中，只用于记录不涉及现金与银行存款业务的是（　　）。
A. 收款凭证　　B. 付款凭证
C. 收款和付款凭证　　D. 转账凭证

二、多项选择题

1. 购进材料时收到的增值税专用发票属于（　　）。
A. 一次原始凭证　　B. 累计原始凭证
C. 自制原始凭证　　D. 外来原始凭证

2. 原始凭证按其填制手续及内容不同，可分为（　　）。
A. 一次凭证　　B. 累计凭证
C. 汇总凭证　　D. 转账凭证

3. 常用的自制原始凭证有（　　）。
A. 收料单　　B. 购买材料收到的发票
C. 领料单　　D. 工资结算单

4. 原始凭证按来源不同可以分为（　　）。
A. 一次凭证　　B. 累计凭证
C. 自制原始凭证　　D. 外来原始凭证

5. 下列各项中，不能作为原始凭证据以填制记账凭证的有（　　）。
A. 购料申请单　　B. 银行对账单
C. 购销合同　　D. 差旅费报销单

6. 原始凭证审核的主要内容包括（　　）。
A. 真实性　　B. 合法性
C. 完整性　　D. 正确性

7. 记账凭证审核的主要内容包括（　　）。
A. 项目是否齐全　　B. 科目是否正确
C. 金额是否正确　　D. 书写是否正确

8. 下列各项中，应填制收款凭证的有（　　）。
A. 销售产品一批，货款收到，存入银行
B. 以银行存款购买材料

C. 支付银行结算手续费

D. 采购员报销差旅费，交回多余款项

9. 记账凭证可以根据（　　　）填制。

A. 每一张原始凭证

B. 经济业务的内容

C. 原始凭证汇总表

D. 若干张同类原始凭证汇总

三、判断题

1. 如果遗失了从外单位取得的原始凭证，只要当事人写出详细情况，即可报销。（　　）
2. 限额领料单是累计凭证。（　　）
3. 会计凭证按填制程序和用途不同分为原始凭证和记账凭证。（　　）
4. 凡是不能证明经济业务已经发生或完成情况的各种单证，不能作为原始凭证据以填制记账凭证。（　　）
5. 原始凭证必要时可以涂改、挖补，但记账凭证不可以。（　　）
6. 外来原始凭证是指企业财会部门以外的人员填写的原始凭证。（　　）
7. 外来原始凭证都是一次凭证。（　　）
8. 在复式记账法下应使用复式记账凭证，单式记账法下使用单式记账凭证。（　　）
9. 按收款、付款、转账业务分别填制的记账凭证称为专用记账凭证。（　　）
10. 审核无误的记账凭证是登记账簿的依据。（　　）

职业实践能力训练

实训一　原始凭证的填制与审核

（一）目的

掌握原始凭证的填制与审核方法。

（二）要求

1. 为嘉华公司填制增值税专用发票（如表 3－19 所示），并相互审核。

2. 为华盛商场填制验收入库单（如表 3－20 所示），并相互审核。

（三）资料

山东嘉华有限公司为一家一般纳税企业。地址为西河路 56 号；电话为 88345678；纳税人登记号为 256314256897156；开户行为工商银行西河支行；账号为 21354689。山东华盛商场纳税人登记号为 3701136485215976，地址为市中区华丰路 239 号；电话为 86265896；开户行为交通银行中区支行华丰分理处；账号为 160200701608912。2019 年 3 月 5 日，山东嘉华有限公司销售给山东华盛商场电视机 10 台，单价为 2 900 元。增值税税率为13%。嘉华公司销货税务会计徐恒山，出纳员李斌，财会科长杨小梅。华盛商场保管员张健生，验收员赵志刚。

表3－19

3700063141　　　　**山东增值税专用发票**　　　　No. 02295779

记　账　联

开票日期：　　年　月　日

购货单位	名　　称： 纳税人识别号： 地 址、电 话： 开户行及账号：					密码区	（略）	
货物或应税劳务、服务名称	规格型号	单位	数量	单价	金额	税率	税 额	
价税合计（大写）	⊗					（小写）¥		
销货单位	名　　称： 纳税人识别号： 地 址、电 话： 开户行及账号：					备注	山东省嘉华有限责任公司 256314256897156 发票专用章	

第一联：记账联　销货方记账凭证

收款人：　　　复核：　　　开票人：　　　销货单位：（章）

表3－20

入　库　单

存放地点：家电部　　　年　月　日　　　№：5690666

编号	品名	规格型号	单位	数量	单价	金额
备注：						

第二联　财务记账

部门负责人：　　　保管：　　　制单：

实训二　原始凭证的填制与审核

（一）目的

测试能否掌握原始凭证的填制与审核方法。

（二）要求

根据车船票等原始单据填制差旅费结算单（见表3－21），并相互审核。

（三）资料

2019年3月12日，舜华公司业务科齐大力出差归来，报销差旅费。结算人齐大力，部门负责人孙嘉庆，财务科长王梅。有关原始单据如表3－21、表3－22、表3－23、表3－24、表3－25、表3－26、表3－27、表3－28所示。

表 3-21 差旅费结算单

年 月 日

<table>
<tr><td rowspan="2">项 目</td><td colspan="7">金 额</td><td colspan="2" rowspan="6">出差时间：3 月 5 日至 3 月 11 日共 7 天
出差地点：上海
事 由：联系业务</td></tr>
<tr><td>万</td><td>千</td><td>百</td><td>十</td><td>元</td><td>角</td><td>分</td></tr>
<tr><td>预借款</td><td></td><td>5</td><td>0</td><td>0</td><td>0</td><td>0</td><td>0</td></tr>
<tr><td>飞机</td><td></td><td></td><td></td><td></td><td></td><td></td><td></td></tr>
<tr><td>火车</td><td></td><td></td><td></td><td></td><td></td><td></td><td></td></tr>
<tr><td>汽车</td><td></td><td></td><td></td><td></td><td></td><td></td><td></td></tr>
<tr><td>旅馆费</td><td></td><td></td><td></td><td></td><td></td><td></td><td></td><td rowspan="5">部门负责人（签字）
宋 彬</td><td rowspan="5">财务主管人（签字）
王 海</td></tr>
<tr><td>补助费</td><td></td><td></td><td></td><td></td><td></td><td></td><td></td></tr>
<tr><td>交通费</td><td></td><td></td><td></td><td></td><td></td><td></td><td></td></tr>
<tr><td>其他</td><td></td><td></td><td></td><td></td><td></td><td></td><td></td></tr>
<tr><td>合计</td><td></td><td></td><td></td><td></td><td></td><td></td><td></td></tr>
<tr><td colspan="9">各项支出（大写）________
退还结余款 ________
补 付 款 ________</td><td>结算人（签字）
齐大力</td></tr>
</table>

表 3-22 出差补助费明细表

部门：后勤保卫处 2019 年 3 月 12 日

<table>
<tr><td rowspan="2">姓 名</td><td colspan="6">起止时间</td><td rowspan="2">地点</td><td rowspan="2">天数</td><td rowspan="2">标准</td><td rowspan="2">补助金额</td><td rowspan="2">交通工具</td><td colspan="7">小计金额</td></tr>
<tr><td>月</td><td>日</td><td>时</td><td>月</td><td>日</td><td>时</td><td>万</td><td>千</td><td>百</td><td>十</td><td>元</td><td>角</td><td>分</td></tr>
<tr><td>齐大力</td><td>3</td><td>5</td><td>10</td><td>3</td><td>11</td><td>6</td><td>上海</td><td>7</td><td>50</td><td>350</td><td></td><td></td><td></td><td>3</td><td>5</td><td>0</td><td>0</td><td>0</td></tr>
<tr><td></td><td></td><td></td><td></td><td></td><td></td><td></td><td></td><td></td><td></td><td></td><td></td><td></td><td></td><td></td><td></td><td></td><td></td><td></td></tr>
<tr><td></td><td></td><td></td><td></td><td></td><td></td><td></td><td></td><td></td><td></td><td></td><td></td><td></td><td></td><td></td><td></td><td></td><td></td><td></td></tr>
<tr><td colspan="19">合计金额（大写）叁佰伍拾元整 ¥ 350.00 领款人：齐大力</td></tr>
</table>

表 3-23 报销单据粘贴卡

<table>
<tr><td rowspan="7"></td><td colspan="6">单据张数</td></tr>
<tr><td colspan="6"></td></tr>
<tr><td colspan="6">金 额</td></tr>
<tr><td>千</td><td>百</td><td>十</td><td>元</td><td>角</td><td>分</td></tr>
<tr><td></td><td></td><td></td><td></td><td></td><td></td></tr>
<tr><td colspan="6">备注</td></tr>
</table>

济南市客运出租车专用发票 JINAN TAXI INVOICE	上海市客运出租车专用发票 SHANGHAI TAXI NVOICE	济南市客运出租车专用发票 JINAN TAXI INVOICE
发票代码：237010711103	发票代码：2817840471052	发票代码：237010711136
发票号码：29498613	发票号码：98726415	发票号码：29494834
监督电话：	监督电话：	监督电话：
市物价局：	市物价局：	市物价局：
市客管中心：	市客管中心：	市客管中心：
机打发票 手写无效	机打发票 手写无效	机打发票 手写无效
单位代码：000203	单位代码：000203	单位代码：000203
电话：82705662	电话：82705662	电话：82705662
车号：鲁 AT－0586	车号：沪 BT－9185	车号：鲁 AX－7891
证号：000000	证号：000000	证号：000000
日期：2019－03－05	日期：2019－03－05	日期：2019－03－12
上车：13：35	上车：17：49	上车：11：49
下车：14：30	下车：19：01	下车：12：30
单价：1.50	单价：1.80	单价：1.50
里程：38.50	里程：34.8	里程：35.8
等候：00：00：00	等候：00：00：00	等候：00：00：00
状态：	状态：	状态：
金额：¥63.00	金额：¥62.10	金额：¥61.00
卡号：	卡号：	卡号：
（济南市出租车发票专用章）	（上海市出租车发票专用章）	（济南市出租车发票专用章）
此发票经济南市地方税务局批准印制	此发票经上海市地方税务局批准印制	此发票经济南市地方税务局批准印制
济南市地税局票证打印所	上海市地税局票证打印所	济南市地税局票证打印所

表 3－24

41/1 巴士一汽	718/2 巴士新新	164/2 巴士新新	487/2 巴士新新	310/2 巴士新新
97076	51840	89345	95172	85017
贰元	贰元	贰元	贰元	贰元
车资凭证	车资凭证	车资凭证	车资凭证	车资凭证
（上海市道路运输票证专章）	（上海市道路运输票证专章）	（上海市道路运输票证专章）	（上海市道路运输票证专章）	（上海市道路运输票证专章）
上海市公共交通客运票务结算中心中心章	上海市公共交通客运票务结算中心中心章	上海市公共交通客运票务结算中心中心章	上海市公共交通客运票务结算中心中心章	上海市公共交通客运票务结算中心中心章

表 3－25

航空运输电子客票行程单

国家税务总局监制
PRINTED UNDER THE
SUPERVISION OF SAT

ITINERARY/RECEIPT OF
E－TICKET FOR AIR
TRANSPORTATION

印刷序号：NO 7210863484
SERIAL NUMBER

旅客姓名 PASSENGER NAME 齐大力	有效身份证件号码 ID NO. 370103197008150510					签注 ENDORSEMENTS/RESTRICTIONS (CARBON)			
	承运人 CARRIER	航班号 FLIGHT	座位等级 CLASS	日期 DATE	时间 TIME	客票级别/客票类别 FARE BASIS	客票生效日期 NOT VALID BEFORE	有效截止日期 NOT VALID AFTER	免费行李 ALLOW
自 FROM 济南 至 TO 上海 至 TO 济南 至 TO 至 TO	SC SC	1165 1166		05MAR 12MAR	1535 1015				20K 20K
	票价 FARE 760.00		机场建设费 AIRPORT TAX 100.00			燃油附加费 FUEL SORCHARGE 300.00		其他税费 OTHER TAXES	合计 TOTAL 1 160.00
电子客票号码 E－TICKET NO 3242303508172	验证码 CK 3485			连续客票 CONJUNCTION TKT				保险费 INSURANCE ×××	
销售单位代码 AGENT CODE SDH90008630765	填开单位 ISSUED BY 机场					填开日期 ISSUED DATE 2019－03－04			

中国民航电子客票行程单 发票专用章

查询网址：
WWW.TRAVELSKY.COM

服务热线：400－815－8888

请旅客乘机前认真阅读《旅客须知》及承运人的运输总条件内容
The conditions of the carrier must be read before traveling.

上海航空印刷有限公司 电话：021-64308100 07.11印

付款凭证

手写无效

表 3－26

3100062421

上海增值税专用发票
发 票 联

No. 01745859

开票日期：2019 年 3 月 11 日

购货单位	名　　称：济南舜华公司 纳税人识别号：370101278742369 87 地 址、电 话：济南市山大路 66 号 85112245 开户行及账号：济南市工商银行历下支行山大分理处 160200721242625				密码区	（略）	
货物或应税劳务、服务名称	规格型号	单位	数量	单价	金额	税率	税 额
住宿费					2 311. 32	6%	138. 68
合　　计					￥2 311. 32		￥138. 68
价税合计（大写）	⊗贰仟肆佰伍拾元整				（小写）￥2 450. 00		
销货单位	名　　称：山海亿嘉大酒店 纳税人识别号：310112681512263 地 址、电 话：上海市中山西路 677 号 021－66668585 开户行及账号：上海市工商银行中山支行 1607009012252				备注	上海亿嘉大酒店 310112681512263 发票专用章	

收款人：李顺　　　复核：陈好　　　开票人：李青　　　销货单位：（章）

第三联：发票联　购货方记账凭证

表 3－27

上海市客运出租车专用发票
SHANGHAI TAXI NVOICE

发票代码：2817840471052
发票号码：98726415
监督电话：
市物价局：
市客管中心：

上海市出租车发票专用章

机打发票　手写无效

单位代码：	000203
电话：	82705662
车号：沪	BT－9185
证号：	000000
日期：	2019－3－11
上车：	6：49
下车：	7：41
单价：	1. 80
里程：	31. 0
等候：	00：00：00
状态：	
金额：	￥55. 90
卡号：	

此发票经上海市地方税务局批准印制

上海市地税局票证打印所

表 3－28

上海申通地铁集团有限公司 定额发票 人民币：肆元 发票号码：2310007128446 发票代码：03494706 工商登记号：310000100646 地税沪字：310046631755864 号	上海申通地铁集团有限公司 定额发票 人民币：肆元 发票号码：2310007128477 发票代码：03494706 工商登记号：310000100646 地税沪字：310046631755864 号

实训三　专用记账凭证的填制与审核

（一）目的

掌握专用记账凭证的填制与审核方法。

（二）要求

1. 根据下列经济业务填制收款凭证、付款凭证、转账凭证；
2. 相互审核凭证。

（三）资料

东岳公司 2019 年 6 月发生下列经济业务：

1. 1 日，开出现金支票（支票号为 2866），从银行提取现金 36 000 元，准备发放工资。

2. 2 日，以现金发放工资 36 000 元。

3. 2 日，签发转账支票（支票号为 16221），偿还前欠千佛山集团公司货款 50 000 元。

4. 3 日，收回泰山橱具商场前欠货款 80 000 元，存入银行。

5. 3 日，签发转账支票（支票号为 16222），购买 206 型钢板 100 000 元，增值税税费为 13 000 元。材料入库。

6. 4 日，收到宏达公司还来欠款 30 000 元，存入银行。

7. 5 日，将现金 800 元送存银行。

8. 5 日，销售给宏达公司橱柜 120 000 元，销项税税额为 15 600 元，货款尚未收到。

9. 6 日，车间王青出差，借支差旅费 2 000 元，出纳员付给现金。

10. 6 日，签发现金支票（支票号为 2867），从银行提取现金 3 000 元备用。

11. 7 日，签发转账支票（支票号为 16223），交纳上月所得税 60 000 元。

12. 8 日，向灾区捐款 100 000 元，通过银行汇出。

13. 8 日，收到宏达公司还来前欠货款 135 600 元，存入银行。

14. 8 日，签发转账支票（支票号为 16224），支付电视广告费 60 000 元。

15. 8 日，以银行存款购买国库券 300 000 元，期限三年。

16. 9 日，以银行存款购买股票 200 000 元，不准备长期持有。

17. 9日，副经理林涛出差，预借差旅费2 500元，出纳员付给现金。

18. 10日，签发现金支票（支票号为2868），从银行提取现金3 000元备用。

19. 10日，以银行存款支付电话费3 000元，其中行政管理部门2 000元，销售部门1 000元。

20. 11日，签发转账支票（支票号为16225），预付给济南钢厂货款100 000元。

21. 12日，向宏达公司销售吊柜90 000元，增值税税额为11 700元，款项收到，存入银行。

22. 12日，三个月前收到的宏达公司的商业汇票今到期，收回票款150 000元，存入银行。

23. 12日，从青岛钢厂购进202型钢板，货款120 000元，增值税税额为15 600元，材料入库，货款暂欠。

24. 13日，向外地虹桥商场销售橱柜80 000元，增值税税额为10 400元，货款尚未收到。

25. 15日，签发并承兑商业汇票交青岛钢厂，抵付应付账款135 600元。

26. 15日，从济南钢厂购进201型钢板160 000元，增值税税额为20 800元，扣除预付货款100 000元，差额签发转账支票（支票号为16226）付讫。材料入库。

27. 16日，收到外地虹桥商场汇来90 400元欠款，存入银行。

28. 16日，王青出差归来，报销差旅费1 600元，剩余400元交回现金。

29. 17日，林涛出差归来，报销差旅费2 800元，差额300元由出纳员补付林涛。

30. 17日，从工商银行借入六个月期借款500 000元，存入银行存款户。

31. 18日，从济南钢厂购进203型钢板80 000元，增值税税额为10 400元，签发转账支票（支票号为16227）支付50 000元，余款暂欠。材料验收入库。

32. 19日，经批准，从建设银行借入二年期借款1 000 000元，存入银行存款户。

33. 19日，以现金支付行政管理部门办公费600元。

34. 20日，签发转账支票（支票号为16228），偿还前欠济南钢厂货款40 400元。

35. 21日，从济南钢厂购进202型钢板50 000元，增值税税额为6 500元，货款以银行存款支付，另以现金200元支付搬运费。材料入库。

36. 22日，向济南橱具商场销售橱柜一批，收入100 000元，增值税税额为13 000元，收到转账支票一张，面值80 000元，存入银行，余款暂欠。

37. 23日，向济洛家具商城销售吊柜一批，收入50 000元，增值税税额为6 500元，货款尚未收到。

38. 23日，支付本季度短期借款利息15 000元，其中前两月已预提9 000元。

39. 25日，收到济南橱具商场还来欠款33 000元。

40. 26日，收到济洛家具商城交来商业汇票一张，面值56 500元，期限两个月，抵付前欠货款。

实训四 通用记账凭证的填制与审核

（一）目的

掌握通用记账凭证的填制与审核方法。

（二）要求

1. 根据经济业务填制通用记账凭证；
2. 每10天编制一张科目汇总表；
3. 相互审核凭证。

（三）资料（同实训三）

项目四
会计账簿的登记

学习目标

1. 能正确分析、判断何种业务使用何种格式的账簿
2. 能熟练登记日记账
3. 能熟练登记三栏式、数量金额式、多栏式明细账
4. 能熟练登记总账
5. 熟悉账户按经济内容分类和按照用途结构分类
6. 熟悉登记账簿的基本要求，会进行错账的查找及更正
7. 会进行期末对账、结账

任务一
日记账的登记

【任务案例】

2019 年 6 月 1 日，新华公司库存现金和银行存款余额分别为 3 300 元和 526 000 元，6 月份发生有关资金收付业务 15 笔，分别是：

1. 1 日，收到银行收款通知，外地华丰商城汇来之前所欠货款 90 400 元。
2. 1 日，会计人员林传文出差，预借差旅费 2 000 元，出纳员王海付给现金。
3. 3 日，出纳员签发现金支票（票号为 135562），从银行提取现金 3 500 元备用。
4. 5 日，销售给济南宏发公司橱柜一批，价款为 50 000 元，增值税销项税额为 6 500 元，收到转账支票一张，面值为 56 500 元，当即填制进账单送存银行。

5. 6 日，接银行收账通知，上月委托银行收取的泰岳公司的货款 113 000 元已收妥入账。

6. 8 日，从济南钢厂购进 201 型钢板 300 000 元，增值税进项税额为 39 000 元，货款签发转账支票（票号为 362226）付讫，材料验收入库。

7. 9 日，填制信汇凭证，委托银行汇给青岛钢厂 67 800 元，以清偿之前所欠货款。

8. 12 日，副经理赵清林出差归来，报销差旅费 2 200 元。上月出差前预借差旅费 2 000 元，差额出纳员王海付给现金。

9. 16 日，发放本月职工工资 126 000 元，签发转账支票（票号为 362227）转入各职工储蓄账户。

10. 19 日，接银行付款通知，支付水电费 9 000 元。

11. 22 日，销售给济洛家具商城吊柜一批，价款 70 000 元，增值税销项税额 9 100 元。收到转账支票 79 100 元存入银行。

12. 26 日，车间主任刘天和出差归来，报销差旅费 2 700 元，剩余 300 元预借款交回现金。

13. 27 日，行政管理部门购买办公用品 360 元，以现金支付。

14. 28 日，从银行借入 3 个月期限的借款 500 000 元，存入银行存款户。

15. 29 日，职工刘畅生活遇到特殊困难，领导研究决定发给生活补助 1 200 元，出纳员付给现金。

对上述经济业务，出纳员王海除办理款项收付手续外，还要根据审核无误的会计凭证，逐日逐笔登记现金日记账和银行存款日记账。

思考：企业应当怎样处理资金收付业务？作为一名出纳员，应如何登记现金日记账和银行存款日记账？需要注意哪些问题？

【知识准备】

一、账簿的概念及分类

会计账簿是由具有一定格式而又相互连结的账页组成，用来全面、系统、连续地记录和反映经济业务的簿籍。会计账簿可以按不同标准进行分类。

（一）按账簿的用途分类

账簿按其用途不同，可分为序时账、分类账和备查账。

1. 序时账

序时账又称日记账，是按照经济业务发生或完成时间的先后顺序逐日逐笔进行登记的账簿，如库存现金日记账和银行存款日记账。

2. 分类账

分类账是对全部经济业务事项按照会计要素的具体类别而设置的分类账户进行登记的账簿。分类账按照分类的概括程度不同，又分为总分类账和明细分类账两种。按照总分类账户分类登记经济业务事项的是总分类账簿，简称总账。按照明细分类账户分类登记经济业务事项的是明细分类账簿，简称明细账。明细分类账是对总分类账的补充和具体化，并受总分类账的控制和统驭。分类账簿提供的核算信息是编制会计报表的主要依据。

分类账和序时账的作用不同。序时账能提供连续系统的信息，反映企业资金运动的全面情况；分类账簿则是按照经营与决策的需要而设置的账户，归集并汇总各类信息，反映资金运动的各种状态、形式及其构成。在账簿组织中，分类账簿占有特别重要的地位。只有通过分类账，才能把数据按账户形成不同信息，以满足编制会计报表的需要。

3. 备查账

备查账是对某些在序时账和分类账等主要账簿中都不予登记或登记不够详细的经济业务事项进行补充登记时使用的账簿。备查账可以为某项经济业务的内容提供必要的参考资料，加强企业对使用和保管的属于他人的财产物资的监督。例如，租入固定资产登记簿、受托加工材料登记簿、代销商品登记簿等。备查账可以由各单位根据需要自行设置。

备查账与序时账和分类账相比，存在两点不同之处：一是登记依据可能不需要记账凭证，甚至不需要一般意义上的原始凭证；二是账簿的格式和登记方法不同，备查账簿的主要栏目不记录金额，它更注重用文字来表述某项经济业务的发生情况，也不必采用复式记账方法。

（二）按账簿的外表形式分类

账簿按其外表形式不同，可分为订本账、活页账和卡片账。

1. 订本账

订本账是启用之前就已经将账页固定装订在一起，并事先对账页进行了连续编号的账簿。订本账的优点是能避免账页散失和防止抽换账页，其缺点是不能准确为各账户预留账页。这种账簿一般适用于总分类账、库存现金日记账和银行存款日记账。

2. 活页账

活页账在账簿登记完毕之前并不固定装订在一起，而是装在活页账夹中。当账簿登记完毕之后（通常是一个会计年度结束之后），才将账页予以装订，加具封面，并给各账页连续编号。这类账簿的优点是记账时可以根据实际需要，随时将空白账页装入账簿，或抽去不需用的账页，而且便于分工记账；其缺点是如果管理不善，可能会造成账页散失或被故意抽换账页。各种明细分类账一般采用活页账形式。

3. 卡片账

卡片账是将账户所需格式印刷在硬卡上。严格来说，卡片账也是一种活页账，只不过它不是装在活页账夹中，而是装在卡片箱内。在我国，企业一般只对固定资产的核算采用卡片账形式。

二、账簿的内容

企业经济业务的多样性，决定了账簿的种类、形式和格式也是多种多样的，但一般都应具备下列基本内容。

（一）封面

在启用会计账簿时，应当在每本账簿的封面上标明账簿名称，如总账、材料明细账、库存商品明细账、库存现金日记账等。

（二）扉页

扉页应主要列明账簿启用表、经管人员一览表，另外可加目录索引。账簿启用表应载明单位名称、账簿名称、账簿编号、账簿页数、启用日期、记账人员和会计主管人员姓名，并加盖有关人员的签章和单位公章。更换记账人员时，应办理交接手续，在交接记录内填写交接日期和交接人员姓名并签章。账簿扉页的具体格式如表4－1所示。

表4－1　账簿启用和经管人员一览表

账簿名称：　　单位名称：

账簿编号：　　账簿册数：

账簿页数：　　启用日期：

会计主管：　　记账人员：

接管日期			接管人		移交日期			移交人		监交人	
年	月	日	姓名	签章	年	月	日	姓名	签章	姓名	签章

（三）账页

账页是账簿的主要构成部分，账页都有一定的格式，即账户的结构。账户的基本结构包括借方、贷方、余额三部分。账页的格式一般包含以下内容：账户名称（或会计科目）、日期、凭证种类和号数、摘要、金额（借方、贷方和余额）等。

【任务处理】

一、登记账簿的基本要求

启用订本式账簿，应当从第一页到最后一页顺序编定页数，不得跳页、缺号。使用活页式账页，应当按账户顺序编号，并需定期装订成册。装订后再按实际使用的账页顺序编定总页码，另加目录，记录每个账户的名称和页次。

具体记账要求如下：

（1）登记会计账簿时，应当将会计凭证日期、编号、业务内容摘要、金额和其他有关资料逐项记入账内，做到数字准确、摘要清楚、登记及时、字迹工整。

（2）登记完毕后，要在记账凭证上签名或者盖章，并注明已经登账的符号，以避免重记或漏记。

（3）账簿中书写的文字和数字上面要留有适当空距，不要写满格，一般文字占格距的2/3，数字占格距的1/2。

（4）登记账簿要用蓝黑墨水或者碳素墨水笔书写，不得使用圆珠笔或者铅笔书写。

（5）下列情况，可以用红色墨水笔记账：①按照红字冲账的记账凭证，冲销错误记录；②在不设借贷等栏的多栏式账页中，登记减少数；③在三栏式账户的余额栏前，如未印明余额方向的，在余额栏内登记负数余额；④根据有关规定可以用红字登记的其他会计记录。

（6）各种账簿按页次顺序连续登记，不得跳行、隔页。如果发生跳行、隔页，应当将空行、空页划线注销，或者注明"此行空白""此页空白"字样，并由记账人员签名或者盖章。

（7）凡需要结出余额的账户，结出余额后，应当在"借或贷"栏内写明"借"或者"贷"字样。没有余额的账户，应当在"借或贷"栏内写"平"字样，并在余额栏内注明平账符号。库存现金日记账和银行存款日记账必须逐日结出余额。

（8）每一账页登记完毕结转下页时，应当结出本页合计数及余额，写在本页最后一行和下页第一行有关栏内，并在摘要栏内分别注明"过次页"和"承前页"字样；也可以将本页合计数及金额只写在下页第一行有关栏内，并在摘要栏内注明"承前页"字样。

对需要结计本月发生额的账户，结计"过次页"的本页合计数应当为自本月初起到本页末止的发生额合计数；对不需要结计本月发生额的账户，可以只将每页末的余额结转次页。

（9）账簿记录发生错误，不准涂改、挖补、刮擦或者用药水消除字迹，不准重新抄写，必须用规定的方法进行更正。

（10）实行会计电算化的单位，总账和明细账应当定期打印。发生收款和付款业务的，在输入收款凭证和付款凭证的当天必须打印出库存现金日记账和银行存款日记账，并与库存现金核对无误。

二、日记账的登记方法

（一）库存现金日记账

库存现金日记账是用来逐日逐笔记录库存现金的收入、支出和结存情况的账簿，由出纳人员根据库存现金收款凭证、库存现金付款凭证和银行存款付款凭证（记录从银行提取现金的业务）或通用记账凭证，按时间顺序逐日逐笔进行登记，并根据"上日余额+

本日收入-本日支出=本日余额”的公式，逐日结出库存现金余额，与库存现金实存数核对，以检查每日现金收付是否有误。

三栏式库存现金日记账的具体登记方法如下：

(1) 日期栏，指记账凭证的日期，应与现金实际收付日期一致。

(2) 凭证字号栏，指据以登记入账的收、付款凭证或通用记账凭证的种类和编号，如：“库存现金收（付）款凭证”，简写为“现收（付）”；“银行存款收（付）款凭证”，简写为“银收（付）”。凭证字号栏还应登记凭证的编号数，以便于查账和核对。

(3) 摘要栏，摘要说明登记入账的经济业务的内容。文字要简练，但要能说明问题。

(4) 收入、支出和余额栏，指库存现金实际收、付的金额和收付后的余额。每日终了应结出余额，同时将余额与出纳员的库存现金核对，即通常说的“日清”。如账款不符应查明原因，并记录备案。月终要分别计算库存现金收、付的合计数及余额，通常称为“月结”。

库存现金日记账的格式如表4-2所示。

(二) 银行存款日记账

银行存款日记账是由出纳员根据银行存款收款凭证、银行存款付款凭证和库存现金付款凭证（记录将库存现金存入银行业务），按照经济业务发生的时间先后顺序，逐日逐笔登记的账簿。银行存款日记账除应提供每日银行存款的增、减金额及其余额的价值信息外，还应反映据以记账的结算凭证种类、编号。

三栏式银行存款日记账的基本结构、登记方法与库存现金日记账基本相同，每日结束后，应结算出余额。银行存款日记账应定期与银行对账单核对，以保证账簿记录的正确性。月终，应计算出银行存款全月的收入合计数和支出合计数，并结算出月末余额，进行月结。三栏式银行存款日记账的格式如表4-3、表4-4所示。

【例4-1】依照【任务案例】，出纳员王海根据审核无误的上述经济业务的记账凭证，登记库存现金日记账和银行存款日记账如表4-2、表4-3、表4-4所示。

表4-2 **库存现金日记账** 第7页

2019年		凭证		摘要	收入	支出	余额
月	日	字	号				
6	1			期初余额			3 300
	1	会	2	借出差旅费		2 000	1 300
	3		3	提现备用	3 500		4 800
	12		8	报销差旅费，支付差额		200	4 600
	26		12	报销差旅费，收回差额	300		4 900
	27		13	购买办公用品		360	4 540
	29		15	发职工生活困难补助		1 200	3 340
				本月合计	3 800	3 760	3 340

表 4－3　银行存款日记账　第 15 页

2019 年		凭证		摘要	结算凭证		收入	支出	余额
月	日	字	号		种类	号数			
6	1			期初余额					526 000
	1	会	1	收回前欠货款			90 400		616 400
	3		3	提现备用	现支	135562		3 500	612 900
	5		4	存入销货款	进账单		56 500		669 400
	6		5	托收款划回	委收		113 000		782 400
	8		6	支付材料款	转支	362226		339 000	443 400
	9		7	偿还前欠货款	信汇			67 800	375 600
				转次页			259 900	410 300	375 600

表 4－4　银行存款日记账　第 16 页

2019 年		凭证		摘要	结算凭证		收入	支出	余额
月	日	字	号		种类	号数			
6	9			承前页			269 100	424 700	370 400
	16	会	9	发放工资	转支	362227		126 000	244 400
	19		10	支付水电费				9 000	235 400
	22		11	存入销货款	进账单		79 100		314 500
	28		14	借入短期借款			500 000		814 500
	30			本月合计			848 200	559 700	814 500

【知识拓展】

一、会计账簿的意义

会计账簿和会计凭证都是记录经济业务的会计资料，但二者记录的方式不同。会计凭证对经济业务的记录是零散的，不能全面、连续、系统地反映和监督经济业务内容；而会计账簿对经济业务的记录是分类、序时、全面、连续的，能够把分散在会计凭证中的大量核算资料加以集中，为经营管理提供系统、完整的核算资料。

设置和登记账簿是会计核算工作的重要环节，在经济管理中具有重要意义：

（1）通过账簿的设置和登记，可以记载、储存会计信息。将会计凭证所记录的经济业务逐笔记入有关账簿，可以全面反映一定时期发生的各项经济活动，及时储存所需要的各项会计信息。

（2）通过账簿的设置和登记，可以分类、汇总会计信息。通过账簿记录，可以将分散在会计凭证上的大量的核算资料，按其不同性质加以归类、整理和汇总，以便全面、系统、连续和分类地提供企业资产、负债、所有者权益、收入、费用和利润等会计要素的增减变化情况，及时提供各方面所需要的总括会计信息，为管理决策提供信息。

（3）通过账簿的设置和登记，可以检查、验正会计信息。账簿记录是对会计凭证的进一步整理，账簿记录也是会计分析、会计检查的重要依据。如账簿中记录的财产物资的账面数可以通过实地盘点的方法，与实存数进行核对，来检查财产物资是否妥善保管，账实是否相符。

（4）通过账簿的设置和登记，可以编报、输出会计信息。会计账簿是对会计凭证的系统化，提供的是全面、系统、分类的会计信息，因而账簿记录是编制会计报表的主要资料来源，账簿所提供的资料，是编制会计报表的主要依据。

二、账簿按账页格式分类

按账页格式的不同，账簿可以分为三栏式、多栏式、数量金额式账簿等多种。三栏式账簿是指由设置借、贷、余三个金额栏的账页组成的账簿。多栏式账簿是指由设置多个借方或贷方金额栏的账页所组成的账簿。数量金额式账簿是指在借、贷、余三大栏目内，各分设数量、单价和金额三小栏，借以反映财产物资的实物数量和价值量。

任务二

明细账的登记

【任务案例】

2019 年 7 月 1 日，新华公司应收舜鑫公司货款余额为 120 000 元，7 月份发生有关经济业务 6 笔，分别是：

1. 6 日，收回上月所欠货款 120 000 元，存入银行。

2. 12 日，向舜鑫公司销售橱柜一批，价款为 80 000 元及增值税销项税额为 10 400 元尚未收到。

3. 16 日，向舜鑫公司销售吊柜一批，价款为 50 000 元及增值税销项税额为 6 500 元尚未收到。

4. 19 日，收到舜鑫公司交来货款 56 500 元，存入银行。

5. 26 日，向舜鑫公司销售橱柜一批，价款为 60 000 元及增值税销项税额为 7 800 元尚未收到。

6. 29 日，收到舜鑫公司交来已承兑的商业汇票一张，面值为 90 400 元，以抵偿前欠货款。

对上述经济业务，新华公司会计人员张质斌根据审核无误的记账凭证登记应收账款明细账。

思考：在登记明细账时，要以审核无误的记账凭证为依据，你能说出原始凭证、记账凭证、明细账之间的关系吗？应收账款明细账为什么要针对不同的客户分别登记？

【任务处理】

一、三栏式明细账

明细账是根据明细科目开设账户，分类、连续地登记经济业务，以提供明细核算资料的账簿。明细账是总账的详细记录，它是按照总账的核算内容，按照更加详细的分类，反映某一具体类别经济活动的财务收支情况。它对总账起补充说明的作用，它所提供的资料也是编制会计报表的重要依据。明细账的格式有三栏式、多栏式、数量金额式等多种。

三栏式明细账是设有借方、贷方和余额三个主要栏目，用以分类核算各项经济业务，提供详细核算资料的账簿。三栏式明细账适用于只进行金额核算的账户，如应收账款、应付账款、短期借款等账户。

三栏式明细账一般由记账人员根据记账凭证及其所附原始凭证逐笔登记。其中的债权债务明细账的，每次记账后都要随时结出余额。

【例4-2】依照【任务案例】，会计人员张质斌根据审核无误的记账凭证，登记三栏式应收账款明细账如表4-5、表4-6所示。

表4-5　　应收账款明细分类账

明细科目：舜鑫公司　　第18页

2019年		凭证		摘要	借方	贷方	借或贷	余额
月	日	字	号					
7	1			期初余额			借	120 000
	6	会	1	收回前期货款		120 000	平	—
	12		2	销售商品	90 400		借	90 400
	16		3	销售商品	56 500		借	146 900
	19		4	收回货款		56 500	借	90 400
	26		5	销售商品	67 800		借	158 200
	26			转次页			借	158 200

表 4－6　　应收账款明细分类账

明细科目：舜鑫公司　　第 19 页

2019 年		凭证		摘要	借方	贷方	借或贷	余额
月	日	字	号					
7	26			承前页			借	158 200
	29	会	6	收到商业汇票抵债		90 400	借	67 800

二、数量金额式明细账

数量金额式明细账其借方（收入）、贷方（发出）和余额（结存）都分别设有数量、单价和金额三个专栏。该明细账适用于既要进行金额核算又要进行数量核算的账户，如原材料、库存商品等。其格式如表 4－7 所示。

表 4－7　　原材料明细分类账

类别：原料及主要材料　　品名或规格：206 型钢板

计量单位：千克　　存放地点：1 库

2019 年		凭证		摘要	收入			发出			结存		
月	日	字	号		数量	单价	金额	数量	单价	金额	数量	单价	金额
7	1			期初结存							2 000	150	300 000
	3	会	12	车间领用				800	150	120 000	1 200	150	180 000
	6		27	购进入库	1 000	150	150 000				2 200	150	330 000
	11		60	车间领用				900	150	135 000	1 300	150	195 000
	26		99	购进入库	1 000	150	150 000				2 300	150	345 000
	31			本月合计	2 000		300 000	1 700		255 000	2 300	150	345 000

数量金额式明细账一般由记账人员根据记账凭证及其所附的验收单、领料单、产成品入库单、发货单等货物收发凭证逐笔登记，每次记账后，都要随时结出结存数。

三、多栏式明细账

多栏式明细分类账是将属于同一个总账科目的各个明细科目合并在一张账页上进行登

记，即在这种格式账页的借方金额或贷方金额栏内按照明细项目设若干专栏。多栏式明细分类账适用于收入、成本费用类账户的明细核算。

在实际工作中，成本费用类明细账，可以只按借方发生额设置专栏，贷方发生额由于每月发生的笔数很少，可以在借方直接用红字冲销。这类明细账也可以在借方设专栏的情况下，贷方设一总的金额栏，再设一余额栏。多栏式明细账的格式如表4－8所示。

表4－8 管理费用明细分类账 第 页

2019年		凭证		摘要	借方							
月	日	字	号		工资	职工福利	差旅费	折旧费	办公费	工会经费	……	合计
7	3	会	11	购办公用品					260			260
	6		26	报销差旅费			2 200					2 200
	10		50	支付办公费					800			800
	19		98	计提折旧费				5 600				5 600
	28		139	分配人工费	30 000	1 800						31 800
	31		150	结转利润	30 000	1 800	2 200	5 600	1 060			40 660

多栏式明细账一般由记账人员根据有关记账凭证及成本、费用分配表等进行登记。

【知识拓展】

为了全面、系统、完整地反映一个企业的经济活动内容，就必须要设置和运用账户。因此，了解和掌握每个账户的特性、用途和结构，对于准确熟练地运用账户是十分必要的。这些账户虽然用途、结构和内容各不相同，但是它们之间却存在着不可分割的内在联系，共同组成一个完整而严密的账户体系，执行会计核算方法体系中的账户整体功能。为了更好地掌握账户的设置和运用，有必要对各种账户进行适当分类，有助于建立完善的账户体系，进一步掌握各类账户提供核算指标的规律性。

账户可以按不同的标志分类，如按账户的经济内容分类和按账户的用途与结构分类。

一、账户按经济内容分类

账户按经济内容分类，是账户的基本分类，是账户按用途与结构分类的基础。账户按经济内容分类，可以分为资产类、负债类、所有者权益类、共同类、成本类和损益类等。

（一）资产类账户

资产类账户反映企业过去的交易或事项形成的、由企业拥有或控制的、预期会给企业带来经济利益的经济资源的增减变动及结存情况。资产类账户反映的会计内容，既有货币的，又有非货币的；既有有形的，也有无形的。资产类账户具体分为以下类别。

1. 流动资产类账户

流动资产类账户反映企业可以在一年或超过一年的一个营业周期内变现或者耗用的资产。这类账户在企业经营管理过程中的存在形态不同、作用不同。这类账户主要包括"库存现金""银行存款""应收账款""预付账款""原材料""库存商品"等。

2. 非流动资产类账户

非流动资产类账户反映企业在一年以上或超过一年的一个营业周期以上变现或者耗用的资产。这类账户主要包括"持有至到期投资""长期股权投资""固定资产""在建工程""无形资产"等账户。

资产类账户借方登记增加额，贷方登记减少额，余额一般在借方，表示期末某一时点企业实际拥有的资产数额。期末余额的计算公式为：

资产类账户期末余额 = 期初借方余额 + 本期借方发生额 - 本期贷方发生额

（二）负债类账户

负债类账户反映企业过去的交易或事项形成的、预期会导致经济利益流出企业的现实义务的增减变动及期末实际负担情况。负债类账户按负债偿还期的长短分为以下类别。

1. 流动负债类账户

流动负债类账户反映企业将在一年或超过一年的一个营业周期内偿还的债务。这类账户主要包括"短期借款""应付账款""预收账款""应付职工薪酬""应交税费"等。

2. 非流动负债类账户

非流动负债类账户反映企业将在一年以上或超过一年的一个营业周期以上偿还的债务。这类账户主要包括"长期借款""应付债券""长期应付款"等。

负债类账户的贷方登记增加额，借方登记减少额，余额一般在贷方，反映企业在期末某一时点所承担债务的实际数额。期末余额的计算公式为：

负债类账户期末余额 = 期初贷方余额 + 本期贷方发生额 - 本期借方发生额

（三）所有者权益账户

所有者权益类账户反映企业所有者权益增减变动及其余额。这类账户包括"实收资本（或股本）""资本公积""盈余公积""本年利润"和"利润分配"等。所有者权益类账户的贷方登记增加额，借方登记其减少额，余额一般在贷方，反映所有者拥有的企业净资产的实际数额。期末余额的计算公式为：

所有者权益账户期末余额 = 期初贷方余额 + 本期贷方发生额 - 本期借方发生额

（四）成本类账户

成本类账户用来归集生产产品或提供劳务过程中发生的生产费用并据以计算产品或劳务成本。这类账户主要包括"生产成本""劳务成本""制造费用"等。成本类账户的借方登记应计入产品或劳务成本的全部费用，贷方登记结转已完工产品或劳务的实际成本，期末如有余额在借方，反映尚未完工的在产品或劳务的实际成本。

（五）损益类账户

损益类账户反映与企业损益的计算确定直接相关的各项收入和费用。

1. 收入及利得类账户

收入及利得类账户反映企业在销售商品、提供劳务等日常活动中所形成的经济利益的流入和利得情况。这类账户主要包括“主营业务收入”“其他业务收入”“营业外收入”“投资收益”等。该类账户是利润及利润分配的直接来源，故其结构和所有者权益类账户的结构基本相同。其贷方登记各项收入和利得的增加额，借方登记收入和利得的冲减和期末结转数额，结转后期末无余额。

2. 费用及损失类账户

费用及损失类账户反映企业在销售商品、提供劳务等日常活动中所发生的经济利益的流出以及意外损失情况。这类账户主要包括“主营业务成本”“其他业务成本”“营业税金及附加”“销售费用”“管理费用”“财务费用”“营业外支出”“所得税费用”等。这类账户的借方登记各项费用及损失的增加额，贷方登记各项费用及损失的冲减和期末结转数额，结转后期末没有余额。

二、账户按用途结构分类

为了更详细地了解各个账户的具体用途，以及如何提供管理上所需要的各种核算指标，还需要对账户按用途和结构进行分类。账户的用途，是指通过账户记录能够提供什么核算资料，也就是设置和运用账户的目的。账户的结构，是指在账户中如何记录经济业务，以取得必要的核算资料，具体包括账户借方和贷方核算的内容、期末余额的方向以及余额所表示的内容。账户按用途和结构分类，是对账户按经济内容分类的必要补充。

企业所运用的账户，按其用途和结构可以分为盘存账户、资本账户、结算账户、集合分配账户、成本计算账户、集合汇转账户、财务成果账户和调整账户等类别。下面具体说明在借贷记账法下，账户按用途和结构的分类。

（一）盘存账户

盘存账户是用来反映各项实物资产和货币资金增减变动及其结存情况的账户。这类账户可以通过财产清查（实地盘点或询证核对）的方法，检查账面结存是否与实存数额相符。盘存账户的借方登记各项实物资产和货币资金的增加数额，贷方登记减少数额，期末余额在借方，表示各项实物资产和货币资金的实际结存数额。盘存账户主要包括“库存现金”“银行存款”“原材料”“库存商品”“固定资产”等。这类账户的结构如图4－1所示。

借方	盘存账户　贷方
期初余额：期初实物资产和货币资金结存数 发生额：本期实物资产和货币资金增加数	发生额：本期实物资产和货币资金减少数
期末余额：期末实物资产和货币资金结存数	

图 4－1　盘存账户结构图示

（二）资本账户

资本账户是用来反映实收资本、资本公积、盈余公积的增减变动及其实有额的账户。这类账户贷方登记资本的增加额，借方登记资本减少额，期末余额在贷方，表示期末资本的实有数额。资本账户主要有“实收资本（或股本）”“资本公积”“盈余公积”等。这类账户的结构如图 4－2 所示。

借方	资本账户　贷方
发生额：本期资本的减少数	期初余额：期初资本实有数 发生额：本期资本增加数
	期末余额：期末资本实有数

图 4－2　资本账户结构图示

（三）结算账户

结算账户是用来反映企业同其他单位或个人之间的债权（应收款项）、债务（应付款项）结算情况的账户。由于结算业务的性质不同，结算账户又具有不同的用途和结构。

1. 债权结算账户

债权结算账户亦称资产结算账户，是用来反映企业同各个债务单位或个人之间的债权结算业务的账户。这类账户的借方登记债权（应收款项或预付款项）的增加数，贷方登记债权的减少数，其余额一般在借方，表示期末尚未收回或报销的债权的实有数额。债权结算账户主要有“应收账款”“预付账款”“其他应收款”等。这类账户的结构如图 4－3 所示。

借方	债权结算账户　贷方
期初余额：期初债权实有数 发生额：本期债权增加数	发生额：本期债权减少数
期末余额：期末债权实有数	

图 4－3　债权结算账户结构图示

2. 债务结算账户

债务结算账户亦称负债结算账户，是用来反映企业同各个债权单位或个人之间的债务结算业务的账户。这类账户的贷方登记债务（借入款项、应付款项或预收款项）的增加数，借方登记债务的减少数，其余额一般在贷方，表示尚未偿还的债务的实有额。债务结算账户主要有“应付账款”“短期借款”“预收账款”“其他应付款”等。这类账户的结构如图4－4所示。

借方	债务结算账户　　　　贷方
发生额：本期债务减少数	期初余额：期初债务实有数 发生额：本期债务增加数
	期末余额：期末债务实有数

图4－4　债务结算账户结构图示

（四）集合分配账户

集合分配账户是用来归集和分配企业生产过程中某一阶段所发生的间接费用的账户。这种账户的借方登记费用的发生数，贷方登记费用的分配数。在一般情况下没有期末余额，因为本期发生的费用一般应于期末全部分配出去，由有关的成本计算对象承担，如“制造费用”账户。其结构如图4－5所示。

借方	集合分配账户　　　　贷方
发生额：归集本期生产车间发生的间接费用	发生额：分配到有关成本计算对象的数额

图4－5　集合分配账户结构图示

（五）成本计算账户

成本计算账户是用来反映企业生产过程中某一阶段所发生的全部费用，并计算确定该阶段各个成本计算对象实际成本的账户。这类账户的借方登记经营过程中某个阶段所发生的应计入成本的全部费用（包括直接计入的直接费用和期末通过集合分配账户分配转入的间接费用），贷方登记转出已完成某个阶段的成本计算对象的实际成本。期末如有余额一定在借方，表示尚未完成某个阶段的成本计算对象的实际成本。成本计算账户主要有“生产成本”“在途物资”等。这类账户的结构如图4－6所示。

借方　　　　成本计算账户	贷方
期初余额：期初尚未完成经营过程某阶段的成本计算对象的实际成本 发生额：汇集经营过程中某一阶段的全部费用	发生额：转出已完成经营过程某一阶段的成本计算对象的实际成本
期末余额：期末尚未完成经营过程某阶段的成本计算对象的实际成本	

图 4－6　成本计算账户结构图示

（六）集合汇转账户

集合汇转账户是用来汇集企业在某一期间各种收入和支出情况并如期结转各种收入和支出的账户。它包括收入及利得账户和费用及损失账户。

1. 收入及利得账户

收入及利得账户是用来反映企业在一定时期内所取得的各种收入和利得的账户。这类账户贷方登记取得的收入或利得，借方登记收入的减少数和期末转入“本年利润”账户的收入或利得。由于当期实现的全部收入或利得都要于期末转入“本年利润”账户的贷方，所以收入及利得账户期末没有余额。收入及利得账户主要有“主营业务收入”“其他业务收入”“投资收益”“营业外收入”等。这类账户的结构如图 4－7 所示。

借方　　　　收入及利得账户	贷方
发生额：本期收入冲减额数和期末结转数	发生额：本期收入取得数

图 4－7　收入及利得账户结构图示

2. 费用及损失账户

费用及损失账户是用来反映企业在一定时期内所发生的应计入当期损益的各项费用、成本和支出（损失）的账户。这类账户的借方登记费用支出的增加额，贷方登记费用支出的减少额和期末转入“本年利润”账户的费用支出数额。由于当期发生的各项费用支出都要于期末转入“本年利润”账户的借方，所以费用及损失账户期末没有余额。这类账户主要有“主营业务成本”“其他业务成本”“税金及附加”“销售费用”“管理费用”“财务费用”“营业外支出”“所得税费用”等。这类账户的结构如图 4－8 所示。

借方	费用及损失账户 贷方
发生额：本期费用的发生数	发生额：本期费用的冲减数和期末结转数

图4－8 费用及损失账户结构图示

（七）财务成果账户

财务成果账户是用来反映企业在一定时期内全部经营活动的最终财务成果（利润或亏损）的账户。这类账户的贷方登记一定时期内的收入及利得，借方登记一定时期内的费用及损失，期末贷方余额表示企业获得的净利润，若为借方余额，则表示企业发生的净亏损数额。财务成果账户主要有“本年利润”账户。这类账户的结构如图4－9所示。

借方	财务成果账户 贷方
发生额：汇集转入本期各项费用支出和损失额	发生额：汇集转入本期各项收入和利得额
期末余额：净亏损	期末余额：净利润

图4－9 财务成果账户结构图示

（八）调整账户

调整账户是用来调整某个账户（即被调整账户）的余额，以反映被调整账户实际余额而设置的账户。将调整账户与被调整账户有机地联系起来，可以提供管理上所需要的某些特定指标。调整账户按其调整方式不同，可以分为备抵账户、附加账户和备抵附加账户三类。

1. 备抵调整账户

备抵调整账户是用来抵减被调整账户的余额，以求得被调整账户所反映会计要素的实际余额的账户。其调整方法是：

被调整账户余额－调整账户余额＝实际余额

被调整账户的余额与抵减账户的余额方向必定相反。

按照被调整账户的性质，备抵账户又可分为资产备抵调整账户与权益备抵调整账户两类。

（1）资产备抵调整账户。资产备抵调整账户是用来抵减某一资产账户的余额，以求得该资产实际余额的账户。例如，“累计折旧”账户是“固定资产”账户的抵减账户，其抵减方法是“固定资产”账户借方余额（固定资产的原始成本）减去“累计折旧”账户贷方余额（固定资产累计损耗价值），其差额表示固定资产账面净值。再如，“坏账准备”

账户是“应收账款”“其他应收款”账户的抵减账户，因而也是一个资产抵减账户。“应收账款”账户借方余额减去“坏账准备”账户贷方余额，其差额表示应收账款的实有数额。这类账户的结构及作用如图 4－10、图 4－11 所示。

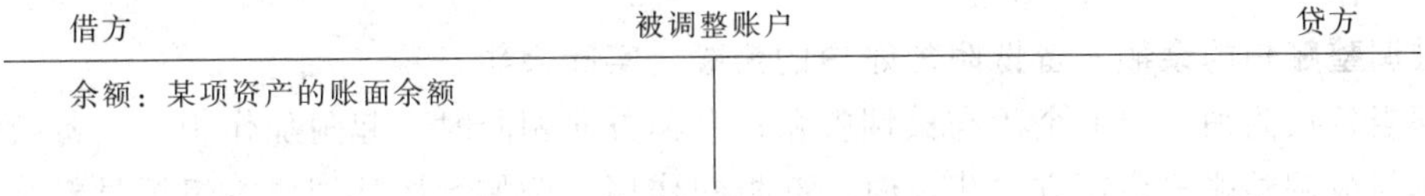

图 4－10　资产类被调整账户结构图示

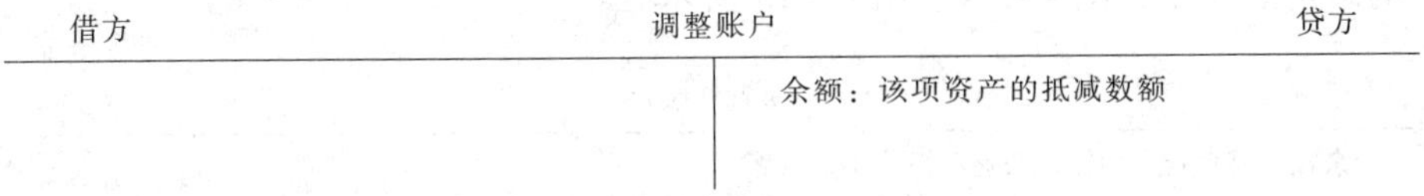

图 4－11　资产类调整账户结构图示

图 4－10、图 4－11 中被调整账户与抵减账户的关系，可用下式表示：

被调整账户的借方余额－调整账户的贷方余额＝资产的实际净额

（2）权益备抵调整账户。权益备抵调整账户是用来抵减某一权益账户的余额，以求得该权益的实际余额的账户。例如，“利润分配”账户就是“本年利润”这个权益账户的抵减账户，其抵减方式是：“本年利润”账户贷方余额（已实现利润数）减去“利润分配”账户借方余额（已分配利润数）等于期末尚未分配的已实现利润数。这类账户的结构及作用如图 4－12、图 4－13所示。

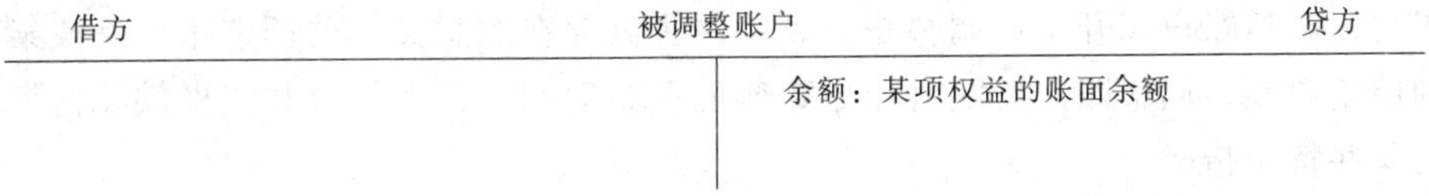

图 4－12　权益类被调整账户结构图示

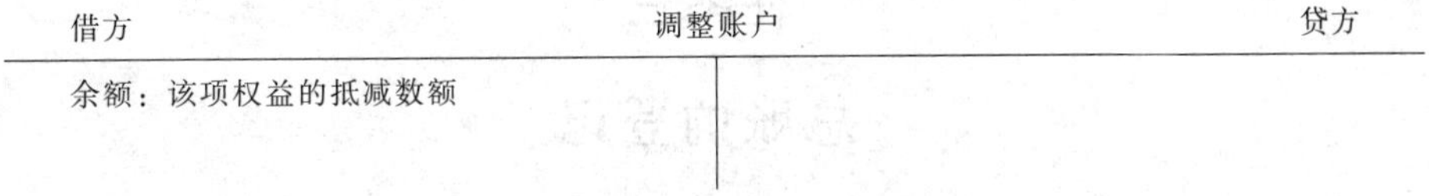

图 4－13　权益类调整账户结构图示

图 4－12、图 4－13 中被调整账户与抵减账户的关系，可用下式表示：

被调整账户的贷方余额－调整账户的借方余额＝权益的实际余额

2. 附加账户

附加账户是用来增加被调整账户的余额，以求得被调整账户所反映的会计要素的实际余额的账户。其调整方式是：

被调整账户余额＋附加账户余额＝实际余额

被调整账户余额与附加账户余额一定在相同的方向。

3. 备抵附加调整账户

备抵附加账户是既可以用来抵减又可以用来增加被调整账户的余额，以求得被调整账户所反映会计要素实际余额的账户。这类账户兼有备抵账户和附加账户的双重功能，但不能同时起作用。其调整方式是：

被调整账户的余额 ± 备抵附加账户的余额 = 实际余额

即当备抵附加账户的余额与被调整账户余额方向相同时，起附加作用；当备抵附加账户余额与被调整账户余额方向相反时，起抵减作用。例如，按计划成本组织材料日常核算的企业，所设置的“材料成本差异”账户就是“原材料”账户的备抵附加调整账户。这类账户的结构及作用如图4－14、图4－15所示。

借方　　　　被调整账户	贷方
余额：某项资产的账面余额	

图4－14　被调整账户结构图示

借方　　　　备抵附加账户	贷方
余额：该项资产的附加额	余额：该项资产的抵减额

图4－15　调整账户结构图示

应当指出，调整账户与被调整账户是反映相同经济内容、相互联系、相互结合使用的一组账户，调整账户离开了被调整账户，将失去其存在的意义。被调整账户反映某项经济活动的原始数额，调整账户反映对原始数额的调整数额，二者结合共同提供经营管理中所需要的某些特定指标。

任务三

总账的登记

【任务案例】

根据“任务一”案例中新华公司的15项经济业务，会计人员已填制记账凭证。会计主管邱天根据记账凭证每十天汇总编制一张科目汇总表，然后根据科目汇总表登记总账。

思考：为什么在登记总账之前要先编制科目汇总表？你会编制科目汇总表吗？说一说原始凭证、记账凭证、科目汇总表、明细账、总账之间的关系。

【知识准备】

一、总账的概念

总账即总分类账，是按照会计科目设置账户，分类登记经济业务，以提供总括会计信息的账簿。总分类账能够全面、总括地反映经济活动情况，对明细账起统驭和控制作用，并为编制会计报表提供总括的资料。因此，任何企业、行政事业单位都要设置总分类账。

二、总账的格式

总分类账应采用订本账形式，其账页格式一般为三栏式账页，也可以采用多栏式账页。在账簿中，按有关法规规定的会计科目的编号顺序设立账户，每一账户预留若干空白账页，以登记一定时期（1 年）内该账户的全部经济业务。

【任务处理】

一、总账的登记方法

总账的登记方法因企业采用的会计核算形式（见“知识拓展”）不同而不同。经济业务少的小型单位可采用逐笔登记方式，即根据记账凭证顺序逐笔地直接登记总账；经济业务多的大中型单位，可采用汇总登记方式，即根据科目汇总表、汇总记账凭证等，定期汇总登记总账。

【例 4－3】根据【任务案例】，会计主管邱天根据 2019 年 6 月的记账凭证，汇总编制了 3 张科目汇总表（如表 4－9、表 4－10、表 4－11 所示），然后根据科目汇总表登记总账“银行存款”账户（如表 4－12 所示），其他账户从略。

表 4－9　　**科目汇总表**

2019 年 6 月 10 日　　汇字第 16 号

会计科目	借　方	贷　方
库存现金	3 500	2 000
银行存款	259 900	410 300
应收账款		203 400
其他应收款	2 000	
原材料	300 000	

续表

会计科目	借　方	贷　方
应付账款	67 800	
应交税费	39 000	6 500
主营业务收入		50 000
合　计	672 200	672 200

会计主管：邱天　　记账：邱天　　复核：沈虹　　制表：邱天

表 4－10　　**科目汇总表**

2019 年 6 月 20 日　　汇字第 17 号

会计科目	借　方	贷　方
库存现金		200
银行存款		135 000
其他应收款		2 000
管理费用	11 200	
应付职工薪酬	126 000	
合　计	137 200	137 200

会计主管：邱天　　记账：邱天　　复核：沈虹　　制表：邱天

表 4－11　　**科目汇总表**

2019 年 6 月 30 日　　汇字第 18 号

会计科目	借　方	贷　方
库存现金	300	1 560
银行存款	579 100	
其他应收款		3 000
管理费用	360	
制造费用	2 700	
短期借款		500 000
应交税费		9 100
应付职工薪酬	1 200	
主营业务收入		70 000
合　计	583 660	583 660

会计主管：邱天　　记账：邱天　　复核：沈虹　　制表：邱天

表 4－12　　　　　　　　　　　　　　　　　总 分 类 账

会计科目：银行存款　　　　　　　　　　　　　　　　　　　　　　　　第 4 页

2019 年		凭证		摘　要	借　方	贷　方	借或贷	余额
月	日	字	号					
6	1			期初余额			借	526 000
	10	汇	16	1—7 号凭证汇总	259 900	410 300	借	375 600
	20	汇	17	8—10 号凭证汇总		135 000	借	240 600
	30	汇	18	11—15 号凭证汇总	579 100		借	819 700
				本月合计	839 000	545 300	借	819 700

企业每月应将当月已完成的经济业务全部登记入账，并于月终结出总分类账簿中各账户的本期发生额和期末余额，与明细账余额核对相符后，作为编制会计报表的主要依据。

二、总账与明细账的平行登记

（一）总账与明细账的关系

如前所述，总账是指根据会计科目开设的，对各科目的经济内容进行总括核算，提供总括性指标的账簿；明细账是根据明细科目开设的，对各科目的经济内容进行明细分类核算，提供详细资料的账簿。这就表明总分类账和明细分类账既有内在联系又有区别。

1. 总账与明细账的联系

（1）二者所反映的经济业务内容相同，如“原材料”总账与其所属的“原料与主要材料”“辅助材料”等明细账都是用以反映材料的收发及结存业务的。

（2）登记账簿的原始凭证相同，登记总分类账户与登记其所属明细账户的记账凭证和原始凭证是相同的。

2. 总账与明细账的区别

（1）反映经济内容的详细程度不一样。总账反映资金增减变化的总括情况，提供总括资料；明细账反映资金运动的详细情况，提供某一方面的详细资料。有些明细账还可以提供实物数量指标和劳动量指标。

（2）作用不同。总账提供的经济指标，是明细账资料的综合，对所属明细账起着统驭作用；明细账是对有关总账的补充，起详细说明的作用。

（二）总账与明细账的平行登记

为了使总分类账与其所属的明细分类账之间能起到统驭与补充的作用，便于账户核对，并确保核算资料的正确、完整，必须采用平行登记的方法，在总分类账及其所属的明细分类账中进行记录。平行登记是指经济业务发生后，一方面要登记有关总分类账户，另一方面要登记该总分类账所属的各有关明细分类账户。平行登记的要点如下：

1. 同期登记

对于每一项经济业务，一方面要在有关的总分类账户中登记，另一方面要在同一会计期间在有关的明细分类账户登记。

2. 方向一致

在总分类账户及其所属明细分类账户登记时，其记账方向必须相同，即总分类账户登记在借方，明细分类账户也应登记在借方，总分类账户登记在贷方，明细分类账户也应登记在贷方。

3. 金额相等

记入总分类账户中的金额必须与记入所属各明细分类账户中的金额之和相等。

在会计核算工作中，可以利用上述关系检查账簿记录的正确性。检查时，根据总分类账与明细分类账之间的数量关系，编制明细分类账的本期发生额和余额明细表，同其相应的总分类账户本期发生额和余额相互核对，以检查总分类账与其所属明细分类账记录的正确性。明细分类账户本期发生额和余额明细表根据不同的业务内容，可以分别采用不同的格式。

现以原材料核算为例，对总分类账和明细分类账的平行登记加以说明。

【例4-4】华泰公司2019年8月份“原材料”总账期初余额为480 000元，其中206型钢板2 000千克，单价为150元；207型钢板1 500千克，单价为120元。8月上旬发生材料收发业务如下：

（1）3日，上月从青岛钢厂购入的材料运到验收入库，其中206型钢板1 500千克，单位成本150元；207型钢板1 000千克，单位成本120元。验收入库的会计分录为：

借：原材料——206型钢板　　225 000

　　　　——207型钢板　　120 000

　贷：在途物资——青岛钢厂　　345 000

（2）6日，为生产不锈钢橱柜领用206型钢板1 200千克，单价为150元；207型钢板1 000千克，单价为120元。发出材料的会计分录为：

借：生产成本——不锈钢橱柜　　300 000

　贷：原材料——206型钢板　　180 000

　　　　　——207型钢板　　120 000

根据上述资料及会计分录对“原材料”总账及明细账进行平行登记，如表4-13、表4-14、表4-15所示。

表 4－13

总分类账

会计科目：原材料

第 18 页

2019 年		凭证		摘要	借方	贷方	借或贷	余额
月	日	字	号					
8	1			期初余额			借	480 000
	3	会	16	购进入库	345 000		借	825 000
	6		39	车间领用		300 000	借	525 000

表 4－14

原材料明细分类账

类　　别：原料及主要材料　　品名或规格：206 型钢板

计量单位：千克　　存放地点：1 库

第 32 页

2019 年		凭证		摘要	收入			发出			结存		
月	日	字	号		数量	单价	金额	数量	单价	金额	数量	单价	金额
8	1			期初结存							2 000	150	300 000
	3	会	16	购进入库	1 500	150	225 000				3 500	150	525 000
	6		39	车间领用				1 200	150	180 000	2 300	150	345 000

表 4－15

原材料明细分类账

类　　别：原料及主要材料　　品名或规格：207 型钢板

计量单位：千克　　存放地点：1 库

第 39 页

2019 年		凭证		摘要	收入			发出			结存		
月	日	字	号		数量	单价	金额	数量	单价	金额	数量	单价	金额
8	1			期初结存							1 500	120	180 000
	3	会	16	购进入库	1 000	120	120 000				2 500	120	300 000
	6		39	车间领用				1 000	120	120 000	1 500	120	180 000

从表中可看出，明细账期初余额之和、本期发生额之和以及期末结存额之和与总账相应的指标是相等的，即：

期初余额：300 000＋180 000＝480 000（元）

本期购进：225 000＋120 000＝345 000（元）

本期发出：180 000＋120 000＝300 000（元）

期末结存：345 000＋180 000＝525 000（元）

由于总分类账和明细分类账是按平行登记的方法进行登记的，因此对总分类账和明细分类账登记的结果，应当进行相互核对，通常是通过编制总分类账户与明细分类账户发生额及余额对照表进行的，其格式和内容如表4－16所示。

表4－16　　总分类账户与明细分类账户发生额及余额对照表

账户名称	期初余额		发生额		期末余额	
	借方	贷方	借方	贷方	借方	贷方
206型钢板明细账	300 000		225 000	180 000	345 000	
207型钢板明细账	180 000		120 000	120 000	180 000	
明细账合计	480 000		345 000	300 000	525 000	
原材料总账	480 000		345 000	300 000	525 000	

以上总账和明细账之间的这种关系，是检查账簿记录是否正确的依据。一般在期末都要进行相互核对，以便及时发现错账并加以更正，保证账簿记录准确无误。

任务四

错账更正

【引导案例】

2019年7月，新华公司接受在校学生张平暑期实习要求，在会计人员林传文指导下，负责登记库存商品明细账。在登记账簿时不小心出错，为使账面整洁，她将错误记录小心地用胶带粘去，然后改上正确内容。

思考：这种更正错账的方法正确吗？应该如何更正？

【任务处理】

账簿是重要的经济档案，应保持整洁、正确、清楚。如果账簿记录发生错误，不得任意涂改、刮擦、挖补、粘揭或用化学药水消除字迹，应根据错误的性质和具体情况，按照下列错账更正方法进行更正。

一、划线更正法

在结账之前，发现账簿中数字或文字有错误，而记账凭证应借、应贷科目和金额无错误，可以应用划线更正法。更正的方法是：在错误的数字或文字正中划一条红线予以注销，然后在划线上方作出蓝黑字更正记录，并由记账人员在更正处盖章以明确责任。必须注意：对于文字错误，可只划去错误的部分；但对于数字错误，不得只划线更正其中错误的数码，而应当全部划线更正。

二、红字冲销法

在记账以后，发现记账凭证错用了会计科目，或错记了金额，可用红字冲销法。这种方法具体分为以下两种。

（一）红字全部冲销法

记账以后，如果发现记账凭证错用科目或错写方向、错写金额，过账后使账簿记录产生错误，就可以使用红字全部更正法。具体更正方法是：首先用红字金额填制一张和原来错误的记账凭证内容完全相同的记账凭证，在摘要栏注明“冲销×月×日×号凭证”，并登记入账，即可冲销原来错误记录，然后用蓝黑字填制一张正确的记账凭证，在摘要栏注明“更正×月×日×号凭证”，再登记入账。

【例4-5】某企业开出转账支票偿还前欠甲单位货款5 000元。

（1）填制记账凭证时，误作如下分录，并已登记入账：

借：应付账款——甲单位　　5 000
　　贷：应付票据——甲单位　　5 000

（2）发现错误后，应先用红字填制一张与原错误记账凭证内容相同的记账凭证，并登记入账，以冲销原错误记录：

借：应付账款——甲单位　　5 000
　　贷：应付票据——甲单位　　5 000

（3）同时，再用蓝黑字填制一张正确的记账凭证，并登记入账：

借：应付账款——甲单位　　5 000
　　贷：银行存款　　5 000

（二）红字部分冲销法

记账后，如果发现记账凭证中会计科目及借贷方向正确，只是所记金额大于应记的金额，可以用红字部分冲销法更正。更正的方法是：将多记的金额用红字填制一张记账凭证，科目与方向与原凭证相同，在摘要栏注明“部分冲销×月×日×号凭证”，并登记入账，就可以冲销多记金额。

【例4-6】厂部购买办公用品69元，用现金支付。

（1）填制记账凭证时误作如下分录，并已登记入账：

借：管理费用——办公费　　96
　　贷：库存现金　　96

（2）发现错误后，应将多记金额用红字编制记账凭证，并登记入账，予以冲销多记金额：

借：管理费用——办公费　　27
　　贷：库存现金　　27

为了便于和银行对账，对涉及银行存款的错误凭证，不能使用红字部分冲销法更正错误，只能用红字全部冲销法更正。

三、补充登记法

在记账以后，如果发现记账凭证的会计科目及借贷方向正确，但其所记金额小于应记金额，可用补充登记法更正。更正的方法是：将少记的金额用蓝黑字填制一张记账凭证，科目与方向与原凭证相同，在摘要栏注明“补充登记×月×日×号凭证”，并据以登记入账，以补记少记金额。

【例4－7】 以现金500元支付车间办公费。

（1）填制记账凭证时误作如下分录，并已登记入账：

借：制造费用　　　50

　　贷：库存现金　　　50

（2）发现错误后，应将少记金额用蓝黑字填制如下记账凭证，并登记入账，以补记少记金额：

借：制造费用　　　450

　　贷：库存现金　　　450

需要注意的是，补充登记法同样不能用于涉及银行存款的错账，以免人为地造成对账麻烦。

【知识拓展】

一、记账错误的种类

登记会计账簿是一项很细致的工作。在记账过程中，可能由于某种原因会使账簿记录发生错误。错账往往在结账、试算平衡、对账时才发现。常见的错账种类如下：

1. 总账借贷方不平

所有总账账户的借方余额之和与贷方余额之和不相等，所有总账账户的借方发生额之和与贷方发生额之和不相等。

2. 总账与明细账、日记账不平

某个总账账户余额与其所属的各明细账户余额之和不相等；库存现金、银行存款总账账户余额与库存现金、银行存款日记账余额不相等。

3. “银行存款余额调节表”中调节后的余额不相等

记账错误主要表现为漏记、重记、错记。错记又表现为错记了账户，错记了记账方向，错记了金额，错用了记账墨水（应该用蓝黑墨水而错用了红墨水，或应该用红墨水而错用了蓝黑墨水）等。

二、错账的查找

在日常会计核算中，由于各种原因，记账错误是难以完全避免的。为了保证账簿记录正确无误，需要根据会计核算的特点，探索常见错账产生的原因及规律，总结出行之有效的查错方法，以便能够及时地查找错账，采取适当的方法予以更正。常用的错账查找方法有以下几种。

（一）顺查法

顺查法是全面查账的一种方法，它是指按照账务处理的顺序，从原始凭证起，到记账凭证，再到各种账簿全过程进行查找的一种方法，即先检查会计凭证是否正确，然后将会计凭证同有关账簿记录进行核对，最后检查有关账户的发生额和余额。通过这种方法检查，可以发现重记、漏记、错记科目、错记金额等。其优点是查找范围全面，不易遗漏；其缺点是查找的工作量大，需要的时间比较长。

（二）逆查法

逆查法是从试算表追溯到原始凭证，其检查顺序与账务处理程序正相反，即首先检查有关账户的余额和发生额是否正确，然后将有关账簿按照记录的顺序由后向前同会计凭证进行逐笔核对，最后检查会计凭证是否正确，是否与所附的原始凭证相符。其优缺点与顺查法相同。

（三）个别抽查法

个别抽查法是根据账簿记录差错中常见的规律，推测与差错有关的记录而进行查找的一类技术方法，主要适用于漏记、重记、错记的查找。具体方法如下：

1. 差额核对法

差额核对法适用于查找总账借贷双方之间、总账与其所属明细账之间产生的漏记或重记的错误。会计人员可以根据错账的差数，回忆查找所发生的交易或事项，在账簿或凭证记录中有无与错账差数相同的数字，如果差数正好等于某笔交易或事项的发生额，就有可能是发生了漏记或重记一方的错误。具体地说，如果在试算平衡时，总账借贷双方发生额不平衡，在总账和明细账核对时，某一总账发生额与其所属明细账发生额合计数不相等，并且这两个差额正好相同，说明有的总账有一方（借方或贷方）漏记或者重记；如果总账已经试算平衡，但有的总账发生额与其所属明细账发生额合计不相等，则说明有的明细账有一方（借方或贷方）漏记或者重记。当然，如果整张的记账凭证漏记或重记，就没有明显的错误特征，只能采用顺查法或逆查法逐笔查找。

2. 除二法

除二法适用于查找记错方向的错误。记错方向是指在记账时把发生额的方向记错，将借方发生额记入贷方，或者将贷方发生额记入借方。如果某个数字记错了方向，使得一方的合计数增加，另一方的合计数减少，其差额正好是应记正确数字的两倍。所以，将差额除以2，所得数可能就是记错的数字。这个数字在账簿中有记录，这样就有了查找的目标，不必再逐笔查找。

3. 除九法

除九法适用于查找错位、倒码的错误。因为错位和倒码造成的正误差数正好是9的倍数，所以可以根据错账差错数额除以9能整除的数，来查找数字位数记错，或相邻数字颠倒位次的错账。

（1）错位。数字位数记错是指应记的数字小数点前移或者后移，即多“0”或少“0”。查找这类错误时应注意两点：一是如果小数点错移一位，则差数除以9；如果错移两位，则差数除以99，以此类推。二是当大数错位成小数时，其数是错误数；小数错位成大数时，其数是正确数。

例如，将560错记为56，其差数504除以9得56，56就是错误数字。如果将39错记为3 900，其差数3 861除以99得39，39就是正确数。

（2）倒码。相邻数字颠倒位次是指应记数额中相邻的两位数字或者三位数字等记颠倒。如果是两位数的两个数字颠倒，其差数是9的倍数，差数除以9所得的商数正好等于这个两位数的两个数字的差额。所以，检查时，可以根据差数除以9所得的商数，去推断有哪些两位数的两个数字之差与其相等，并据以查找账簿中的这个颠倒数。发生倒码错误可以借助于“相邻数字颠倒便查表”（如表4－17所示）。

表4－17　　相邻数字颠倒便查表

大数颠倒成小数									差额	小数颠倒成大数								
89	78	67	56	45	34	23	12	1	9	10	21	32	43	54	65	76	87	98
	79	68	57	46	35	24	13	2	18	20	31	42	53	64	75	86	97	
		69	58	47	36	25	14	3	27	30	41	52	63	74	85	96		
			59	48	37	26	15	4	36	40	51	62	73	84	95			
				49	38	27	16	5	45	50	61	72	83	94				
					39	28	17	6	54	60	71	82	93					
						29	18	7	63	70	81	92						
							19	8	72	80	91							
								9	81	90								

例如，将92错记成29，其差数63是9的倍数，差数63除以9得7，而7正好是9和2之间的差。所以在倒数第3行（差数是63）中查找即可。

如果是三位或者三位以上的数中相邻两个数字颠倒，差数也可以被9整除，其商数的首位数（商数首位数字以后的数字都是“0”）也正好与颠倒的两个数字之差相等，并且，若商数是一位数，则是这个数中的个位与十位数字颠倒；若商数是两位数，就是这个数中的十位与百位数字颠倒，其余依次类推。如果记账时将相邻的三位数字记颠倒，其差数都能被9整除，也可以用“除九法”来判断是否属数字颠倒的错误，以迅速判断错在哪一笔账上。

任务五
对账与结账

【引导案例】

2019 年 7 月 1 日，新华公司财务部对上月账簿记录进行对账、结账。会计主管邱天主持该项工作并负责总账部分，出纳员王海和各明细账记账员分工负责各自有关账簿的核对与结账。这项工作大概需要 1 ~2 天时间。

思考：原始凭证、记账凭证、明细账、总账之间应怎样核对？核对无误后，应怎样进行结账？

【任务处理】

一、对账

对账是指在会计期末、结账之前或在财产清查之前，将账簿记录的有关数字与会计凭证、各种实物资产及各账簿之间的有关数字所进行的核对工作，以保证会计记录的正确性。对账的主要内容主要包括以下三个方面。

（一）账证核对

账证核对是指将库存现金和银行存款日记账、总分类账、明细分类账的记录与原始凭证和记账凭证核对。账簿与原始凭证核对，主要是对账簿记录的经济业务的真实性、合法性进行检查。账簿与记账凭证核对，主要是检查过账工作是否正确，即账簿的记录是否按照记账凭证指明的账户名称、方向和金额进行登记。

（二）账账核对

账账核对是指各种账簿之间有关记录要核对相符。其主要内容有：

（1）总分类账中全部账户的借方余额合计数，应与贷方余额合计数核对相符。

（2）总分类账中各账户的期末余额，应与其所属各明细分类账期末余额之和核对相符。

（3）总分类账中“库存现金”“银行存款”账户的余额，应与日记账核对相符。

（4）会计部门有关财产物资明细账期末数量，应与财产物资保管部门或使用部门的明细账期末数量核对相符。

（三）账实核对

账实核对是指各种账簿的记录与有关财产物资的实有数额要核对相符。其主要内容有：

（1）银行存款日记账的余额，要定期与银行对账单核对相符。

（2）库存现金日记账的账面余额，应每日与库存现金实有数核对相符。

（3）各种财产物资明细分类账的账面数量，应与保管部门的实存数量核对相符。

（4）各种应收、应付、应交款明细分类账的账面余额应与有关单位或者个人定期核对相符。

二、结账

在会计终了时，即在月末、季末、半年末、年末，为了编制会计报表，需要进行结账。结账是指在将本期内所发生的经济业务全部登记入账的基础上，按照规定的方法对该期的账簿记录进行小结，结算出各账户本期发生额合计和余额，并将其余额结转下期。通过结账，可以了解各个会计期间（月、季、半年、年）的经济活动情况及其结果，并为编制会计报表及时提供资料。结账必须在会计期末进行，不得为赶编会计报表而提前结账，更不得先编制会计报表后结账。为保证结账的顺利进行，必须做好相应的准备工作。

（一）结账前的准备工作

（1）必须检查本期发生的全部经济业务是否都已填制会计凭证，并据以记入有关账簿。

（2）必须检查本期所有的转账业务是否都已填制结转分录，并已调整账簿的记录。

（3）要事先进行对账，保证账证、账账和账实相符。

（二）结账的方法

（1）对不需要按月结计本期发生额的账户（如应收账款、应付账款等往来结算账户），每次记账以后，都要随时结出余额，每月最后一笔余额为月末余额。月末结账时，只需要在最后一笔经济业务下方划通栏单红线即可。在12月末划通栏双红线。

（2）对库存现金日记账、银行存款日记账以及需要按月结计发生额的收入、费用类账户，每月结账时，要结出本月发生额合计和余额，在摘要栏注明“本月合计”字样，并在该行的上下方各划一条通栏单红线。

需要结计本年累计发生额的，还需要在“本月合计”下方结出自年初起至本月末止的累计发生额，在摘要栏注明“本年累计”字样，并在其下方再划一条通栏单红线；12月末的“本年累计”就是全年累计发生额，在其下方划通栏双红线。

（3）总账账户和发生额很少的明细账户，平时可以只结出月末余额，不划线。年终结账时，再结出全年发生额合计和年末余额，在摘要栏注明“本年合计”字样，并在该行上方划通栏单红线，下方划通栏双红线。

（4）本期没有发生额的账户，不必进行结账。

（5）年度终了结账后，对有余额的账户，要在摘要栏注明“结转下年”字样，并将其余额直接照抄到下年新账有关账户的第一行余额栏内，在摘要栏注明“上年结转”或“期初余额”字样。结转新账的手续不编会计分录，不结平上年旧账。格式如表 4－18 所示。但有些财产物资明细账和债权、债务明细账，可以跨年度使用，不必每年度更换一次。各种备查账簿也可以连续使用。

表 4－18　　其他货币资金——外埠存款　　第　页

2019 年		凭证		摘要	借方	贷方	借或贷	余额
月	日	字	号					
1	1			期初余额			借	50 000
12	31	记	136	汇出采购资金	20 000		借	20 000
	31			本月合计	120 000	150 000	借	20 000
	31			本季合计	250 000	280 000	借	20 000
	31			本年合计	948 000	978 000	借	20 000
				结转下年				

【知识归纳】

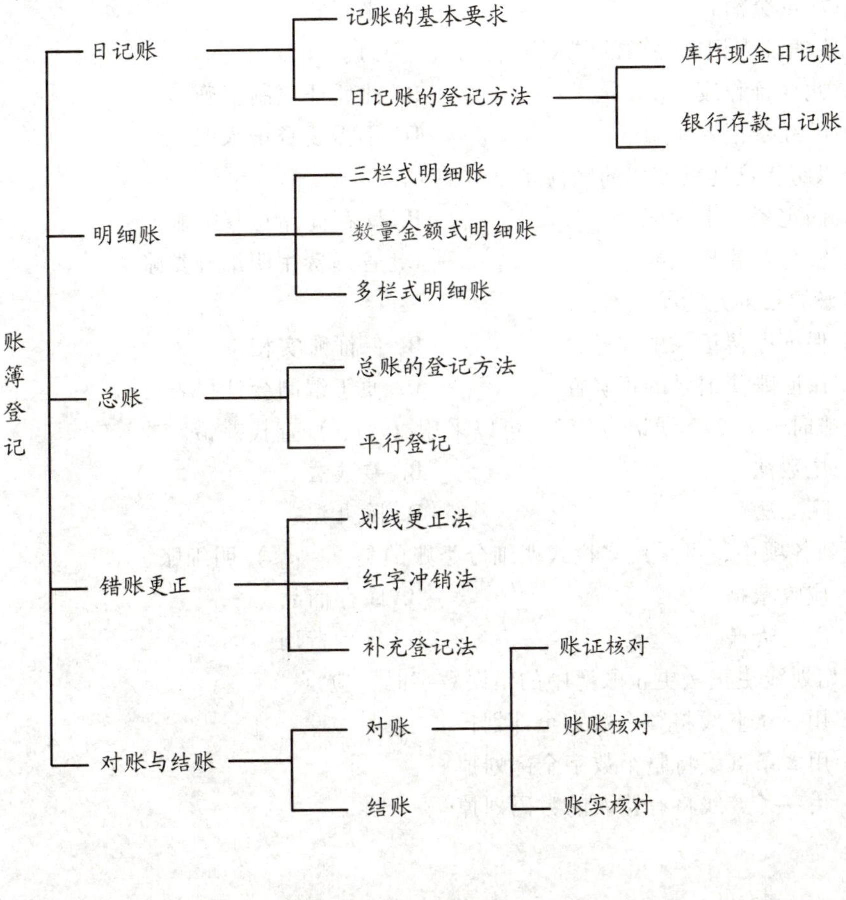

【职业能力训练】

职业判断能力训练

一、单项选择题

1. 登记账簿的依据是（　　）。
   A. 经济业务　　B. 经济合同
   C. 会计凭证　　D. 审核无误的会计凭证
2. "应收账款"明细分类账的格式一般采用（　　）。
   A. 三栏式　　B. 多栏式
   C. 数量金额式　　D. 平行式
3. "原材料"明细分类账的格式一般采用（　　）。
   A. 三栏式　　B. 多栏式
   C. 数量金额式　　D. 平行式
4. 记账凭证上记账栏内的"√"表示（　　）。
   A. 此凭证作废　　B. 此凭证填制正确
   C. 已经登记入账　　D. 不需要登记入账
5. 可以跨年度连续使用的账簿是（　　）。
   A. 固定资产卡片账　　B. 库存商品总分类账
   C. 银行存款日记账　　D. 管理费用明细分类账
6. 结账的目的是为了（　　）。
   A. 保证账簿记录的完整性　　B. 保证账实相符
   C. 保证账簿记录的正确性　　D. 便于编制会计报表
7. 记账时若将572误记为752，可以采用（　　）查找差错。
   A. 尾数法　　B. 差数法
   C. 除二法　　D. 除九法
8. 下列各项中，可采用多栏式明细分类账的是（　　）明细账。
   A. 应收票据　　B. 库存商品
   C. 固定资产　　D. 管理费用
9. 采用划线更正法更正账簿中的错误数字时，应（　　）。
   A. 用一条蓝线将整个数字全部划掉
   B. 用多条红线将整个数字全部划掉
   C. 用一条红线将有错误的数码划掉

D. 用一条红线将整个数字全部划掉

10. (　　) 账簿又称辅助账簿，是对主要账簿未能记载和记载不全的事项进行补充登记的账簿。

A. 序时账簿　　B. 分类账簿
C. 备查账簿　　D. 卡片账簿

11. 若记账凭证上的会计科目和记账方向未错，但所记金额大于应记金额，并已据以登记入账，应采用的更正方法是（　　）。

A. 划线更正法　　B. 补充登记法
C. 红字冲销法　　D. 编制相反分录冲减

12. 记账以后，如果发现记账凭证中应借应贷的会计科目有错，应采用（　　）更正。

A. 划线更正法　　B. 补充登记法
C. 红字冲销法　　D. 编制相反分录冲减

13. 不设“贷方”栏的多栏式账簿中，如果需要登记贷方数字，应（　　）。

A. 用蓝字登记在“借方”栏　　B. 用红字登记在“借方”栏
C. 用蓝字登记在“贷方”栏　　D. 用红字登记在“贷方”栏

14. 会计人员在结账前发现，以现金 860 元支付的办公费，在记账凭证和账簿中均错误地记为 680 元，可以采用的更正方法是（　　）。

A. 划线更正法　　B. 红字部分冲销法
C. 补充登记法　　D. 编制相反分录冲销

15. 会计人员在结账前发现，以现金 860 元支付的办公费，在账簿中错误地记为 680 元，而记账凭证无误，应采用的更正方法是（　　）。

A. 划线更正法　　B. 红字更正法
C. 补充登记法　　D. 编制相反分录冲销

16. 银行存款日记账的借方除了根据银行存款收款凭证登记外，还有可能根据(　　)登记。

A. 银行存款付款凭证　　B. 现金收款凭证
C. 现金付款凭证　　D. 转账凭证

17. 库存现金和银行存款日记账，应根据有关凭证（　　）。

A. 逐日逐笔登记　　B. 月末汇总登记
C. 逐日汇总登记　　D. 定期汇总登记

18. 多栏式明细账一般适用于（　　）账户。

A. 资产类　　B. 负债类
C. 所有者权益　　D. 收入费用类

19. 下列各项中，不适宜采用三栏式账簿的是（　　）明细账。

A. 应收账款　　B. 库存商品
C. 短期借款　　D. 实收资本

20. 能够总括反映某一类经济业务增减变动的会计账簿是（　　）。

A. 总分类账　　B. 明细分类账

C. 序时账　　D. 备查账

21. 能够序时反映企业某一类经济信息的账簿是（　　）。

A. 总分类账　　B. 明细分类账

C. 备查账　　D. 日记账

22.（　　）明细账应根据经济业务的内容和经营管理的需要，在借方或贷方分别按明细项目设若干专栏。

A. 三栏式　　B. 多栏式

C. 数量金额式　　D. 平行式

23. 下列各项中，（　　）是连接会计凭证和会计报表的中间环节。

A. 复式记账　　B. 设置账户

C. 登记账簿　　D. 编制会计分录

24. 记账后发现记账凭证中的借贷方向错误导致记账错误，应采用（　　）。

A. 划线更正法　　B. 红字冲销法

C. 补充登记法　　D. 编制相反分录冲销

25. 下列各项中，属于按经济内容分类的项目是（　　）。

A. 成本类　　B. 盘存类

C. 调整类　　D. 结算类

26. 下列各项中，属于按用途和结构分类的项目是（　　）。

A. 损益类　　B. 成本类

C. 盘存类　　D. 负债类

27. "原材料"账户按用途和结构分类属于（　　）。

A. 成本类　　B. 盘存类

C. 调整类　　D. 资产类

28. "累计折旧"账户按用途和结构分类属于（　　）。

A. 成本类　　B. 盘存类

C. 调整类　　D. 资产类

29. "利润分配"账户按经济内容分类属于所有者权益类，按用途和结构分类属于（　　）。

A. 成本类　　B. 盘存类

C. 调整类　　D. 结算类

30. "应收账款"账户按经济内容分类属于资产类，按用途和结构分类属于（　　）。

A. 成本类　　B. 盘存类

C. 调整类　　D. 结算类

31. "固定资产"账户按经济内容分类属于资产类，按用途和结构分类属于（　　）。

A. 成本类　　B. 盘存类

C. 调整类　　D. 结算类

32. "主营业务收入"账户按经济内容分类属于损益类，按用途和结构分类属于(　　)。

A. 结算类　　B. 盘存类

C. 调整类　　D. 集合汇转类

33. “制造费用”账户按用途和结构分类属于集合分配类，按经济内容分类属于(　　)。

A. 结算类　　B. 盘存类

C. 成本类　　D. 集合汇转类

34. “生产成本”账户按用途和结构分类属于成本计算账户，按经济内容分类属于(　　)。

A. 结算类　　B. 盘存类

C. 成本类　　D. 集合汇转类

35. 企业银行存款日记账与银行对账单的核对属于（　　）。

A. 账实核对　　B. 账账核对

C. 账证核对　　D. 账表核对

36. 企业的结账时间应为（　　）。

A. 每项业务记账后　　B. 每日终了时

C. 会计期间终了时　　D. 会计报表编制后

37. 对银行存款进行清查时，应将（　　）与银行对账单逐笔核对。

A. 银行存款总账　　B. 银行存款日记账

C. 银行支票备查簿　　D. 库存现金日记账

38. 现金出纳每天工作结束前都要将库存现金日记账结清并与库存现金实存数核对，这属于（　　）。

A. 账账核对　　B. 账证核对

C. 账实核对　　D. 账表核对

39. 在下列有关账项核对中，不属于账账核对的内容是（　　）。

A. 总账账户借方余额与其明细账借方余额合计相核对

B. 总账账户借方发生额合计与其明细账借方发生额合计相核对

C. 银行存款日记账余额与其总账余额相核对

D. 银行存款日记账余额与银行对账单相核对

二、多项选择题

1. 多栏式明细账适用于（　　　）的明细分类核算。

A. 应收账款　　B. 主营业务收入

C. 库存商品　　D. 管理费用

2. 总分类账与明细分类账平行登记的要点有（　　　）。

A. 方向一致　　B. 同期登记

C. 金额相等　　D. 数量相同

3. 下列各项中，适合采用红字冲销法的有（　　）。
A. 记账凭证无误，但记账时出现的数字错误
B. 因记账凭证中会计科目错误导致的记账错误
C. 因记账凭证中借贷方向错误导致的记账错误
D. 记账凭证中科目、方向正确，但所记金额大于应记金额
4. 下列各项中，通常采用订本式账簿的有（　　）。
A. 总分类账　　B. 明细分类账
C. 现金日记账　　D. 银行存款日记账
5. 账簿按其外表形式可以分为（　　）账簿。
A. 总分类　　B. 明细分类
C. 订本式　　D. 活页式
6. 下列各项中，可以作为登记明细分类账的依据的有（　　）。
A. 记账凭证　　B. 原始凭证
C. 购货合同　　D. 费用预算
7. 下列各项中可使用活页式账簿的有（　　）。
A. 原材料总账　　B. 原材料明细账
C. 应收账款总账　　D. 应收账款明细账
8. 各单位必须设置的账簿有（　　）。
A. 总分类账　　B. 库存现金日记账
C. 银行存款日记账　　D. 备查账
9. 下列账簿中属于分类账簿的有（　　）。
A. 应付账款总账　　B. 生产成本明细账
C. 银行存款日记账　　D. 实收资本总账
10. 下列各项中，使用红色墨水记账的有（　　）。
A. 采用红字冲销法更正错账时
B. 采用补充登记法更正错账时
C. 余额栏前未印明金额方向的，在余额栏内登记负数余额时
D. 在不同时设置借、贷栏的多栏式账簿中登记减少数时
11. 下列各项中，可以作为现金日记账记账依据的有（　　）。
A. 银行存款收款凭证　　B. 现金收款凭证
C. 银行存款付款凭证　　D. 现金付款凭证
12. 会计账簿按用途可以分为（　　）。
A. 序时账　　B. 分类账
C. 订本账　　D. 备查账
13. 错账查找方法有（　　）。
A. 余数法　　B. 差数法
C. 除二法　　D. 除九法
14. 错账更正方法有（　　）。

A. 划线更正法　　B. 红字冲销法
C. 补充登记法　　D. 涂改法

15. 下列各项中，应采用数量金额式账簿的有（　　）。
A. 银行存款日记账　　B. 库存商品明细账
C. 应收账款明细账　　D. 原材料明细账

16. 账簿的基本构成包括（　　）。
A. 封面　　B. 扉页
C. 使用说明　　D. 账页

17. 账簿按账页格式分类包括（　　）。
A. 三栏式　　B. 多栏式
C. 数量金额式　　D. 卡片式

18. 明细分类账对总分类账起（　　）作用。
A. 统驭　　B. 控制
C. 补充　　D. 详细说明

19. “主营业务成本”账户按用途和结构分类属于（　　）账户，按经济内容分类属于(　　)。
A. 损益类　　B. 盘存类
C. 成本类　　D. 集合汇转类

20. 下列说法正确的有（　　）。
A. 按用途和结构分类，“预付账款”属于结算类账户
B. 按用途和结构分类，“预收账款”属于结算类账户
C. 按经济内容分类，“预付账款”属于负债类账户
D. 按经济内容分类，“预收账款”属于负债类账户

21. 下列各项中，属于按用途和结构分类的有（　　）。
A. 成本账户　　B. 成本计算账户
C. 损益账户　　D. 集合汇转账户

22. 下列各项中，属于按经济内容分类的有（　　）。
A. 成本账户　　B. 成本计算账户
C. 损益账户　　D. 集合汇转账户

23. 下列各项中，属于调整类账户的有（　　）。
A. 坏账准备　　B. 本年利润
C. 累计折旧　　D. 利润分配

24. 下列各项中，属于盘存类账户的有（　　）。
A. 固定资产　　B. 累计折旧
C. 库存商品　　D. 原材料

25. 下列各项中，不属于资产类的有（　　）。
A. 预收账款　　B. 应收账款
C. 应付票据　　D. 预付账款

26. 下列各项中，属于集合汇转类账户的有（　　　）。

A. 主营业务成本　　B. 其他业务成本

C. 其他业务收入　　D. 生产成本

27. 对账就是核对账目，包括（　　　）。

A. 账证核对　　B. 账账核对

C. 账实核对　　D. 账表核对

28. 下列各项中，属于账实核对的有（　　　）。

A. 银行存款日记账与银行对账单核对

B. 应收账款明细账与对方单位核对

C. 原材料明细账与仓库实存材料核对

D. 库存商品明细账与仓库实存商品核对

三、判断题

1. 现金日记账和银行存款日记账的外表形式必须采用订本式账簿。（　）
2. 序时账簿是按经济业务发生时间的先后顺序逐日逐笔连续登记的账簿。（　）
3. 记账时应使用蓝黑墨水或碳素墨水的钢笔书写，不得使用铅笔、圆珠笔书写。（　）
4. 原材料应采用多栏式明细账进行明细分类核算。（　）
5. 结账之前发现账簿所记录的文字或数字错误，而记账凭证并没有错，可用划线更正法更正。（　）
6. 记账以后，发现记账凭证中应借应贷科目错误，应采用红字冲销法更正。（　）
7. 备查账簿是对其他账簿记录的一种补充，与其他账簿之间存在依存和勾稽关系。（　）
8. 记账人员调动工作或离职时，应按规定办理交接手续。（　）
9. 在填制记账凭证时，将320元误记为230元，并已登记入账。月末结账前发现错误，更正时应采用划线更正法。（　）
10. 如果将应记入某账户借方的金额，误记到该账户的贷方，这类错误可以通过差数法查找。（　）
11. 记账时必须根据审核无误的会计凭证进行登记。（　）
12. 任何单位都必须设置总分类账，而且总分类账的外表形式都必须采用订本式。（　）
13. 企业的出纳员除了负责现金的收付以外，还应登记现金和银行存款日记账，但不得负责债权债务账目的登记工作。（　）
14. 红色墨水仅限于结账、划线更正时使用。（　）
15. 一般来说，总分类账、日记账和大多数明细账，每年应更换一次新账。（　）
16. 备查账簿没有固定格式，一般根据各单位会计核算和经营管理的需要而设置。（　）

17. 会计账簿是连接会计凭证与会计报表的中间环节，在会计核算中具有承前启后的作用，是编制会计报表的基础。（　　）

18. 采用划线更正法更正数字错误时，只需要更正个别错误数码即可。（　　）

19. 结算类账户是用来反映企业同其他单位或个人之间债权、债务结算情况的账户，它又分为债权结算账户和债务结算账户两类。（　　）

20. 债权结算账户又称资产结算账户，是用来反映企业同各个债务单位或个人之间的债权结算业务的账户，如应收账款、应收票据、预收账款等。（　　）

21. 盘存账户是用来反映各项实物资产和货币资金增减变动及其结存情况的账户，如固定资产、累计折旧、原材料、库存现金等。（　　）

22. 盘存账户、资本账户、结算账户、成本类账户等都是按账户的用途和结构分类的。（　　）

23. 财务费用、管理费用、制造费用、销售费用都属于集合汇转类账户。（　　）

24. 坏账准备、利润分配、累计折旧、材料成本差异等账户都是备抵调整账户。（　　）

25. 集合汇转账户就是集合分配账户。（　　）

26. 利润分配账户按用途结构分类属于调整账户，按经济内容分类属于所有者权益账户。（　　）

27. 累计折旧账户按用途结构分类属于调整账户，按经济内容分类属于所有者权益账户，因为其余额在贷方。（　　）

28. 坏账准备账户按用途结构分类属于调整账户，按经济内容分类属于资产账户。（　　）

29. 制造费用账户按经济内容分类属于成本类，按用途结构分类属于集合分配账户。（　　）

30. 预付账款账户按用途结构分类属于结算类，按经济内容分类属于负债类。（　　）

职业实践能力训练

实训一　日记账的登记

（一）目的

掌握库存现金日记账、银行存款日记账的登记。

（二）要求

1. 根据资料 1 开设库存现金日记账和银行存款日记账，并过入期初余额。
2. 根据资料 2 登记库存现金日记账和银行存款日记账，并逐笔结出余额。

（三）资料

1. 东岳公司2019年6月1日“库存现金”账户期初余额为5 000元，“银行存款”账户期初余额为2 520 000元。

2. “项目三”实训四中所编制的记账凭证。

实训二 明细账的登记

（一）目的

掌握三栏式明细分类账的登记。

（二）要求

1. 开设“应收账款——A单位”“应付账款——B单位”明细账户，并过入期初余额。

2. 根据下列经济业务填制记账凭证。

3. 根据审核无误的记账凭证登记“应收账款——A单位”“应付账款——B单位”明细账户，其余账户从略。

（三）资料

宏瑞公司2019年6月1日“应收账款——A单位”账户期初余额为33 900元。6月发生下列往来业务：

1. 2日，收到A单位还来欠款33 900元，存入银行。

2. 2日，从B单位购入甲材料50 000元，增值税6 500元，货款尚未支付。

3. 3日，从B单位购入乙材料80 000元，增值税10 400元，货款尚未支付。

4. 5日，向A单位销售M产品100 000元，增值税13 000元，货款尚未收回。

5. 6日，收到A单位转账支票一张，面值113 000元，当日送存银行。

6. 7日，签发转账支票一张，偿还前欠B单位货款146 900元。

7. 9日，从B单位购进甲材料30 000元，增值税3 900元，以银行存款支付20 000元，其余暂欠。

8. 9日，向A单位销售N产品60 000元，增值税7 800元，当即收到50 000元，存入银行，其余暂欠。

9. 10日，向A单位销售M产品50 000元，增值税6 500元，货款尚未收到。

10. 12日，以银行存款偿还B单位货款13 900元。

11. 15日，向B单位购进乙材料40 000元，增值税5 200元，货款暂欠。

12. 18日，以银行存款归还B单位货款20 000元。

13. 19日，以银行存款归还B单位货款25 200元。

14. 22日，向A单位销售M产品80 000元，增值税10 400元，当日办妥委托银行收款手续。

15. 23日，收到A单位还来前欠货款74 300元，存入银行。

16. 26日，接银行通知，委托银行向A单位收取的货款90 400元已收妥入账。

实训三　明细账的登记

（一）目的

掌握数量金额式明细分类账的登记。

（二）要求

1. 根据资料 1 开设原材料明细分类账户。

2. 根据资料 2 直接登记原材料明细分类账户，并随时结出结存数量。

（三）资料

1. 瑞祥公司 2019 年 6 月 1 日“原材料”总账余额为 180 000 元，其中：甲材料 1 000 千克，60 元/千克，计 60 000 元；乙材料 3 000 千克，40 元/千克，计 120 000 元。

2. 6 月发生下列材料收发业务：

（1）2 日，甲材料入库 2 000 千克，60 元/千克，计 120 000 元。

（2）3 日，发出甲材料 1 500 千克。

（3）4 日，乙材料入库 2 000 千克，40 元/千克，计 80 000 元。

（4）6 日，甲材料入库 3 000 千克，60 元/千克，计 180 000 元；乙材料入库 2 000 千克，40 元/千克，计 80 000 元。

（5）8 日，甲材料发出 2 000 千克；乙材料发出 3 000 千克。

（6）10 日，乙材料发出 1 500 千克。

（7）12 日，乙材料入库 3 000 千克，40 元/千克，计 120 000 元。

（8）15 日，甲材料发出 1 500 千克；乙材料发出 2 500 千克。

（9）18 日，甲材料入库 3 000 千克，60 元/千克，计 180 000 元；乙材料入库 2 000 千克，40 元/千克，计 80 000 元。

（10）22 日，乙材料发出 1 600 千克。

（11）25 日，甲材料入库 2 000 千克，60 元/千克，计 120 000 元。

（12）28 日，甲材料发出 3 000 千克；乙材料发出 1 200 千克。

实训四　平行登记

（一）目的

掌握总账与明细账的平行登记。

（二）要求

1. 根据资料 1 开设“原材料”和“应付账款”总账和明细账户。

2. 根据下列经济业务填制记账凭证。

3. 根据审核无误的记账凭证登记“原材料”“应付账款”总账和明细账。

4. 将总账余额与明细账余额之和核对，检查是否正确。

（三）资料

1. 吉瑞公司 2019 年 7 月初有关账户余额如下：

“原材料”总分类账户的借方余额为54 500元。其中甲材料3 000千克，5元/千克，计15 000元；乙材料5 000千克，7.9元/千克，计39 500元。

“应付账款”总分类账户的贷方期初余额为45 000元。其中A公司25 000元，B公司20 000元。

2. 该公司7月发生下列经济业务：

（1）3日，从A公司购入甲材料1 000千克，单价5元，计5 000元，增值税税额为650元；从B公司购入乙材料2 000千克，单价为7.9元，计15 800元，增值税2 054元。材料验收入库，货款尚未支付。

（2）6日，以银行存款25 000元偿还前欠A公司货款。

（3）7日，由B公司购入乙材料500千克，单价为7.9元，计3 950元，增值税513.50元。材料入库，货款暂欠。

（4）11日，以银行存款20 000元偿还前欠B公司货款。

（5）13日，以银行存款支付A公司货款5 650元，B公司货款22 317.50元。

（6）16日，为生产M产品领用甲材料2 000千克，5元/千克，计10 000元；领用乙材料3 000千克，7.9元/千克，计23 700元。

（7）18日，由A公司购入甲材料400千克，单价为5元，计2 000元，增值税税额为260元。材料入库，货款暂欠。

（8）21日，为生产M产品领用甲材料700千克，5元/千克，计3 500元。

（9）22日，为生产M产品领用乙材料1 200千克，7.9元/千克，计9 480元。

（10）30日，由B公司购入乙材料600千克，单价为7.9元，计4 740元，增值税税额为616.20元。材料入库，货款暂欠。

（11）30日，由A公司购入甲材料4 000千克，单价5元，计20 000元，增值税税额为2 600元。材料入库，货款暂欠。

（12）31日，为生产M产品领用甲材料700千克，5元/千克，计3 500元。

实训五　错账更正

（一）目的

掌握错账的更正方法。

（二）要求

找出下列账务处理中的错误之处，并采用适当方法更正错误。

（三）资料

假定某企业2019年8月发生下列错账：

1. 2日，支付厂部办公费1 200元，以银行存款支付。

2. 5日，向银行借入9个月期限的借款200 000元，存入银行存款户。

3. 6日，从银行提取现金2 340元。

4. 9日，收到外单位还来前欠货款5 860元，存入银行。

5. 12日，收到其他单位投入的专利权一项，作价200 000元。

6. 15 日，管理人员林涛出差，预借差旅费 3 700 元，以现金付讫。

7. 18 日，以银行存款归还长期借款 500 000 元。

8. 22 日，以银行存款支付广告费 80 000 元。

根据上述经济业务编制如下会计分录：

分录	借方金额	贷方金额
1. 借：销售费用	1 200	
贷：银行存款		1 200
2. 借：银行存款	200 000	
贷：长期借款		200 000
3. 借：库存现金	2 430	
贷：银行存款		2 430
4. 借：银行存款	5 680	
贷：应收账款		5 680
5. 借：无形资产	20 000	
贷：实收资本		20 000
6. 借：管理费用	3 700	
贷：库存现金		3 700
7. 借：银行存款	500 000	
贷：长期借款		500 000
8. 借：销售费用	80 000	
贷：银行存款		80 000

以上所编会计分录已登记入账（如图 4－16 至图 4－23 所示）：

借方	银行存款		贷方
期初余额：	200 000		
(2)	200 000	(1)	1 200
(4)	5 680	(3)	2 430
(7)	500 000	(8)	80 000

图 4－16　银行存款账户记录

借方	库存现金		贷方
期初余额：3 000			
(3)	2 430	(6)	3 700

图 4－17　库存现金账户记录

借方	应收账款		贷方
期初余额：	5 860		
		(4)	5 680

图4－18　应收账款账户记录

借方	无形资产		贷方
期初余额：	100 000		
(5)	20 000		

图4－19　无形资产账户记录

借方	长期借款		贷方
		期初余额：	800 000
		(2)	200 000
		(7)	500 000

图4－20　长期借款账户记录

借方	实收资本		贷方
		期初余额：	6 000 000
		(5)	20 000

图4－21　实收资本账户记录

借方	管理费用		贷方
(6)	3 700		

图4－22　管理费用账户记录

借方	销售费用		贷方
(1)	1 200		
(8)	8 000		

图4－23　销售费用账户记录

职业拓展能力训练

拓展训练一　账户分类

（一）目的

练习账户按用途和结构分类。

（二）要求

1. 指出资料中各账户按用途和结构分类的类别。
2. 计算各账户的期末余额。
3. 计算原材料的实际成本、应收账款净额、固定资产净值。

（三）资料

某企业2019年3月部分账户资料如图4－24至图4－29所示。

借方	原材料		贷方
期初余额：	980 000		
本期发生额：	2 175 000	本期发生额：	2 300 000
期末余额：			

图4－24　原材料账户记录

借方	材料成本差异		贷方
期初余额：	10 000		
本期发生额：	25 000	本期发生额：	22 000
期末余额：			

图4－25　材料成本差异账户记录

借方	应收账款		贷方
期初余额：	50 000		
本期发生额：	20 000	本期发生额：	10 000
期末余额：			

图4－26　应收账款账户记录

借方	坏账准备		贷方
		期初余额：	200
本期发生额：	460	本期发生额：	500
		期末余额：	

图 4－27　坏账准备账户记录

借方	固定资产		贷方
期初余额：	3 200 000		
本期发生额：	50 000	本期发生额：	110 000
期末余额：			

图 4－28　固定资产账户记录

借方	累计折旧		贷方
		期初余额：	620 000
本期发生额：	12 000	本期发生额：	35 000
		期末余额：	

图 4－29　累计折旧账户记录

拓展训练二　账户分类

（一）目的

综合练习账户的分类。

（二）要求

将下列账户按经济内容分类、按用途和结构分类，并将账户名称填入表 4－19 相应处。

（三）资料

某公司在日常会计核算中设置了以下账户：

应收账款　银行存款　短期借款　销售费用　预收账款
本年利润　预付账款　库存商品　利润分配　库存现金
累计折旧　固定资产　管理费用　应付账款　生产成本
制造费用　盈余公积　原材料　实收资本　主营业务收入
主营业务成本

表 4－19　　　　　　　　　　　　　账户分类表

分　　类	资产账户	负债账户	所有者权益	成本账户	损益账户
盘存账户					
结算账户					
资本账户					
集合分配账户					
集合汇转账户					
成本计算账户					
财务成果账户					
调整账户					

项目五

期末处理

学习目标

1. 能运用先进先出法计算确定发出存货和期末存货成本
2. 能运用加权平均法计算确定发出存货和期末存货成本
3. 会进行预收收入、应计收入、预付费用、应计费用的调整
4. 会进行实物财产、货币资金和往来账项的清查
5. 会进行财产清查结果的处理

任务一

确定期末存货成本

【任务案例】

2019年7月1日，新华公司结存208型钢板1 000千克，单价50元，总计金额50 000元。本月份该材料收发情况如表5－1所示。会计人员林传文计算确定期末结存和本期发出材料成本。

表 5-1 材料收发统计表

2019 年		收料			发料数量
月	日	数量	单价	金额	
7	3	2 000	53	106 000	
	9				1 800
	12				1 000
	19	2 000	55	110 000	
	22				1 500

思考：在以上材料收发统计表中，发出材料只记录了数量，如何计算确定其成本？

【知识准备】

财产物资的盘存制度

要确定期末存货成本，首先要确定期末存货数量。期末存货数量的确定，取决于存货盘存制度。存货盘存制度有永续盘存制和实地盘存制两种。

（一）永续盘存制

永续盘存制也称“账面盘存制”，是指对各项财产物资的增减变动情况，都根据会计凭证在有关账簿中进行连续登记，并随时在账面上结算出各项财产物资结存数的一种盘存制度。采用这种盘存制度，可以随时掌握和了解各项财产物资增减变动和结存情况，便于加强财产物资的管理。因此，一般情况下，各单位均应采用永续盘存制。

采用“永续盘存制”，虽然能在账面上及时地反映各项财产物资的结存数，但是由于存在各种原因，可能会发生账实不符的情况。所以，采用永续盘存制的企业、单位，对财产物资仍必须进行定期或不定期的清查盘点，以便核对账存数和实存数是否相符。永续盘存制期末账面存货数的计算公式如下：

期末结存数 = 期初结存数 + 本期增加数 - 本期发出数

（二）实地盘存制

实地盘存制是指对各项财产物资平时在账簿中只登记增加数，不登记减少数，月末根据实地盘点的结存数来倒挤财产物资的减少数，并据以登记有关账簿的一种盘存制度。其计算公式如下：

本期减少数 = 期初结存数 + 本期增加数 - 期末实存数

可见，在实地盘存制下，对各项财产物资进行实地清查盘点的主要目的，是为了确定其实存数，进而计算减少数，并作为在有关账簿中登记其减少数的依据。

在永续盘存制下，财产物资的收、发、存都能在账上得以全面、完整地反映，便于对财产物资进行有效的管理。但其财产物资明细分类核算工作量较大。在实际工作中，除了那些价值低廉，在管理上实行永续盘存制有困难的财产物资外，一般都采用永续盘存制。

实地盘存制手续比较简便，但不能随时反映库存物资的收入、发出、结存动态；同时，由于以存计耗或以存计销，倒挤耗用成本或销售成本，就会把非耗用或非销售的库存物资损耗、差错事故和短缺等全部挤入耗用或销售成本之中，从而削弱了对库存物资的控制和监督作用，不利于加强财产物资的管理，影响了成本计算的正确性。因此，实地盘存制只适用于价值低、品种杂、收发频繁的财产物资，以及损耗大，数量、质量不稳定的鲜活商品。在实际工作中，若采用实地盘存制，应制定相应的管理措施，以加强财产物资的管理。

由上可知，不论采用哪种盘存制度，都必须对财产物资进行定期或不定期的清查盘点，只是清查盘点的目的不同而已。

【任务处理】

一、先进先出法

企业采用永续盘存制或实地盘存制确定了期末存货数量和本期发出存货数量后，还要计算期末存货成本和发出存货成本。由于会计期间收进的存货其单价往往不一致，因此，存在如何确定存货单位成本的问题。常用的确定存货单位成本的方法有先进先出法、加权平均法等。

先进先出法是假定先入库的存货先发出，按先入库存货的单价作为发出存货的单价，计算发出存货成本的方法。采用这种方法的具体做法是：先按存货的期初结存单价计算发出存货的成本，期初结存数量发完后，再按第一批入库存货的单价计算，依次类推，计算发出存货成本和结存存货金额。

【例5－1】按照【任务案例】资料，会计人员林传文采用先进先出法计算本月发出材料成本和月末结存材料金额如表5－2所示。

表5－2　原材料明细分类账

类别：原料及主要材料　品名或规格：208型钢板　计量单位：千克　存放地点：1库

2019年		凭证		摘要	收入			发出			结存		
月	日	字	号		数量	单价	金额	数量	单价	金额	数量	单价	金额
7	1			期初结存							1 000	50	50 000
	3	略	略	购进入库	2 000	53	106 000				1 000 2 000	50 53	50 000 106 000
	9			车间领用				1 000 800	50 53	50 000 42 400	1 200	53	63 600
	12			车间领用				1 000	53	53 000	200	53	10 600

续表

2019年		凭证		摘要	收入			发出			结存		
月	日	字	号		数量	单价	金额	数量	单价	金额	数量	单价	金额
	19			购进入库	2 000	55	110 000				200 2 000	53 55	10 600 110 000
	22			车间领用				200 1 300	53 55	10 600 71 500	700	55	38 500
				本月合计	4 000		216 000	4 300		227 500	700	55	38 500

采用先进先出法能随时结出发出存货的成本和结存存货的金额，而且结存存货的金额接近市场价格，但每次发货要根据先入库存货的单价计价，计算工作量较大。

二、加权平均法

加权平均法是指在一个计算期内综合计算存货的加权平均单价，进而计算期末结存金额和本期发出存货成本的方法。

其计算公式如下：

$$\text{加权平均单价} = \frac{\text{期初结存金额} + \text{本期增加金额}}{\text{期初结存数量} + \text{本期增加数量}}$$

期末结存存货金额 = 期末结存数量 × 加权平均单价

本期发出存货成本 = 本期发出数量 × 加权平均单价

或 = 期初结存金额 + 本期增加金额 - 期末结存金额

【例 5-2】仍依【任务案例】资料，若采用加权平均法计算本月发出材料成本和月末结存材料金额如表 5-3 所示。

表 5-3　　原材料明细分类账

类别：原料及主要材料　　品名或规格：208 型钢板　　计量单位：千克　　存放地点：1 库

2019年		凭证		摘要	收入			发出			结存		
月	日	字	号		数量	单价	金额	数量	单价	金额	数量	单价	金额
7	1			期初结存							1 000	50	50 000
	3	略	略	购进入库	2 000	53	106 000				3 000		
	9			车间领用				1 800			1 200		
	12			车间领用				1 000			200		
	19			购进入库	2 000	55	110 000				2 200		
	22			车间领用				1 500			700		
				本月合计	4 000		216 000	4 300		228 760	700	53.20	37 240

$$\text{加权平均单价} = \frac{50\ 000 + 216\ 000}{1\ 000 + 4\ 000} = 53.20\ (\text{元})$$

期末结存材料金额 = 700 × 53.20 = 37 240（元）

本期发出材料成本 = 4 300 × 53.20 = 228 760（元）

或 = 50 000 + 216 000 − 37 240 = 228 760（元）

采用加权平均法计算发出存货的成本比较均衡，计算比较简便。但由于成本计算必须在月末进行，因此平时无法掌握存货的结存金额。

任务二 期末账项调整

【任务案例】

2019 年 7 月，新华公司发生下列经济事项，这些业务并无外来原始凭证，但都是属于本期的业务，统称为期末账项调整业务。月末，会计主管邱天主持期末账项调整工作，会计人员张质彬、林传文分工负责各自有关账簿涉及的有关业务的调整。

1. 7 月 1 日，向华信商店出租门头房，协议规定，租金每月为 5 000 元，每季末结算一次。

2. 7 月 1 日，向华丰商店出租门头房，协议规定，租金每月为 5 000 元，预收半年的租金，存入银行。

3. 7 月 2 日，企业将租入的管理用固定资产进行改良，以银行存款支付改良费用 120 000 元。领导决定在租赁期限两年内分期摊销。

4. 7 月 2 日，从建设银行借入三年期借款 1 000 000 元。借款合同规定，年利率为 6%，利息每季末支付一次，到期还本。

5. 7 月 31 日，请北园设备修理厂维修企业生产设备，修理费为 8 600 元尚未支付。

6. 7 月 31 日，经计算，本月应交城市维护建设税 3 000 元，教育费附加 1 700 元，尚未交纳。

思考：如果会计人员没有对这些应该进行期末账项调整的经济业务进行处理，会产生什么样的后果？

【知识准备】

一、会计核算基础

根据《企业会计准则》的规定，企业应当以权责发生制为基础进行会计确认、计量和报告。权责发生制是指收入和费用的确认应当以收入和费用是否归属于本期作为标准，而不论款项是否在本期收到或付出。凡应属于本期的收入和费用，无论款项是否收付，都应当作为本期的收入和费用处理；凡是不属于本期的收入和费用，即使款项已经在本期收付，也不应作为本期的收入和费用。与权责发生制相对应的确认基础是收付实现制，收付实现制是以收到或支付现金作为确认收入和费用的依据。

权责发生制主要是从时间上规定会计确认的基础，是与收付实现制相对应的一个概念，权责发生制所反映的经营成果与现金的收付是不一致的。在真实核算企业财务状况和经营成果方面，权责发生制比收付实现制具有较大的优越性。但采用权责发生制反映企业财务状况也存在局限性，如企业实现了较高的销售利润率，但现金流量性差时，可能遇到资金周转困难。企业可以通过编制现金流量表，以弥补权责发生制的不足。

二、期末账项调整的内容

账项调整是指将应该归属于本期而尚未入账的收入和费用，按照权责发生制的会计核算基础调整入账。

由于会计核算是分期进行的，在某一会计期间内，有的经济业务虽然已经收款，但由于商品或劳务尚未提供，所以不能归属于本期的收入，如预收账款业务；有的经济业务虽已付款，但本期尚未受益，那就不能归属于本期的费用，如长期待摊费用。反之，有的经济业务收入已经实现，虽然还没有收到款项，但应归属于本期的收入，如应收账款业务；有的经济业务费用已经发生，虽然还没有支付款项，但应归属于本期的费用，如应付利息业务。为了正确确认本期的收入和费用，准确地反映企业的利润，在会计期末就需要将这些收入和费用进行账项调整。

【任务处理】

账项调整一般包括应计收入、预收收入、应计费用、预付费用的调整。

一、应计收入的账项调整

应计收入是指应归属本期但尚未收到的收入。它主要指尚未到达享有债权的约定时期，而平时未予记录或不可能记录的当期收入，如应收出租房屋的租金收入等。在会计期间结束，编制报表之前，需要将这种未入账的应计收入计算入账，以使收入恰当地归属到应归入的会计期间。

企业于期末确认收入，而款项尚未收到时，借记“应收账款”账户，贷记“其他业务收入”等账户；实际收取款项时，再借记“银行存款”账户，贷记“应收账款”账户。

【例 5-3】根据【任务案例】，2019 年 7 月 1 日，向华信商店出租门头房，协议规定，租金每月为 5 000 元，每季末结算一次。7 月末应编制调整分录如下：

借：应收账款——华信商店　　5 000

　　贷：其他业务收入　　5 000

8月末做与上述分录相同的处理。

待9月末收到租金时，编制会计分录如下：

借：银行存款　　15 000

　　贷：应收账款——华信商店　　10 000

　　　　其他业务收入　　5 000

二、预收收入的账项调整

预收收入是指款项已于前期收到，但应归属于后期的收入。企业发生预收收入，在商品或劳务尚未提供前，是企业的暂收款项，是对预付单位的一项负债，只有在交付商品或提供劳务后，才能确认其为收入。如预收销货款、预收出租固定资产租金等。

企业取得预收收入时，借记“银行存款”账户，贷记“预收账款”账户；在确认收入实现时，再借记“预收账款”账户，贷记“主营业务收入”“其他业务收入”等账户。

【例5-4】根据【任务案例】，2019年7月1日，向华丰商店出租门头房，协议规定，租金每月为5 000元，预收半年的租金为30 000元存入银行。有关业务处理如下：

7月1日预收收入：

借：银行存款　　30 000

　　贷：预收账款——华丰商店　　30 000

7月至12月，每月末调整收入：

借：预收账款——华丰商店　　5 000

　　贷：其他业务收入　　5 000

三、预付费用的账项调整

预付费用是指款项已经支付，但受益期涉及多个会计期间，应由本期及以后各期负担的费用。如以经营租赁方式租入固定资产发生的改良支出等。

企业支付款项时，借记“长期待摊费用”账户，贷记“银行存款”账户；分期摊销时，借记“管理费用”等账户，贷记“长期待摊费用”账户。

【例5-5】根据【任务案例】，2019年7月2日，企业将租入的管理用固定资产进行改良，以银行存款支付改良费用120 000元。领导决定在租赁期限两年内分期摊销。有关业务处理如下：

（1）支付改良费用时：

借：长期待摊费用　　120 000

　　贷：银行存款　　120 000

（2）在两年内每月平均分摊改良费用时：

借：管理费用——其他　　5 000

　　贷：长期待摊费用　　5 000

四、应计费用的账项调整

应计费用是指本期已经发生或已经受益，但尚未支付款项的费用。尚未支付的款项形成企业的一项负债，如应付利息、应交税费等。

【例 5-6】根据【任务案例】，2019 年 7 月 2 日，从建设银行借入三年期借款 1 000 000 元。借款合同规定，年利率为 6%，利息每月末计提，季末支付，到期偿还本金。

该项经济业务涉及“财务费用”和“应付利息”两个账户。计算本月应负担的利息费用时，记入“财务费用”账户借方，同时将应付未付银行的利息记入“应付利息”账户的贷方。编制会计分录如下：

（1）7、8 月末计算应付利息时，分别记：

借：财务费用——利息支出	5 000	
贷：应付利息——建设银行		5 000

（2）9 月末支付利息时：

借：应付利息——建设银行	10 000	
财务费用——利息支出	5 000	
贷：银行存款		15 000

【例 5-7】根据【任务案例】，2019 年 7 月 31 日，请北园设备修理厂维修企业生产设备，修理费 8 600 元尚未支付。

该项经济业务涉及“管理费用”和“应付账款”两个账户。生产设备修理费应记入“管理费用”账户借方，应付而未付的款项应记入“应付账款”账户的贷方。编制会计分录如下：

借：管理费用——修理费	5 000	
贷：应付账款——北园设备修理厂		5 000

【例 5-8】根据【任务案例】，2019 年 7 月 31 日，经计算，本月应交城市维护建设税 3 000 元，教育费附加 1 700 元，尚未交纳。

该项经济业务涉及“税金及附加”和“应交税费”两个账户。应归属本期的税费应记入“税金及附加”账户借方，应付未付的税费应记入“应交税费”账户的贷方。编制会计分录如下：

借：税金及附加	4 700	
贷：应交税费——应交城市维护建设税		3 000
——应交教育费附加		1 700

【知识拓展】

相关账户介绍

1. 长期待摊费用

本账户属资产类，用来核算企业已经发生但应由本期和以后各期负担的分摊期限在 1

年以上的各项费用，如以经营租赁方式租入的固定资产发生的改良支出等。发生长期待摊费用时，记借方；分期摊销时，记贷方；期末余额在借方，反映企业尚未摊销完毕的长期待摊费用。本账户可按费用项目进行明细核算。

2. 应付利息

本账户属负债类，用来核算企业按照合同约定应支付的利息，包括分期付息到期还本的长期借款、短期借款、企业债券等应支付的利息等。期末计算确定利息费用时，记贷方；实际支付利息时，记借方；期末余额在贷方，反映企业应付未付的利息。本账户可按债权人进行明细核算。

任务三

财产清查

【任务案例】

2019年7月1日，新华公司收到银行转来6月份对账单，对账单余额为389 000元，而本公司银行存款日记账6月30日余额为394 150元。出纳员王海将银行对账单与银行存款日记账逐笔核对，找出未达账项，进行调节，以检查双方记账是否有错。

思考：为什么新华公司的银行存款日记账与银行对账单的银行存款余额不一致？是记账错误导致的吗？未达账项是怎样形成的？应该如何处理？

【知识准备】

一、财产清查的概念

财产清查是指通过对各项财产物资的盘点核对，确定财产物资的实际结存数，并查明实际结存数与账面结存数是否相符的一种专门方法。财产清查是为了加强财务管理，发挥会计监督职能的一项重要工作。由于财产物资的种类繁多，又各有特点，因而在清查时应按照一定的程序，采取有效的清查方法进行财产清查工作。

二、财产清查的种类

财产清查可按不同的分类方法进行分类。

（一）按财产清查的对象和范围分类

1. 全面清查

全面清查就是对本单位所有的财产物资、往来款项进行全面彻底的盘点、核对。就工业企业而言，全面清查的内容一般包括货币资金和有价证券、结算款项、各种存货、固定资产等。

全面清查内容多、范围广、工作量大、时间长，一般只在以下情况下进行：

（1）年终决算之前，要进行全面清查；

（2）单位撤销、合并、改变原来的隶属关系，或采取新的经营方式之前，要进行全面清查；

（3）开展资产评估、清产核资等活动，要进行全面清查；

（4）单位主要负责人调离工作，需要进行全面清查。

2. 局部清查

局部清查就是根据需要对一部分财产物资进行盘点和核对。一般情况下，其清查的对象主要是流动性较大的财产。就工业企业而言，一般主要对以下物资进行局部清查：

（1）流动性较大的财产物资，如原材料、在产品、库存商品等，除了年终进行全面清查外，年度内还要轮流盘点或重点抽查；

（2）各种贵重物资，每月都要进行清查，以防损失或破坏；

（3）对于库存现金，每日终了由出纳人员自行盘点一次；

（4）对于银行存款、借款，每月至少核对一次；

（5）其他各种债权、债务，每年至少应与有关单位核对一至两次。

通过局部清查，可以做到对重要物资、货币资金进行重点管理，对流动性大的物资进行经常管理，以确保企业财产物资的安全完整。

（二）按照财产清查的时间分类

按照财产清查的时间不同，可分为定期清查和不定期清查。

1. 定期清查

定期清查就是按照预先规定的时间或根据管理制度的规定对财产物资进行的清查。例如年度、季度和月份结账时所进行的清查，都是定期的财产清查。定期清查的对象和范围应根据实际情况和需要而定，可以进行全面清查，也可以进行局部清查。

2. 不定期清查

不定期清查也称临时清查，是指清查的时间不预先规定，而是根据需要临时对财产物资进行的清查。例如：更换财产物资和现金保管人员时，财产物资遭受非常灾害和意外损失时，发现贪污盗窃、营私舞弊等行为时，上级主管部门、财政和银行等部门对单位进行会计检查时等，所进行的清查都属于不定期清查。不定期清查的对象和范围可以是全面清查，也可以是局部清查，应根据实际需要而定。

【任务处理】

一、财产清查的内容和方法

（一）实物财产的清查

实物财产主要包括原材料、在产品、库存商品及固定资产等。由于它们的实物形态、体积重量、使用性能、生产用途和存放方式等不尽相同，因而清查的方法也有所不同。但以上实物都应从数量和质量两个方面进行清查。具体清查方法有实地盘点法和技术推断盘点法两种。

实地盘点法，就是通过逐一清点或用计量器具来确定实物财产实存数量的方法。这种方法适用范围较广，大多数实物财产的清查都可以采用这种方法。

技术推算盘点法，就是按照一定标准，推算出其实存数量的方法。这种方法适用于堆存量较大、体重廉价、难以逐一清点或计量的物资。如对大量成堆的煤炭、砂石等，就可以采用这种方法来推算确定其实存数量。

对于实物财产的质量检查方法，可根据不同实物分别采用物理、化学等不同的方法进行检查。

实物清查时要注意以下几点：

（1）盘点时实物保管人员要在场。

（2）要注意逐一盘点，不要遗漏或重复盘点。

（3）要注意实物质量是否完好，有没有缺损、霉烂、变质等情况，有的半成品还要注意其成套性。

（4）对于委托外单位加工、保管的材料，可通过信件询证的办法来证实。

清查结束后，应将清查结果如实登记在盘存单上，并由盘点人和实物保管人签名或盖章，以明确经济责任。盘存单是反映清查日实物财产数量和质量情况的书面证明。其一般格式如表5－4所示。

表5－4　　盘　存　单

财产类别：　　　　年　月　日　　　　第　　页

编　号	名　称	规格型号	计量单位	数　量	单　价	金　额	备　注

盘点人签章：　　　　　　　　实物负责人签章：

盘存单一般填制一式三份，一份由盘点人员留存备查，一份交实物保管人保存，一份交财会部门与账面记录相核对。

根据盘存单所列各种物资的盘点数量，财会部门应立即与账面结存数量相核对，并编制账存实存对比表，如表5－5所示。

表5－5 账存实存对比表

年 月 日

编号	品名及规格	计量单位	单价	实存		账存		盘盈		盘亏		备注
				数量	金额	数量	金额	数量	金额	数量	金额	

通过对比，确定各种实物财产的实存数与账存数之间的差异，以便据以查明发生差异的原因，明确经济责任，并做出适当的处理。同时账存实存对比表还是用以调整有关账簿记录的重要原始凭证。但在实际工作中，为了简化编表工作，账存实存对比表中通常只填列账实不符的财产物资，对于账实完全相符的财产物资不予填列。这样账存实存对比表主要是记录和反映财产物资盘盈、盘亏的，因此，“账存实存对比表”也称为“盘盈盘亏报告表”。

（二）货币资金的清查

货币资金包括库存现金、银行存款、其他货币资金和各种银行借款等款项。清查货币资金时要求收、付、存都符合制度规定和财经纪律。下面以库存现金和银行存款为例来说明货币资金的清查方法。

1. 库存现金的清查

库存现金的清查是通过实地盘点的方法，确定现金的实存数后，与现金日记账的账面结存数进行核对，以查明账实是否相符。盘点时，出纳员必须在场，如果发现长款、短款，必须当场会同出纳人员核实清楚。现金的清查，除了查明账实是否相符之外，还要注意有无违反现金管理制度的情况，如有无挪用现金和以“白条”抵充库存现金的现象以及现金库存限额的执行情况等。清查结束，应编制现金盘点报告表，并由盘点人员和出纳员签名或盖章。现金盘点报告表具有盘存单和账存实存对比表双重性质，既是反映现金实存数用以调整账簿记录的原始凭证，也是分析账实发生差异的原因、明确经济责任的重要依据。“现金盘点报告表”的一般格式如表5－6所示。

表5－6 现金盘点报告表

年 月 日

实存金额	账存金额	盘盈	盘亏	备注

盘点人签章： 出纳员签章：

2. 银行存款的清查

与实物、现金的清查方法不同，银行存款的清查是采用与开户银行核对账目的方法来进行的，即将银行送来的对账单与本单位银行存款日记账逐笔进行核对，以查明其是否相符。在同银行核对账目以前，应先检查本单位银行存款日记账，力求正确，然后与银行送来的对账单逐笔核对。在银行对账单上登记着本单位有关存款的存入、支用和结余的全部记录。必须指出，在实际工作中，银行对账单与本单位银行存款日记账的余额往往不相符。造成不相符的原因主要有两个方面：一是双方记账可能有差错，二是未达账项所致。所谓未达账项，是指企业或银行，一方已经入账，另一方因尚未接到有关凭证而未入账的账项。未达账项主要有以下四种情况：

（1）企业存入银行的款项，企业已作存款增加入账，但银行尚未入账。

（2）企业开出支票或其他付款凭证，企业已作存款减少入账，但银行尚未入账。

（3）银行代企业收到的款项，银行已作企业存款的增加入账，但企业尚未入账。

（4）银行代付的款项，银行已作企业存款的减少入账，但企业尚未入账。

上述四种情况中任何一种情况的发生，都会使双方的账面余额不相符。在（1）和（4）两种情况下，企业银行存款日记账的账面余额将大于银行对账单的余额；在（2）和（3）两种情况下，企业银行存款日记账的账面余额将小于银行对账单的余额。为了检查双方记账有无差错和查明银行存款的准确数字，就要首先排除未达账项的影响。因此，在清查中，应将企业银行存款日记账与银行对账单逐笔进行核对，找出未达账项，并据以编制银行存款余额调节表，其格式如表5－7所示。

银行存款余额调节表的编制方法，一般是在企业的账面余额和银行对账单余额的基础上，各自分别补记对方已入账而本单位尚未记账的账项金额，然后验证经调节后的双方余额是否相等。如果相等，一般情况下表明双方记账均正确无误；否则，就表明有记账错误，应进一步及时查找原因，予以改正。

下面举例说明银行存款余额调节表的编制方法：

【例5－9】依照【任务案例】，2019年6月底银行存款日记账余额为394 150元，银行对账单余额为389 000元。出纳员王海经逐笔核对，发现有下列未达账项：

（1）6月29日，企业开出转账支票6 000元，支付供货单位账款，支票尚未到达银行，银行尚未入账。

（2）6月29日，企业存入转账支票一张，计4 000元，银行尚未入账。

（3）6月30日，企业存入销货款现金12 000元，银行尚未入账。

（4）6月30日，银行代付水电费2 600元，企业尚未收到通知，没有入账。

（5）6月30日，银行计算应付给企业存款利息1 600元，已记入企业存款户，企业尚未收到通知，没有入账。

（6）6月30日，企业委托银行收取的货款5 850元，银行已收妥入账，但企业尚未收到收账通知，尚未入账。

根据上述未达账项，编制银行存款余额调节表如表5－7所示。

表 5－7 银行存款余额调节表

2019 年 7 月 1 日

项 目	金 额	项 目	金 额
企业银行存款日记账余额	394 150	银行对账单余额	389 000
加：企业未入账的收入款项		加：银行未入账的收入款项	
1. 存款利息	1 600	1. 存入转账支票	4 000
2. 托收款收回	5 850	2. 存入现金	12 000
减：企业未入账的支付款项		减：银行未入账的支付款项	
1. 银行代付水电费	2 600	1. 开出转账支票	6 000
调节后存款余额	399 000	调节后存款余额	399 000

表 5－7 所列双方余额经调节后是相等的，这表明双方的账簿记录一般没有差错，调节前之所以不相等，完全是由未达账项所致。

应注意的是，调节之后的银行存款余额，既不等于企业存款日记账账面余额，也不等于企业银行对账单余额，这个数字是企业即日银行存款的真正实有数额，即企业实际可动用的存款数额。另外，由于未达账项不是错账、漏账，因此不做任何的账务调整处理，双方账面仍应保持原来的余额。待收到有关凭证之后（即由未达账项变成已达账项），与正常业务一样处理。

（三）往来账项的清查

往来账项主要包括应收款、应付款、预收款及预付款等款项。这些应收、应付、预收、预付款项，既有对其他企业、单位的结算款项，也有对有关个人的结算款项；既有对外单位的结算款项，也有对本单位内部各个部门和个人的结算款项。在财产清查中应当区别情况，采用不同的方法加以查核。对于外部各单位的各种往来账项的清查与银行存款的清查一样，也是采取同对方核对账目的方法。清查单位应将有关结算款项全部登记入账，并在保证所登记账目正确完整的基础上，根据有关明细分类账的记录，按户编制往来账项对账单，寄发给对方单位进行核对。对方单位经过详细核对后，在往来账项对账单上注明相符或不相符的情况并盖章之后退回清查单位，作为清查结果的依据。清查单位收到退回的往来账项对账单后，对于错误的账目，应即刻查明并按规定手续予以更正；对于未达账项，其具体核对方法与银行存款的核对方法基本相同，即双方都应采用调节账面余额的方法进行核对。在进行往来账项清查的同时，还应清查有无双方发生争议的款项，以便及时采取措施，妥善解决。

对于本单位内部各部门之间的往来账项的清查，可以根据有关账簿记录进行核对，发现不符，应即刻查明原因，予以处理；对于职工的各种往来账项的清查，可以采取抄列清单与本人核对的方法，也可以采取定期公布的方法加以核对。

二、财产清查结果的处理

（一）财产清查结果处理的步骤

各单位通过财产清查，必然会发现财产物资管理工作、会计工作乃至整个经营管理工作中的问题，妥善地处理好这些问题，是财产清查工作的重要环节。同时，清查中发现的问题，也往往为以后改进工作提示了具体的措施。为了充分发挥财产清查的作用，促进企业、单位进一步管理好财产物资，必须对财产清查的结果在认真分析和调查研究的基础上，以有关法令制度为依据，按照规定的程序，严肃正确地加以处理。

财产清查结果的处理步骤，主要包括以下几个方面：

1. 查明各种盘盈、盘亏的原因，并按规定进行处理

对于财产清查中发现的各种财产物资的盘盈盘亏，在核实盘盈盘亏的数额以后，必须通过调查研究，查清原因，分清责任，并按规定进行处理。对于定额内的或是自然原因引起的盘盈盘亏，应当按规定办理手续及时转账。对于由于保管人员失职而引起的盘亏和损失，必须查清失职的情节，按规定的程序报请有关领导做出处理。对于贪污、盗窃案件，应当会同有关部门或报送有关单位处理。对于由于自然灾害引起的财产损失，如属已经向保险公司投保财产保险的，还应向保险公司索取赔偿。

2. 积极处理各种积压、多余物资及长期不清的债权、债务

对于财产清查中发现的积压、多余物资，应当认真处理，对于多余、积压物资的处理同样应当查明造成多余、积压的原因，然后分别进行处理。对于盲目采购、盲目建造或者因生产任务改变而造成的积压、多余物资，应当积极组织销售处理。对于因品种不配套而造成的半成品积压，应当调整生产计划，组织均衡生产，消除半成品的积压。在处理积压、多余物资的同时，对于利用率不高或闲置不用的固定资产，也必须查明原因积极处理，使所有固定资产都能做到物尽其用。

对于长期不清或有争议的债权、债务，要指定专人负责查明原因，限期处理。

3. 总结经验教训，建立健全各项财产管理制度

财产清查的目的，不仅要查明财产物资的实有数，还要促进企业加强财产的管理。因此，对于财产清查中发现的各种问题，应在彻底查明各种问题的性质和原因的基础上，充分发动群众，认真总结财产管理的经验教训，并据以制定改进工作的具体措施，建立和健全以岗位责任制为中心的财产管理制度，进一步加强财产管理责任制，以保护企业财产的安全与完整。只有这样，才能促进企业、单位管好财产物质，使财产清查工作发挥更大的作用。

4. 及时调整账簿记录，做到账实相符

保证会计资料的真实性，做到账实相符，是财产清查的一项重要作用。为了充分发挥财产清查在这方面的作用，必须根据财产清查的结果和账簿之间的差异，及时地调整账目，进行必要的账务处理。对于各种盘盈盘亏，应在发现后即刻记账，即使在调查核实、等待处理的过程中，也应作为待处理的盘盈盘亏在账面上加以反映，以便使财产物资的账面余额能与实际结存数相符。经批准处理后，再按批准的意见转账，进行相应的账务处

理。对于各种结算款项，如在清查中发现差错，应即刻调整账目，对于确实无法收回的应收款项，应按规定手续经过批准后予以转销。

（二）财产清查结果的账务处理

对财产清查所发现的各种差异应当及时地进行账务处理，调整账簿记录，以达到账实相符。由于清查结果的处理需报有关部门审批，因此，在账务处理上要分两步进行：

第一步，在审批之前，根据账存实存对比表中所确定的财产物资盘盈、盘亏和毁损数额，编制财产溢余、短缺报告单，并据以填制记账凭证，登记有关账簿，使各项财产物资的账面结存数额与实存数额一致，做到账实相符。

第二步，在审批之后，根据发生差异的性质和原因以及上报批复的处理意见，编制记账凭证，据以登记有关账簿。

为了反映和监督财产清查中所查明的财产物资的盘盈、盘亏和毁损及其处理情况，应设置和运用“待处理财产损溢”账户。

“待处理财产损溢”账户属资产类，用以核算企业在财产清查过程中发现的各种财产物资的盘盈、盘亏和毁损的价值。借方登记发生的财产物资的盘亏、毁损数；贷方登记发生的财产物资的盘盈数；按照规定程序报经批准转销财产物资的盘盈、盘亏和毁损数时，记入反方向。对企业的财产损溢，应及时查明原因，在期末结账前处理完毕，处理后本账户应无余额。

本账户可按盘盈、盘亏的资产种类和项目设置明细账户，进行明细核算。

现举例说明财产清查结果的账务处理方法：

【例 5－10】某企业在财产清查中，发现 A 商品实存数比账存数多 160 元。

（1）在审批前，根据“财产溢余、短缺报告单”编制会计分录如下：

借：库存商品——A 商品　　160

　　贷：待处理财产损溢——待处理流动资产损溢　　160

（2）经批准，上述溢余商品作冲减本期“管理费用”处理。编制会计分录如下：

借：待处理财产损溢——待处理流动资产损溢　　160

　　贷：管理费用——其他　　160

【例 5－11】某企业在财产清查中，发现库存甲材料短缺 400 元，乙材料短缺 800 元，因火灾而烧毁丙材料 1 300 元。

（1）在审批前，根据财产溢余、短缺报告单，编制会计分录如下：

借：待处理财产损溢——待处理流动资产损溢　　2 500

　　贷：原材料——甲材料　　400

　　　　　　——乙材料　　800

　　　　　　——丙材料　　1 300

（2）在审批后，根据批复，盘亏甲材料 400 元系定额内自然损耗，应作为“管理费用”处理；盘亏乙材料 800 元中有 500 元系责任事故，应由过失人王彬赔偿，其余 300 元系定额内损耗，应列作“管理费用”处理；丙材料毁损 1 300 元，应由保险公司赔偿 900 元，其余 400 元列作“管理费用”。编制记账凭证，并据以登记入账。会计分录如下：

借：管理费用——其他　1 000
　　其他应收款——王彬　500
　　　　　　　——保险公司　900
　　贷：待处理财产损溢——待处理流动资产损溢　2 500

【知识拓展】

一、财产清查的意义

企业、单位要进行经营活动，必须拥有一定的人力资源和物质资源。其所需的物质资源包括流动资产（现金、各种存款、应收及预付货款、存货等）及固定资产等。这些物质资源是各单位经营的物质条件，是企业拥有的财产物资。各单位对这些财产物资的增减变动和结存情况，日常都是通过账簿记录来反映的。为了正确掌握各项财产物资的真实情况，做到家底清楚，心中有数，为经济管理工作提供准确可靠的核算资料，要求账上所反映的有关财产物资的结存数额必须同其实有数额完全一致，即要求做到账实相符。

从理论上讲，账实之间应该是相符的。但是，在实际会计核算工作中，往往会因为种种原因发生差异。在账实不符的情况下，各单位如果依据账面数字反映的情况做出决定，将会导致经营管理上的失误，给单位带来损失。为此，各单位必须运用财产清查这一行之有效的方法发现账实不符，并及时纠正这种偏差，以确保账簿记录的正确性和真实性。

财产清查的关键，是要解决账实不符的问题。那么，为什么会造成账实不符呢？造成账存与实存不符的原因是多方面的，一般有以下几个方面：

（1）财产在收发过程中，由于计量器具精度和检验器具不完备的限制，会在数量、质量上发生差错，使得账簿记录与实际情况不符。

（2）财产在保管过程中发生自然损耗，发生了数量或质量的变化。

（3）由于保管不善，发生财产物资的损坏、霉烂、变质，或工作人员的失职造成现金、往来款项的短缺等。

（4）由于贪污、盗窃、舞弊等造成财产物资的损失。

（5）由于风、水、火等非常灾害，造成财产物资毁损。

（6）在结算过程中，由于账单未到或拒付等原因造成企业与其他单位结算账款上的不相符。

（7）在编制记账凭证、登记账簿时，发生漏记、错记和计算上的差错等。

在会计核算工作中，上述任何一种情况都可能引起账实不符，为此，必须在账簿记录正确无误的基础上，采用财产清查的方法，对各项财产物资进行定期与不定期的盘点和核对，以做到账实相符，保证会计资料的真实性。

财产清查是发挥会计监督职能的一种必要手段，它对于正确组织会计核算、改善经营管理、维护财经纪律、保护企业财产等方面，都具有重要的意义。

1. 保证会计资料的真实可靠

通过财产清查，可以查明各项财产物资的实存数，将其与账存数进行核对，以查明账实是否相符以及账实不符的原因，并按照规定程序调整账存数，做到账实相符，从而保证会计资料的真实性。

2. 加强对财产物资的管理和利用

通过财产清查，可以发现财产物资的短缺、毁损、霉烂、变质情况，以及对营私舞弊、贪污盗窃等犯罪行为要追究责任，严肃处理，以确保企业财产的安全完整。通过财产清查，还可查明各项财产物资的储备和利用情况，对储备过多、长期积压不用的物资，要按规定及时处理；对不配套的物资，应及时补缺配套，形成生产能力，或调剂给其他单位使用等，从而做到合理储备，物尽其用，充分挖掘物资潜力，加速资金周转，提高财产物资的利用效果。

3. 健全财产物资收发保管制度

财产清查中发现的问题，若属核算上的差错，要加强核算工作指导；若属规章制度不够健全，要逐步建立和健全财产物资的收发保管制度，完善岗位责任制；还有可能是度量衡器的问题，要及时加以校正等。因此，通过财产清查，能够查明各项财产保管制度的执行情况，以便及时发现问题，采取措施，进一步建立健全各种财产物资的收发保管制度以及会计核算制度，加强经济责任制，以提高经营管理水平。

4. 维护财经纪律

通过财产清查，可以查明各企业、单位执行财经法令和遵守财经纪律的情况。例如，各种往来款项是否符合国家财政、信贷制度，有无不合法的债权、债务；货币资金的收付是否正常等。通过财产清查，可以查明原因，分清责任，采取措施，及时改进，促进企业、单位严格遵守财经纪律。

由此可见，财产清查是加强会计监督、发挥会计作用的重要核算方法。

《中华人民共和国会计法》第十七条明确指出："各单位应当定期将会计账簿记录与实物、款项及有关资料相互核对，保证会计账簿记录与实物及款项的实有数额相符"。

二、财产清查前的准备工作

财产清查是一项复杂、细致的工作，它涉及面广，政策性强，工作量大。因此，为使财产清查工作有领导、有组织、有计划地进行，必须做好以下几项准备工作：

（一）组织准备

进行财产清查要成立财产清查领导小组，有计划、有组织地进行。特别是全面清查，一般由领导干部、专业人员和职工代表组成清查领导小组，负责指导清查工作，制订清查工作计划，明确清查范围、进程，确定具体工作人员的分工和职责，检查清查工作质量，总结清查工作经验教训，提出清查结果的处理意见。

（二）账簿记录的准备

财产清查是为了检查账实相符情况，所以清查前要把有关账目的收发登记齐全，结出余额，并对总账和明细账核对清楚，保证账证相符、账账相符。只有账证、账账相符，才可进行账面结存与实物结存的核对工作。

（三）实物整理的准备

财产物资保管部门和保管人员应在进行财产清查之前，将准备清查的财产物资整理清楚，按类别、组别存放整齐，如对仓库的材料整理码放整齐，并贴上标签，列明材料类别、编号、名称、数量，以便查点。

（四）度量衡器的准备

财产清查前要准备好各种必要的度量衡器具并校正准确。此外，还要准备有关清查的登记表册。在进行银行存款、银行借款和有关结算款项的清查时，还应取得对账所需要的有关资料。

【知识归纳】

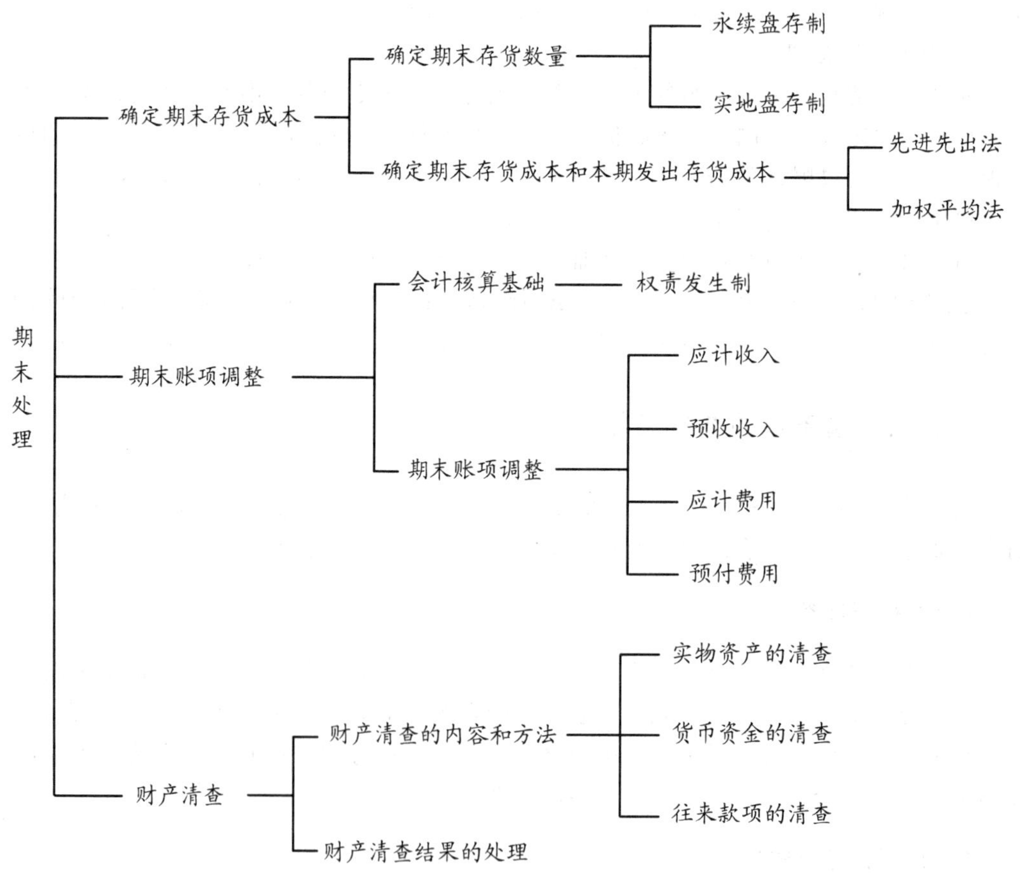

【职业能力训练】

职业判断能力训练

一、单项选择题

1. 对各项财产物资的增减数都根据有关凭证逐笔或逐日登记有关账簿，并随时结出账面余额的方法称为（　　）。

A. 永续盘存制　　B. 实地盘存制

C. 权责发生制　　D. 收付实现制

2. 对于大量堆积的煤炭清查，一般采用（　　）方法进行。

A. 实地盘点　　B. 抽查检验

C. 技术推算盘点　　D. 查询核对

3. 下列记录可以作为调整账面数字的原始凭证的是（　　）。

A. 盘存单　　B. 实存账存对比表

C. 银行存款余额调节表　　D. 往来款项对账单

4. 月末企业银行存款日记账余额为180 000元，银行对账单余额为170 000元，经过未达账项调节后的余额为160 000元，则对账日企业可以动用的银行存款实有数额为（　　）元。

A. 180 000　　B. 160 000

C. 170 000　　D. 不能确定

5. 如果企业与银行双方记账均无误，银行对账单与银行存款日记账账面余额不一致的原因是（　　）。

A. 存在应收账款　　B. 存在应付账款

C. 存在未达账项　　D. 存在外埠存款

6. “待处理财产损溢”账户属于（　　）。

A. 资产类　　B. 损益类

C. 负债类　　D. 所有者权益类

7. 银行存款余额调节表中调节后的余额是（　　）。

A. 银行存款账面余额

B. 对账单余额与日记账余额的平均数

C. 对账日企业可以动用的银行存款实有数额

D. 银行方面的账面余额

8. 在实际工作中，企业一般以（　　）作为财产物资的盘存制度。

A. 收付实现制　　B. 权责发生制
C. 永续盘存制　　D. 实地盘存制

9. 库存现金清查的方法是（　　）。
A. 核对账目法　　B. 实地盘点法
C. 技术推算法　　D. 发函询证法

10. 银行存款清查中发现的未达账项应编制（　　）来检查调整后的余额是否相等。
A. 对账单　　B. 实存账存对比表
C. 盘存单　　D. 银行存款余额调节表

11. 财产清查是用来检查（　　）的一种专门方法。
A. 账实是否相符　　B. 账账是否相符
C. 账表是否相符　　D. 账证是否相符

12. 某企业在遭受洪灾后，对其受损的财产物资进行的清查，属于（　　）。
A. 局部清查和定期清查　　B. 全面清查和定期清查
C. 局部清查和不定期清查　　D. 全面清查和不定期清查

13. 以下情况中，宜采用局部清查的有（　　）。
A. 年终决算前进行的清查　　B. 企业清产核资时进行的清查
C. 企业更换财产保管人员时　　D. 企业改组为股份制试点企业进行清查

14. 全面清查一般是在（　　）时进行的。
A. 月末结账　　B. 更换保管人员
C. 年末结账　　D. 更换出纳员

15. 以权利或责任的发生与否为标准，来确认收入和费用的方法称为（　　）。
A. 永续盘存制　　B. 实地盘存制
C. 权责发生制　　D. 收付实现制

16. 应计收入是指（　　）的收入。
A. 应该归属于本期但本期尚未收到
B. 不该归属于本期但本期已经收到
C. 应该归属于本期而本期已经收到
D. 以上都不对

二、多项选择题

1. 在企业财产清查中，如果各种流动资产盘亏或毁损，报经批准后可能列入的账户有（　　）。
A. 其他应收款　　B. 管理费用
C. 营业外收入　　D. 营业外支出

2. 下列各项中，需要进行全面清查的有（　　）。
A. 单位合并前　　B. 年终决算前
C. 清产核资时　　D. 企业改变隶属关系前

3. 下列各项中，应采用实地盘点法进行清查的有（　　　）。
A. 库存现金　　B. 银行存款
C. 固定资产　　D. 库存商品

4. 银行存款日记账与银行对账单余额不相符的原因可能有（　　　）。
A. 企业记账错误　　B. 企业已记账而银行未记账
C. 银行记账错误　　D. 银行已记账而企业未记账

5. 财产清查按清查时间可以分为（　　　）。
A. 全面清查　　B. 局部清查
C. 定期清查　　D. 临时清查

6. 财产清查按清查范围可以分为（　　　）。
A. 全面清查　　B. 局部清查
C. 定期清查　　D. 临时清查

7. 企业与银行对账中查出的未达账项通常有（　　　）。
A. 银行已记存款增加而企业尚未记账
B. 银行已记存款减少而企业尚未记账
C. 企业已记存款增加而银行尚未记账
D. 企业已记存款减少而银行尚未记账

8. 财产清查后可据以调整账簿记录的原始凭证有（　　　）。
A. 账存实存对比表　　B. 现金盘点报告表
C. 银行存款余额调节表　　D. 盘存单

9. 不定期清查一般是在（　　　）时进行的。
A. 月末结账　　B. 更换保管人员
C. 年末结账　　D. 发生非常损失

10. 实物财产清查常用的方法有（　　　）。
A. 函证法　　B. 实地盘点法
C. 技术推算法　　D. 抽查盘点法

三、判断题

1. 实物盘点后，应根据“实存账存对比表”作为调整账面余额记录的原始依据。（　　）

2. 从财产清查的对象和范围看全面清查只有在年终进行。（　　）

3. 永续盘存制与实地盘存制都是确定各项实物资产账面结存数量的方法。（　　）

4. 对于价值低、品种杂、进出频繁的材料物资可采用实地盘存制核算。（　　）

5. 未达账项单指银行已经记账，而企业由于未接到有关凭证而尚未记账的款项。（　　）

6. 企业对于与外部单位往来款项的清查，一般采取编制对账单寄交给对方单位的方式进行，因此属于账账核对。（　　）

7. 银行存款余额调节表只是为了核对账目，并不能作为调整银行存款账面余额的原始凭证。（　）

8. 永续盘存制下，可以通过存货明细账的记录随时结出存货的结存数量，故不需要对存货进行盘点。（　）

9. 库存现金的清查包括出纳人员每日的清点核对和清查小组定期和不定期的清查。（　）

10. 企业采用永续盘存制对存货进行核算时，在期末必须对存货进行实地盘点，否则无法确定本期发出存货成本。（　）

11. 采用永续盘存制度，对财产物资也必须进行定期或不定期的清查盘点。（　）

12. 只有在永续盘存制下才可能发现财产的盘盈、盘亏现象。（　）

13. 对仓库中的所有存货进行盘点属于全面清查。（　）

14. 无论采用哪种盘存制度，都应对财产物资进行定期或不定期的清查盘点，但清查的目的和作用是不同的。（　）

15. 账实不符是财产管理不善或会计人员水平不高的结果。（　）

16. 财产清查是指企业对各种实物资产进行的清产盘点。（　）

17. 企业进行现金的清查盘点时，出纳员必须回避，不得在场。（　）

18. 一般情况下，局部清查是不定期清查，全面清查是定期清查。（　）

19. 盘存单可以作为登记账簿的原始凭证。（　）

20. 银行存款余额调节表不能作为调整银行存款账面余额的原始凭证。（　）

21. 企业的银行存款日记账和银行对账单余额不一致的主要原因是记账错误导致的。（　）

22. 企业的银行存款日记账和银行对账单余额不一致的原因，除记账错误外，一般是未达账项导致的。（　）

23. 企业对于未达账项，应编制银行存款余额调节表进行调节，同时还应将未达账项编制记账凭证登记入账。（　）

24. 现金清查结束后，应填写现金盘点报告表，并由盘点人员和出纳人员共同签名或盖章。（　）

25. 现金和银行存款的清查均应采用实地盘点法进行盘点。（　）

26. 对于财产清查结果的账务处理，一般先调整有关账面记录，经审批后再转入有关账户。（　）

27. 财产清查结果的处理，就是指账务处理。（　）

28. 清查盘点各项实物资产时，既要清查数量又要检查质量。（　）

29. “待处理财产损溢”账户是损益类账户。（　）

30. 在权责发生制下，应于实际收到款项的会计期间确认收入。（　）

职业实践能力训练

实训一 存货计价方法

(一) 目的

掌握先进先出法和加权平均法。

(二) 要求

分别采用先进先出法和加权平均法计算期末结存材料金额和本期发出材料成本。

(三) 资料

某公司 2019 年 7 月 1 日库存甲材料 1 000 千克，单价 20 元，金额20 000元。本月份该材料收发情况如表 5－8 所示。

表 5－8 材料收发汇总表

2019 年		收料			发料数量
月	日	数量	单价	金额	
7	9	2 000	22	44 000	
	12				800
	19	1 500	23	34 500	
	22				1 200
	23				2 200
	26	2 000	20	40 000	

实训二 期末账项调整

(一) 目的

掌握期末账项调整业务的核算。

(二) 要求

根据下列经济业务编制会计分录。

(三) 资料

某企业 2019 年发生有关经济业务如下：

1. 将一套营业用房出租给甲企业，合同约定每月租金为 5 000 元，季末结算。4 月 30 日，确认本月租金收入 5 000 元。

2. 6 月 30 日，收到第二季度租金 15 000 元（其中前两月已确认收入 10 000 元），存入银行。

3. 7月1日，将另一套营业用房出租给乙企业，合同约定每月租金4 000元，于季初结算。当日，收到第三季度租金12 000元，存入银行。

4. 7月31日，确认7月份租金收入。

5. 8月1日，车间租赁丙企业厂房一座，合同约定租期3年，以银行存款支付改良支出360 000元。

6. 8月31日，分摊本月应负担的改良支出10 000元。

7. 8月31日，本月初从工商银行借入3年期借款900 000元，年利率为6%，每年年末支付利息，到期还本。计提本月应负担的借款利息。

8. 12月31日，以银行存款支付工商银行借款利息22 500元（其中8～11月已预提18 000元）。

9. 12月31日，应付宏矩设备修理厂修理费8 000元，尚未支付。

实训三　编制余额调节表

（一）目的

掌握银行存款余额调节表的编制。

（二）要求

1. 根据资料1编制余额调节表。

2. 根据资料2填制记账凭证，并登记银行存款日记账（其他账户略）。

3. 根据资料2、资料3，将银行对账单与银行存款日记账逐笔核对，找出未达账项，并编制余额调节表，检查记账是否有错。

（三）资料

1. 甲企业2019年6月30日银行存款日记账借方余额为526 000元，银行对账单余额为585 000元。经查，发现有以下未达账项：

（1）委托银行收取的货款120 000元，银行已收妥入账，而企业尚未收到收账通知。

（2）企业以转账支票支付材料运杂费为15 000元，企业已入账，而银行尚未记账。

（3）银行为企业代付电费6 000元，企业尚未记账。

（4）企业收到外单位转账支票一张，还来前欠货款70 000元，企业已收账，银行尚未记账。

2. 乙公司2019年7月1日“银行存款”账户余额为660 000元。7月发生下列收付业务：

（1）2日，签发转账支票（票号为30648），偿还前欠甲公司货款100 000元。

（2）6日，月初委托银行向丙单位收取的货款58 600元已收妥入账。

（3）8日，销售产品一批，售价为30 000元，增值税税额为3 900元，收到转账支票一张，当即送存银行。

（4）12日，签发现金支票（票号为19302），从银行提取现金1 000元备用。

（5）18日，签发转账支票（票号为30649），支付本月电话费5 000元，其中车间500元，厂部1 500元，销售部门3 000元。

（6）20日，从银行汇往外地丁单位56 500元，支付A材料货款50 000元和增值税税额为 6 500 元。材料尚未到达。

（7）22 日，从本市甲公司购进 A 材料 80 000 元，增值税税额为 10 400 元，签发转账支票（票号为 30650）支付，材料入库。

（8）25 日，签发现金支票（票号为 19303），从银行提取现金 36 000 元备发工资。

（9）26 日，发放工资，付出现金 36 000 元。

（10）27 日，收到外地丙单位汇款凭证的收账通知，汇来 60 000 元，归还前欠本单位货款。

（11）28 日，签发转账支票（票号为 30651），支付办公设备修理费 15 000 元。

（12）29 日，销售产品一批，售价 40 000 元，增值税税额为 5 200 元，收到转账支票一张。当即送存银行。

（13）30 日，签发转账支票（票号为 30652），支付本月财产保险费 12 000 元。

（14）31 日，3 个月前丙单位签发并承兑的商业汇票今日到期，收回票款 100 000 元，存入银行。

（15）31 日，销售给外地丙单位产品一批，售价 100 000 元，增值税税额为 13 000 元，发货时签发转账支票（票号为 30653）代对方垫付运费 2 000 元，已办妥委托银行收款手续。

（16）31 日，签发转账支票（票号为 30654）购买设备一套，交付使用，价款、增值税、运费等共计 220 000 元。

3. 7 月 31 日乙公司收到银行对账单，资料如表 5－9 所示。

表 5－9 银行对账单

2019 年 7 月

2019 年		摘　要	结算凭证		存　入	支　出	余　额
月	日		种　类	号　数			
7	1	期初余额					660 000
	2	付甲公司	转支	30648		100 000	560 000
	6	收丙单位	委收		58 600		618 600
	8	存销货款	进账单		33 900		652 500
	12	付现金	现支	19302		1 000	651 500
	20	付丁单位	信汇			56 500	595 000
	20	付电话费	转支	30649		5 000	590 000
	25	付现金	现支	19303		36 000	554 000
	26	付甲公司	转支	30650		90 400	463 600
	26	收丙单位	信汇		60 000		523 600
	29	付修理费	转支	30651		15 000	508 600
	30	收销货款	进账单		45 200		553 800
	31	收回欠款	商业汇票		100 000		653 800
	31	垫付运费	转支	30653		2 000	651 800
	31	支付电费	托收			2 000	649 800
	31	托收款划回	托收		65 000		714 800

实训四　财产清查结果的处理

（一）目的

掌握财产清查结果的处理。

（二）要求

根据下列资料，编制会计分录。

（三）资料

1. 某公司期末进行财产清查，在清查中发现下列问题：

（1）甲材料盘盈690元。

（2）乙材料盘亏1 200元。

（3）丙材料霉变损坏200元。

（4）A产品盘亏300元。

（5）B产品盘盈800元。

2. 上列业务经批准做如下处理：

（1）甲材料盘盈系出库时计量不准造成，做冲减管理费用处理。

（2）乙材料盘亏是定额内合理损耗，转作管理费用。

（3）丙材料霉变是因为连续阴雨天气，保管员赵青未及时采取措施所致，责令赵青赔偿100元，赔款尚未收到，其余作企业营业外支出处理。

（4）A产品盘亏系保管员李斌责任心不强造成丢失，责令李斌赔偿，赔款尚未收到。

（5）B产品盘盈系发货时少发造成，现将B产品800元补发给购买方。

项目六

会计报表的编报

学习目标

1. 熟悉会计报表的概念、种类和编报要求
2. 熟悉资产负债表中各项目的关系，会编制资产负债表
3. 能熟练编制利润表
4. 熟悉各种会计核算形式，能熟练运用科目汇总表核算形式进行账务处理

任务一

资产负债表

【任务案例】

2019 年 7 月 31 日，新华公司各资产、权益类总账账户期末余额资料如表 6－1 所示，会计主管邱天据以编制资产负债表。

表 6-1　　**2019 年 7 月 31 日账户余额表**　　单位：元

账户名称	借方余额	贷方余额	账户名称	借方余额	贷方余额
库存现金	10 300		在建工程	580 000	
银行存款	628 288		工程物资	150 000	
其他货币资金	200 000		无形资产	540 000	
应收票据	146 000		短期借款		50 000
应收账款	598 200		应付票据		100 000
坏账准备		1 800	应付账款		953 800
预付账款	100 000		应付职工薪酬		180 000
其他应收款	5 000		应交税费		167 230
原材料	422 300		应付股利		6 600
周转材料	160 000		其他应付款		50 000
库存商品	1 892 400		长期借款		1 160 000
在途物资	50 000		实收资本		5 000 000
长期股权投资	250 000		盈余公积		171 557
固定资产	2 398 857		利润分配		122 158
累计折旧		170 000			

思考：编制资产负债表的主要依据是什么？资产负债表的项目是怎样列示的？哪些项目要合并填列？哪些项目要计算分析填列？各大项目之间存在什么关系？

【知识准备】

一、会计报表的概念

会计报表是指企业对外提供的反映其某一特定日期的财务状况和某一期间经营成果、现金流量的书面文件。企业的会计报表是企业会计核算的最终成果。

企业发生的任何一项经济业务，都可以通过编制凭证、登记账簿加以记录和反映，但会计凭证只能反映单一经济业务，账簿也只能反映一定时期某一类经济业务，而不能综合地反映一定时间内企业资金运动的最终结果。这就需要通过编制会计报表来简单明了、通俗易懂地表达出来。编制会计报表是会计核算的一项专门方法，是会计核算过程的最后一个环节。

二、会计报表的主要分类

企业会计报表可以根据不同的标准进行分类。

（一）按反映的经济内容分类

会计报表按其反映的经济内容，分为资产负债表、利润表、现金流量表和所有者权益（或股东权益）变动表等。

资产负债表是反映企业某一特定日期财务状况的报表。利润表是反映企业某一会计期间经营成果的报表。现金流量表是反映企业某一会计期间现金流量的报表。所有者权益变动表应当反映构成所有者权益的各组成部分当期的增减变动情况。

（二）按编报时间分类

会计报表按其编报时间，分为年度报表和中期报表。年度会计报表是指年度终了对外提供的会计报表。中期报表是月度、季度和半年度会计报表的统称。

【任务处理】

一、资产负债表的概念与结构

资产负债表是反映企业在某一特定日期（月末、季末、年末）财务状况的会计报表，它列示了企业在特定日期的资产、负债和所有者权益及其相互关系的信息。

资产负债表的结构有账户式和报告式两种。我国会计准则规定，企业一律采用账户式资产负债表。

账户式资产负债表的结构分为左右两方，左方列示资产项目，右方列示负债和所有者权益项目，根据“资产 = 负债 + 所有者权益”的会计等式，左右两方的总额是相等的。

报表的两方分别排列“报表项目名称”“期末余额”“年初余额”三列。左方资产项目按照其流动性由强到弱分类分项由上到下依次列示，负债项目按照其偿还期限由短到长分类分项由上到下依次列示，所有者权益项目按照其构成的稳定性由强到弱分类分项由上到下依次列示。左边的资产项目总计与右边负债和所有者权益项目总计应该相等。资产负债表的具体格式如表 6 – 2 所示。

二、资产负债表的编制方法

资产负债表的各项目均需填列“期末余额”和“年初余额”两栏，其数据主要来自会计账簿记录。

（一）“年初余额”的编制依据和方法

“年初余额”栏内各项数字，应根据上年末资产负债表的“期末余额”栏内所列数字填列。

（二）“期末余额”的编制依据和方法

“期末余额”栏内各项数字，应根据相关科目的期末余额填列，具体方法如下：

1. 直接根据总账账户的余额填列

资产负债表中的许多项目可以直接根据同名总账账户余额填列。如“交易性金融资产”“短期借款”“应付票据”“应付职工薪酬”“应交税费”“应付利息”“应付股利”

“其他应付款”“实收资本（或股本）”“资本公积”“盈余公积”等。

2. 根据几个总账账户的余额计算填列

如“货币资金”项目，需根据“库存现金”“银行存款”“其他货币资金”三个总账账户余额合计填列。

3. 根据有关明细账户的余额计算填列

如“应付账款”项目，需要分别根据“应付账款”和“预付账款”两账户所属明细账户的期末贷方余额计算填列；“预收账款”项目，应根据“应收账款”“预收账款”所属明细账账户的贷方余额之和计算填列；还有“预付账款”和“应收账款”项目应以同样方法填列。

4. 根据总账账户和明细账户的余额分析计算填列

如“长期借款”项目，应根据“长期借款”总账账户余额扣除“长期借款”明细账户中将在一年内到期部分后的金额填列。

5. 根据总账账户与其备抵账户抵销后的净额填列

如资产负债表中的“应收账款”“长期股权投资”等项目，应根据“应收账款”“长期股权投资”等账户的期末余额减去“坏账准备”“长期股权投资减值准备”等账户余额后的净额填列；“固定资产”项目，应根据“固定资产”账户期末余额减去“累计折旧”“固定资产减值准备”账户余额后的净额填列；“无形资产”项目，应根据“无形资产”账户期末余额减去“累计摊销”“无形资产减值准备”账户余额后的净额填列。

6. 根据资产负债表内有关项目金额计算填列

如“流动资产合计”“非流动资产合计”“资产总计”“负债合计”“所有者权益合计”“负债和所有者权益总计”等项目。

【例6－1】依据【任务案例】，会计主管邱天根据各账户余额资料编制资产负债表（如表6－2所示）。

表6－2 **资产负债表**

会企01表

编制单位：新华公司　　2019年7月31日　　单位：元

资　产	期末余额	年初余额	负债和所有者权益（或股东权益）	期末余额	年初余额
流动资产：		（略）	流动负债：		（略）
货币资金	838 588		短期借款	50 000	
交易性金融资产			交易性金融负债		
衍生金融资产			衍生金融负债		
应收票据	146 000		应付票据	100 000	
应收款项融资	598 200		应付账款	953 800	
预付款项	100 000		预收款项		
其他应收款	5 000		合同负债		
存货	2 524 700		应付职工薪酬	180 000	
合同资产			应交税费	167 230	

续表

资　　产	期末余额	年初余额	负债和所有者权益（或股东权益）	期末余额	年初余额
持有待售资产			其他应付款	56 600	
一年内到期的非流动资产			持有待售负债		
其他流动资产			一年内到期的非流动负债		
流动资产合计	4 212 488		其他流动负债		
非流动资产：			流动负债合计	1 507 630	
债权投资			非流动负债：		
其他债权投资			长期借款	1 160 000	
长期应收款			应付债券		
长期股权投资	250 000		其中：优先股		
其他权益工具投资			永续债		
其他非流动金融资产			长期应付款		
投资性房地产			预计负债		
固定资产	2 228 857		递延收益		
在建工程	730 000		递延所得税负债		
生产性生物资产			其他非流动负债		
油气资产			非流动负债合计	1 160 000	
无形资产	540 000		负债合计	2 667 630	
开发支出			所有者权益（或股东权益）：		
商誉			实收资本（或股本）	5 000 000	
长期待摊费用			其他权益工具		
递延所得税资产			其中：优先股		
其他非流动资产			永续债		
非流动资产合计	3 748 857		资本公积		
			减：库存股		
			其他综合收益		
			盈余公积	171 557	
			未分配利润	122 158	
			所有者权益（或股东权益）合计	5 293 715	
资产总计	7 961 345		负债和所有者权益（或股东权益）总计	7 961 345	

【知识拓展】

一、会计报表意义

企业编报会计报表，可以为会计信息使用者提供有用信息。会计报表的使用者包括企业所有者、债权人、企业管理者、企业职工、政府有关部门等。这些使用者因各自的目的不同，对会计报表的需要和关心程度也不一样。会计报表的作用主要表现在以下几个方面。

（一）对现有投资者或潜在投资者的作用

会计报表为企业的投资者进行投资决策提供必要的信息资料。作为投资者，最关心的是投资风险和投资报酬。会计报表能够帮助他们决定是否继续对企业进行投资，是否买进、持有或抛售企业的股票。因此，会计报表对投资者起到投资导向的作用。

（二）对债权人的作用

会计报表为企业的债权人提供企业的资金运转情况、短期偿债能力和支付能力的信息资料。金融机构债权人利用会计报表可以了解自己的贷款是否安全，企业能否按期还本付息，贷款能否按协议规定使用，是否继续向企业贷款，以减少其借贷风险；供应商和其他商业债权人，可利用会计报表得到企业所欠款项能否按期支付的信息等。因此，会计报表对债权人的借贷和赊销行为具有导向作用。

（三）对企业管理者的作用

会计报表为企业的管理者进行日常的管理活动提供必要的信息资料。企业管理者可利用会计报表及时了解企业一定日期的财务状况和一定期间的经营情况，分析企业成本费用开支是否节约，经营成果是否理想，以便发现问题、纠正缺点、巩固成绩，从而达到加强经济核算、强化财务管理、提高经济效益的目的。企业管理者也可以利用会计报表分析资产结构、负债状况以及产权结构等情况，从而加强资金管理。因此，会计报表对企业管理者能起到完善管理、提高效益的作用。

（四）对企业职工的作用

财务会计报表为企业职工参与企业的经营管理活动提供所需要的信息资料。企业职工可以通过财务会计报告了解他们对企业所做的贡献和不足之处，了解各自报酬水平、企业福利、就业机会等情况，还可以监督企业各级管理人员的工作，提出改进企业管理的合理化建议，帮助企业管理人员提高企业管理水平。

（五）对政府部门的作用

会计报表为财政、税务、审计、上级主管机关提供对企业实施管理和监督的信息资料。财税部门利用会计报表可以检查监督企业各种税费的提取上交、利润的分配情况，督促企业依法纳税，履行企业对国家承担的义务；审计机关的审计工作是从会计报表审计开始的，会计报表为审计工作提供详尽、全面的数据资料，并为凭证、账簿的进一步审计指明方向；企业主管机关，可以通过会计报表了解企业经营业绩，找出先进与落后的差距，指导企业参与市场竞争；对国家宏观管理部门来讲，通过会计报表的逐级汇总上报，了解不同地区、不同部门、不同行业经济发展情况，从而制定经济政策，搞好综合平衡，加强宏观调控。

二、会计报表的其他分类

（一）按反映资金运动状况分类

会计报表按其反映资金运动状况分为静态报表和动态报表。

静态报表反映企业某一特定日期财务状况，即某一静态时点的资产、负债和所有者权益的价值量，如资产负债表。动态报表反映企业某一会计期间的经营成果和现金流量，即一段时间内企业的资金运动状况及其成果，如利润表和先进流量表。

（二）按编报会计主体分类

会计报表按其编报会计主体分为个别会计报表和合并会计报表。

个别会计报表是指会计主体编制的反映其本身资金运动状况的报表。合并会计报表是指企业反映其本身和其控股公司综合状况的会计报表，即会计报表指标既要包含母公司的情况，也要包含其子公司情况。

（三）按编制单位分类

会计报表按其编制单位分为单位会计报表和汇总会计报表。

单位会计报表是指独立核算的基层单位或企业的会计报表。汇总会计报表是指上级单位或企业对其所属单位或企业汇总编制的会计报表。

（四）按使用对象分类

会计报表按其使用对象分为对外报表和对内报表。

对外报表是指企业需要定期编制向外报送的会计报表，主要包括资产负债表、利润表、现金流量表、所有者权益变动及相关附表等。当然企业内部同样也使用对外报表。对内报表主要指企业内部使用，不对外提供的会计报表，如成本费用等报表。

三、会计报表的编报要求

为了保证会计报表的质量和发挥会计报表的作用，会计报表要根据登记完整、核对无误的账簿记录和其他有关资料编制，做到数字真实、计算准确、内容完整、编报及时。

（一）数字真实

根据客观性要求，会计报表中所反映的各项指标数字必须真实正确，如实反映企业财务状况和经济活动情况，严禁弄虚作假、估计数字、提前结账，这是会计报表编制的基本要求之一，也是充分发挥会计报表作用的前提条件。只有保证会计报表指标的真实可靠，才能为报表使用者提供正确的信息，从而使其做出正确的决策。

（二）计算准确

会计报表的各项指标，必须按照《中华人民共和国会计法》《企业会计准则》等规定的口径计算、填列。会计报表编制前，必须做到按期结账，不得为赶制会计报表而提前结账，也不得先编制会计报表然后结账。在本期所有已发生的经济业务和转账业务全部登记入账的基础上，结清各个账户的本期发生额和期末余额，认真对账和清查财产，做到账证、账账、账实相符，以确保会计报表数字的准确性。

（三）内容完整

会计报表必须按统一规定的报表种类、格式、内容填报齐全，报表中所列表内项目和补充资料必须全部填列。汇总报表必须全部汇齐，不得漏汇，以提供完整的数据资料。

（四）编报及时

根据及时性原则的要求，各种会计报表必须按照规定时间及时编报，不得拖延，以免影响逐级汇总和信息反馈的时效性。

四、会计报表的报送时间

信息的基本特征是时效性。会计报表只有及时编制和报送，才能有利于会计信息的利用。否则，即使是真实、可靠、全面、完整的会计报表，如果失去了编报的及时性，也就失去了其价值。

为了确保会计报表编报的及时性，政府有关部门对各单位会计报表的编报时间做出了明确的规定。一般说来，月度报表应于月份终了6天内报出（节假日顺延，下同）；季度报表应于季度终了后15天内报出；半年度报表应于半年度终了后60天内报出；年度报表应于年度终了后4个月内报出。这就要求会计部门必须科学地组织好日常会计核算工作，认真做好记账、算账、对账、财产清查和账项调整等编报前的准备工作，加强会计人员的配合协作，以保证高质、高效地完成会计信息的报送工作。

任务二
利　润　表

【任务案例】

2019年7月31日，新华公司各损益类总账账户本期发生额资料如表6－3所示，会计主管邱天根据资料编制利润表。

表6-3 损益类账户发生额表 单位：元

账户名称	借方发生额	贷方发生额
主营业务收入		1 250 000
主营业务成本	750 000	
税金及附加	2 000	
销售费用	20 000	
管理费用	158 000	
财务费用	41 500	
投资收益		31 500
营业外收入		50 000
营业外支出	19 700	
所得税费用	102 399	

思考：利润表和资产负债表的编制依据有什么不同？你会熟练编制利润表吗？

【任务处理】

一、利润表的结构

利润表是反映企业某一会计期间经营成果的会计报表。利润表的格式通常有单步式和多步式两种。我国企业编制的利润表采用多步式。

多步式利润表是将利润表的内容作多项分类，即从营业收入到本期净利润，要作多步计算，以便形成几种损益信息，其步骤和内容如下：①以营业收入为基础，计算出营业利润；②以营业利润为基础，计算出利润总额；③以利润总额为基础，计算出净利润。多步式利润表的格式如表6-4所示。

二、利润表的编制方法

利润表中一般设有“本期金额”和“上期金额”两栏，其填列方法如下：

表中的“上期金额”栏内各项数字，应根据上年该期利润表“本期金额”栏内所列数字填列。

表中的“本期金额”栏内各数字一般应根据损益类账户的发生额分析填列。主要项目列报说明：

（1）“营业收入”项目，反映企业经营主要业务和其他业务所确认的收入总额。本项目应根据“主营业务收入”和“其他业务收入”账户的发生额分析填列。

（2）“营业成本”项目，反映企业经营主要业务和其他业务发生的实际成本总额。本项目应根据“主营业务成本”和“其他业务成本”账户的发生额分析填列。

（3）“税金及附加”项目，反映企业经营业务应负担的消费税、城市维护建设税、资源税、教育费附加及房产税、土地使用税、车船使用税、印花税等相关税费。本项目应根据“税金及附加”账户的发生额分析填列。

（4）“销售费用”项目，反映企业在销售商品过程中发生的包装费、广告费等费用和为销售本企业商品而专设的销售机构的职工薪酬、业务费等经营费用。本项目应根据“销售费用”账户的发生额分析填列。

（5）“管理费用”项目，反映企业为组织和管理生产经营发生的管理费用。本项目应根据“管理费用”账户的发生额分析填列。

（6）“财务费用”项目，反映企业筹集生产经营所需资金等而发生的费用。本项目应根据“财务费用”账户的发生额分析填列。

（7）“资产减值损失”项目，反映企业各项资产发生的减值损失。本项目应根据“资产减值损失”账户的发生额分析填列。

（8）“公允价值变动净收益”项目，反映企业按照相关准则规定应当计入当期损益的资产的公允价值变动净收益，如交易性金融资产当期公允价值的变动额。如为净损失，以“－”号填列。

（9）“投资收益”项目，反映企业以各种方式对外投资所取得的收益。本项目应根据“投资收益”账户的发生额分析填列。如为净损失，以“－”号填列。

（10）“营业外收入”“营业外支出”项目，反映企业发生的与其经营活动无直接关系的各项收入和支出。本项目应根据“营业外收入”和“营业外支出”账户的发生额分析填列。

（11）“利润总额”项目，反映企业实现的利润总额。如为亏损总额，以“－”号填列。

（12）“所得税费用”项目，反映企业根据所得税准则确认的应从当期利润总额中扣除的所得税费用。本项目应根据“所得税费用”账户的发生额分析填列。

【例6－2】依据【任务案例】，会计主管邱天根据各损益类账户发生额资料编制利润表（如表6－4所示）。

表6－4 **利 润 表** 会企02表

编制单位：新华公司 ____年____月 单位：元

项 目	本期金额	上期金额
一、营业收入	1 250 000	1 210 000
减：营业成本	750 000	720 000
税金及附加	2 000	1 900
销售费用	20 000	20 000
管理费用	158 000	160 000
研发费用		
财务费用	41 500	41 600
其中：利息费用		
利息收入		
加：其他收益		
资产减值损失		
信用减值损失		
投资收益（损失以“－”号填列）	31 500	28 000

续表

项 目	本期金额	上期金额
其中：对联营企业和合营企业的投资收益		
净敞口套期收益（损失以“－”号填列）		
公允价值变动收益（损失以“－”号填列）		
信用减值损失（损失以“－”号填列）		
资产减值损失（损失以“－”号填列）		
资产处置收益（损失以“－”号填列）		
二、营业利润（亏损以“－”号填列）	310 000	294 500
加：营业外收入	50 000	2 000
减：营业外支出	19 700	20 000
三、利润总额（亏损总额以“－”号填列）	340 300	276 500
减：所得税费用	85 075	69 125
四、净利润（净亏损以“－”号填列）	255 225	207 375
（一）持续经营净利润（净亏损以“－”号填列）		
（二）终止经营净利润（净亏损以“－”号填列）		
五、其他综合收益的税后净额		
（一）不能重分类进损益的其他综合收益		
1. 重新计量设定受益计划变动额		
2. 权益法下不能转损益的其他综合收益		
3. 其他权益工具投资公允价值变动		
4. 企业自身信用风险公允价值变动		
……		
（二）将重分类进损益的其他综合收益		
1. 权益法下可转损益的其他综合收益		
2. 其他债权投资公允价值变动		
3. 金融资产重分类计入其他综合收益的金额		
4. 其他债权投资信用减值准备		
5. 现金流量套期储备		
6. 外币财务报表折算差额		
……		
六、综合收益总额		
七、每股收益：		
（一）基本每股收益		
（二）稀释每股收益		

【知识拓展】

会计核算形式

如前所述，总账的登记依据可以是科目汇总表，也可以是记账凭证或汇总记账凭证。这取决于采用的会计核算形式。所谓会计核算形式，也称会计核算组织形式，是指会计凭证、会计账簿、会计报表和账务处理程序有机结合的方式，即从填制、整理、传递会计凭证，登记会计账簿，到编制会计报表整个过程的账务处理程序和组织方式。企业常用的会计核算形式有记账凭证核算形式、科目汇总表核算形式、汇总记账凭证核算形式等。

一、记账凭证核算形式

（一）记账凭证核算形式的特点

记账凭证核算形式是直接根据记账凭证逐笔登记总分类账的一种会计核算形式，其特点是直接根据记账凭证逐笔登记总账。

在记账凭证核算形式下，可使用通用记账凭证，也可分别填制收款凭证、付款凭证和转账凭证三种记账凭证，分别反映企业单位日常发生的各项经济业务。应设置库存现金日记账和银行存款日记账，分别用来对库存现金、银行存款收付业务进行序时记录。按照总账科目设置总分类账，根据经济管理的要求设置明细分类账。总账和日记账的格式均采用三栏式账簿。

（二）记账凭证核算形式的账务处理程序

（1）根据原始凭证或原始凭证汇总表填制通用记账凭证或收款、付款、转账凭证。

（2）根据收款凭证和付款凭证或通用记账凭证逐笔登记库存现金日记账和银行存款日记账。

（3）根据记账凭证及其所附的原始凭证登记各种明细账。

（4）根据记账凭证逐笔登记总账。

（5）定期进行总分类账与日记账、明细账之间的核对。

（6）根据总账和明细账编制会计报表。

记账凭证核算形式的账务处理程序见图6－1。

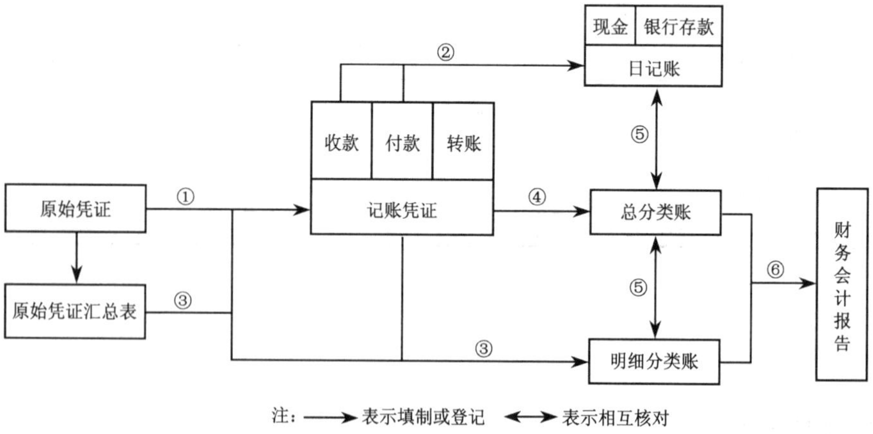

图6－1 记账凭证核算形式账务处理程序图

（三）记账凭证核算形式的优缺点及适用范围

记账凭证核算形式的优点是：可以直接根据记账凭证登记总账，详细地反映各项经济业务的发生情况，可以利用账户的对应关系进行分析，便于查账。其缺点是：登记总账的工作量比较大，对于经营规模较大、经济业务较多的企业，总分类账的登记工作过于繁重。因此，记账凭证核算形式一般适用于规模不大，经济业务较少且比较简单的企业单位。

记账凭证核算形式是一种最基本的核算形式，其他核算形式都是在此基础上发展起来的。

二、科目汇总表核算形式

（一）科目汇总表核算形式的特点

科目汇总表核算形式的主要特点是：根据记账凭证定期编制科目汇总表，然后再根据科目汇总表登记总分类账。科目汇总表是根据记账凭证汇总编制而成的。因此，科目汇总表又称记账凭证汇总表。科目汇总表核算形式又称记账凭证汇总表核算形式。

企业在采用科目汇总表核算形式时，应根据通用记账凭证或收款凭证、付款凭证、转账凭证定期编制科目汇总表。经济业务较多的企业需要每日汇总，或三五天汇总一次，经济业务较少的企业也可十天或按月汇总。汇总时，应将该期间内的全部记账凭证，按照相同科目归类，汇总每一会计科目的借方本期发生额和贷方本期发生额，填写在科目汇总表的相关栏内，用以反映全部会计科目的本期发生额。

（二）科目汇总表核算形式的账务处理程序

（1）根据原始凭证或原始凭证汇总表填制通用记账凭证或收款、付款、转账凭证。

（2）根据收款凭证和付款凭证或通用记账凭证逐笔登记库存现金日记账和银行存款日记账。

（3）根据记账凭证及其所附的原始凭证登记各种明细账。

（4）根据记账凭证定期汇总编制科目汇总表。

（5）根据科目汇总表登记总账。

（6）定期进行总分类账与日记账、明细账之间的核对。

（7）根据总账和明细账编制会计报表。

科目汇总表核算形式的账务处理程序如图 6－2 所示。

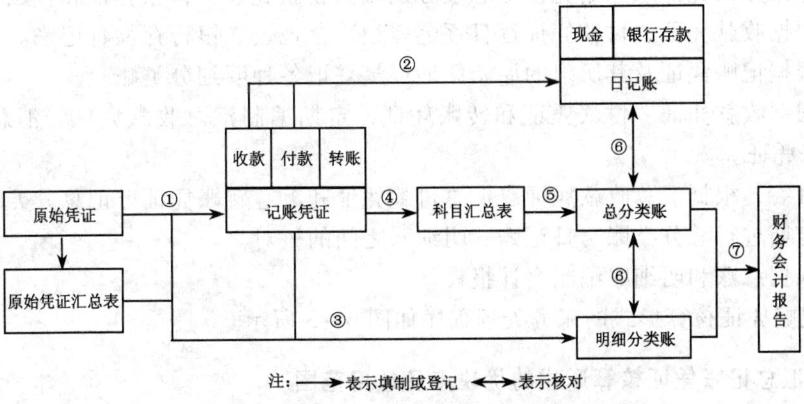

图 6－2 科目汇总表核算形式账务处理程序图

（三）科目汇总表核算形式的优缺点及适用范围

科目汇总表核算形式的优点是可以简化总分类账的登记工作。根据科目汇总表登记总账可以大大减轻登记总账的工作量，而且科目汇总表还可以起到试算平衡的作用。其缺点是：由于科目汇总表只能作为登记总分类账和试算平衡的根据，不便于分析检查经济业务的来龙去脉，不便于查对账目，不能明确反映账户的对应关系。这种核算形式一般适用于业务量较多的大中型企业。

三、汇总记账凭证核算形式

（一）汇总记账凭证核算形式的特点

汇总记账凭证核算形式与科目汇总表核算形式相似。这种核算形式的特点是：根据记账凭证定期编制汇总记账凭证，然后再根据汇总记账凭证登记总分类账。

在汇总记账凭证核算形式下，一般应根据经济业务的不同性质，分别设置收款凭证、付款凭证和转账凭证三种记账凭证；设置库存现金日记账、银行存款日记账和总分类账，其格式一般均为三栏式；根据需要设置相应种类和格式的明细分类账。

在设置收款凭证、付款凭证和转账凭证三种记账凭证情况下，应根据三种记账凭证分别编制汇总收款凭证、汇总付款凭证和汇总转账凭证。汇总收款凭证应当按照库存现金和银行存款科目的借方分别设置，按贷方科目归类汇总。汇总付款凭证应当按照库存现金和银行存款科目的贷方分别设置，按借方科目归类汇总，定期汇总填列一次，每月填制一张。月终时，应当计算出合计数，以便登记总分类账。汇总转账凭证应当按照每一科目贷方分别设置，按借方科目归类汇总，定期汇总填列一次，每月填制一张。为了便于编制汇总转账凭证，所有转账凭证中必须是一个贷方科目同一个或几个借方科目相对应，不能出现“一借多贷”的情况。

（二）汇总记账凭证核算形式的账务处理程序

（1）根据原始凭证或原始凭证汇总表分别填制收款凭证、付款凭证和转账凭证。

（2）根据收款凭证、付款凭证逐日逐笔登记库存现金、银行存款日记账。

（3）根据记账凭证及其所附的原始凭证逐笔登记各种明细分类账。

（4）根据收款凭证、付款凭证和转账凭证，定期编制汇总收款凭证、汇总付款凭证和汇总转账凭证。

（5）月终，根据汇总收款凭证、汇总付款凭证和汇总转账凭证登记总分类账。

（6）定期进行总分类账与日记账、明细账之间的核对。

（7）根据总账和明细账编制会计报表。

汇总记账凭证核算形式的账务处理程序如图6－3所示。

（三）汇总记账凭证核算形式的优缺点及适用范围

在汇总记账凭证核算形式下，收款凭证以借方账户为主，按对应的贷方账户加以汇

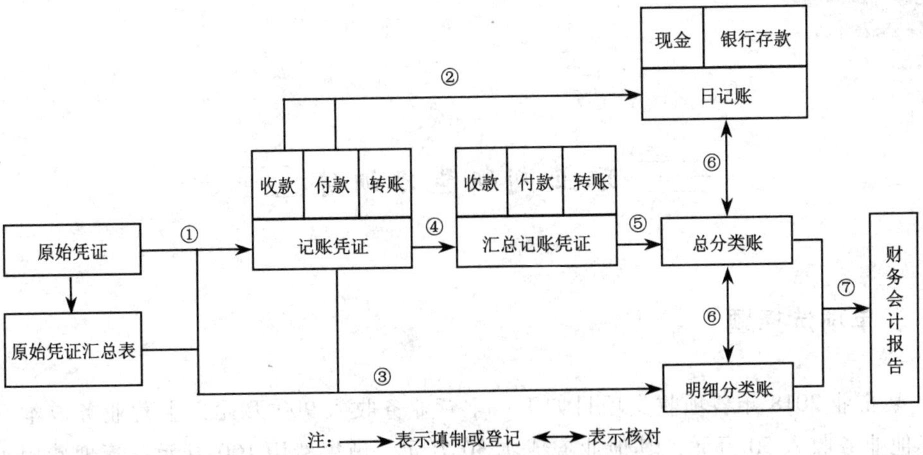

图 6－3　汇总记账凭证核算形式账务处理程序图

总，付款凭证和转账凭证以贷方账户为主，按对应的借方账户进行汇总，这就简化了凭证的整理归类工作。并且，汇总记账凭证按照科目对应关系进行归类、汇总，并根据汇总记账凭证的汇总数字一次过入总分类账，这不仅可以清晰地反映科目之间的相互关系，了解经济业务的来龙去脉，便于查对和分析账目，而且简化了登记总分类账工作，提高了核算效率。

但是，汇总转账凭证，是按每一贷方科目，而不是按经济业务的性质归类汇总，因而不利于日常核算工作的合理分工，而且定期汇总记账凭证的工作量也比较大。汇总记账凭证核算形式一般适用于生产经营规模较大、经济业务较多的企业。

【知识归纳】

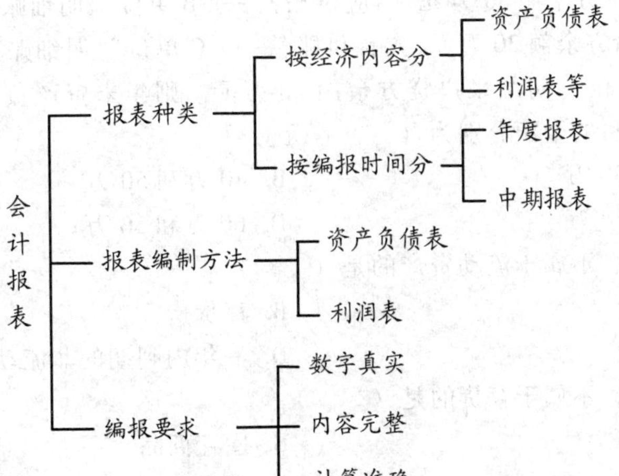

【职业能力训练】

职业判断能力训练

一、单项选择题

1. 某企业2018年各项收支项目如下：主营业务收入900万元，主营业务成本500万元，其他业务收入50万元，其他业务成本30万元，销售费用100万元，管理费用150万元，财务费用60万元，税金及附加20万元，营业外支出10万元。则该企业2018年度的营业利润为（　　）万元。

A. 60　　B. 70

C. 80　　D. 90

2. 某公司2018年年末“应收账款”总账借方余额为12万元，其中“应收账款——甲单位”明细账户借方余额15万元，“应收账款——乙单位”明细账户贷方余额3万元；“预收账款”总账贷方余额10万元，“预收账款——丙单位”明细账户贷方余额10万元。则年末资产负债表中“应收账款”和“预收款项”项目的金额分别为（　　）元。

A. 12万和10万　　B. 12万和13万

C. 15万和10万　　D. 15万和13万

3. 某公司2018年年末“应付账款”总账贷方余额为40万元，其中“应付账款——A单位”明细账户贷方余额30万元，“应付账款——B单位”明细账户贷方余额10万元；“预付账款”总账借方余额30万元，“预付账款——C单位”明细账户借方余额50万元，“预付账款——D单位”明细账户贷方余额20万元。则年末资产负债表中“应付账款”和“预付款项”项目的金额分别为（　　）元。

A. 40万和30万　　B. 40万和50万

C. 60万和50万　　D. 60万和30万

4. 下列资产中，不属于流动资产的是（　　）。

A. 货币资金　　B. 存货

C. 在建工程　　D. 一年内到期的非流动资产

5. 下列各项中，不属于存货的是（　　）。

A. 原材料　　B. 库存商品

C. 工程物资　　D. 周转材料

6. 区分不同会计核算形式的根本标志是（　　）。

A. 编制记账凭证的依据不同　　B. 登记明细账的依据不同

C. 编制会计报表的依据不同　　D. 登记总账的依据不同

7. 科目汇总表核算形式与汇总记账凭证核算形式的相同点是（　　）。

A. 简化了登记总账的工作量　　B. 保持了账户间的对应关系

C. 记账凭证的汇总方法相同　　D. 登记总账的依据相同

8.（　　）核算形式是最基本的一种会计核算形式。

A. 记账凭证　　B. 原始凭证

C. 汇总记账凭证　　D. 科目汇总表

9. 适用于规模较小、业务量不多的单位的会计核算形式是（　　）。

A. 记账凭证核算形式　　B. 汇总原始凭证核算形式

C. 汇总记账凭证核算形式　　D. 科目汇总表核算形式

10. 记账凭证核算形式和汇总记账凭证核算形式的主要区别是（　　）。

A. 记账方法不同　　B. 凭证及账簿组织不同

C. 记账程序不同　　D. 登记总账的依据不同

11. 直接根据记账凭证逐笔登记总账的会计核算形式是（　　）。

A. 记账凭证核算形式　　B. 汇总原始凭证核算形式

C. 汇总记账凭证核算形式　　D. 科目汇总表核算形式

12. 关于汇总记账凭证核算形式，下列说法中错误的是（　　）。

A. 汇总转账凭证按每一账户的贷方设置，归类汇总

B. 根据记账凭证定期编制汇总记账凭证

C. 根据汇总记账凭证登记总账

D. 根据原始凭证或原始凭证汇总表登记总账

13. 关于科目汇总表核算形式，下列说法中正确的是（　　）。

A. 登记总账的直接依据是记账凭证

B. 与记账凭证核算形式相比，多了一道编制汇总记账凭证的程序

C. 登记总账的直接依据是科目汇总表

D. 编制会计报表的直接依据是科目汇总表

14. 编制科目汇总表的直接依据是（　　）。

A. 原始凭证　　B. 记账凭证

C. 汇总原始凭证　　D. 汇总记账凭证

15. 在各种会计核算形式中，不能作为登记总账依据的是（　　）。

A. 汇总原始凭证　　B. 汇总记账凭证

C. 科目汇总表　　D. 记账凭证

16. 会计核算形式的核心是（　　）。

A. 凭证组织　　B. 账簿组织

C. 报表组织　　D. 账务处理程序

17. 科目汇总表核算形式的特点是根据（　　）登记总账。

A. 原始凭证　　B. 记账凭证

C. 科目汇总表　　D. 汇总记账凭证

18. 汇总收款凭证的借方科目可能是（　　）。

A. 生产成本或制造费用　　B. 固定资产或无形资产
C. 库存现金或银行存款　　D. 短期借款或长期借款

19. 汇总转账凭证是按（　　）科目设置的。
A. 借方　　B. 贷方
C. 借方或贷方　　D. 贷方和借方

20. 根据科目汇总表登记总账，在简化登记总账工作的同时也起到了（　　）作用。
A. 反映账户对应关系　　B. 发生额试算平衡
C. 简化明细账的登记　　D. 简化日记账的登记

二、多项选择题

1. 利润表中“税金及附加”项目反映企业应缴纳的（　　）。
A. 增值税　　B. 印花税
C. 教育费附加　　D. 城市维护建设税

2. 资产负债表中，“存货”项目包括（　　）。
A. 在途物资　　B. 原材料
C. 生产成本　　D. 工程物资

3. 根据企业会计准则，各企业应编报的会计报表有（　　）。
A. 资产负债表　　B. 利润表
C. 科目汇总表　　D. 职工薪酬统计表

4. 资产负债表中“应收账款”项目应包括（　　）。
A. “应收账款”明细账户的借方余额　　B. “预收账款”明细账户的借方余额
C. “应收账款”明细账户的贷方余额　　D. “预收账款”明细账户的贷方余额

5. 下列各项中，能根据有关总账账户余额直接填列的项目有（　　）。
A. 短期借款　　B. 实收资本
C. 交易性金融资产　　D. 应付账款

6. 资产负债表中，“货币资金”项目包括（　　）。
A. 库存现金　　B. 银行存款
C. 其他应收款　　D. 其他货币资金

7. 记账凭证核算形式、科目汇总表核算形式、汇总记账凭证核算形式应共同遵循的程序有（　　）。
A. 根据总账和明细账编制会计报表
B. 日记账、明细账的余额与有关总账余额核对
C. 根据记账凭证逐笔登记总账
D. 根据记账凭证及其所附的原始凭证、汇总原始凭证登记各种明细账

8. 为了便于汇总记账凭证的编制，平时编制记账凭证时，应尽量使账户间的对应关系保持（　　）。
A. 一借一贷　　B. 一借多贷

C. 多借一贷　　D. 多借多贷

9. 适用于生产经营规模较大、业务较多企业的会计核算形式有（　　）。

A. 记账凭证核算形式　　B. 科目汇总表核算形式

C. 汇总记账凭证核算形式　　D. 汇总原始凭证核算形式

10. 会计核算形式是指（　　）相结合的方式。

A. 会计科目　　B. 会计凭证

C. 会计账簿　　D. 会计报表

11. 各种会计核算形式下，登记明细账的依据可能有（　　）。

A. 原始凭证　　B. 汇总原始凭证

C. 记账凭证　　D. 汇总记账凭证

12. 在记账凭证核算形式下，不能作为登记总账依据的是（　　）。

A. 原始凭证　　B. 汇总原始凭证

C. 记账凭证　　D. 汇总记账凭证

13. 不同会计核算形式所具有的相同之处有（　　）。

A. 登记总账的直接依据相同　　B. 登记明细账的直接依据相同

C. 编制记账凭证的直接依据相同　　D. 编制会计报表的直接依据相同

14. 关于汇总记账凭证，下列表述正确的有（　　）。

A. 汇总记账凭证是一种记账凭证

B. 汇总记账凭证保持了账户之间的对应关系

C. 汇总记账凭证可以简化总账的登记工作

D. 汇总记账凭证能简化明细账的登记工作

三、判断题

1. 我国企业会计准则规定，资产负债表采用账户式结构，而利润表则采用报告式结构。（　）

2. 资产负债表中，“应付职工薪酬”项目应根据“应付职工薪酬”总账账户余额直接填列。（　）

3. 资产负债表中，“货币资金”项目应根据“库存现金”“银行存款”“其他货币资金”账户余额的合计数填列。（　）

4. 利润表中，营业利润应以营业收入为基础，减去营业成本、税金及附加、销售费用、管理费用、财务费用、资产减值损失，加减公允价值变动损益和投资收益来计算求得。（　）

5. 资产负债表和利润表的编制依据都是有关账户的期末余额。（　）

6. 资产负债表中，“长期借款”项目应根据“长期借款”账户余额直接填列。

（　）

7. 资产负债表是时点报表，主要反映企业的财务状况和偿债能力；利润表是期间报表，主要反映企业的获利能力。（　）

8. 流动负债是指自资产负债表日起一年内(含一年)到期应予以清偿的负债。（ ）
9. 各种会计核算形式的主要区别在于登记总账的依据不同。（ ）
10. 为了便于汇总记账凭证的编制，平时只能编制一借一贷的记账凭证。（ ）
11. 汇总记账凭证核算形式适用于规模小、业务量少的单位。（ ）
12. 科目汇总表核算形式能科学地反映账户间的对应关系，便于核对账目。（ ）
13. 汇总记账凭证核算形式，就是将一定期间内所有记账凭证汇总编制一张汇总记账凭证，并据以登记总账。（ ）
14. 科目汇总表核算形式的特点是根据记账凭证编制科目汇总表，并根据科目汇总表编制会计报表。（ ）
15. 记账凭证核算形式的特点是直接根据各种记账凭证登记总账。（ ）
16. 汇总记账凭证核算形式既能保持账户间的对应关系，又能减轻登记总账和明细账的工作量。（ ）
17. 科目汇总表核算形式虽然能减轻登记总账的工作量，但不能保持账户间的对应关系。（ ）
18. 记账凭证核算形式的主要特点是将记账凭证分为收款、付款、转账三种。（ ）
19. 企业不论采用哪种会计核算形式，都应当设置总账、明细账、日记账。（ ）
20. 各种会计核算形式的共同点之一是编制会计报表的依据相同。（ ）
21. 会计报表是根据总账、明细账、日记账的记录定期编制的。（ ）
22. 无论采用哪种会计核算形式，登记日记账、明细账的依据都是相同的。（ ）
23. 科目汇总表可以反映账户间的对应关系，但不能起到试算平衡的作用。（ ）
24. 现金日记账、银行存款日记账都是根据收款凭证和付款凭证或通用记账凭证逐日逐笔顺序登记的。（ ）
25. 汇总记账凭证的作用和科目汇总表相似，但它们的结构不同，编制的方法也不同。（ ）
26. 汇总记账凭证一律按每一账户的借方设置，并按其对应的贷方账户归类汇总。（ ）

职业实践能力训练

实训一　资产负债表

（一）目的

掌握资产负债表的编制方法。

（二）要求

根据下列资料编制资产负债表。

（三）资料

恒泰股份有限公司 2019 年 6 月 30 日有关账户余额如表 6－5 所示，据以编制资产负债表（年初数省略）。

表 6－5　有关总分类账户余额　单位：元

会计科目	借方余额	会计科目	贷方余额
库存现金	2 000	短期借款	300 000
银行存款	3 300 000	应付票据	80 000
其他货币资金	500 000	应付账款	44 200
应收票据	68 500	应付职工薪酬	86 500
应收账款	128 200	应付股利	160 000
在途物资	30 000	应交税费	220 000
原材料	1 000 000	长期借款 其中：一年内到期	1 800 000 （500 000）
库存商品	1 480 000	股本	10 000 000
长期股权投资	1 100 000	资本公积	250 000
固定资产	7 000 000	盈余公积	268 000
无形资产	100 000	本年利润	300 000
生产成本	300 000	累计折旧	1 500 000
合　计	15 008 700	合　计	15 008 700

实训二　利润表

（一）目的

掌握利润表的编制方法。

（二）要求

根据下列资料编制 6 月份利润表。

（三）资料

泰恒公司 2019 年 6 月损益类账户发生额如表 6－6 所示，据以编制利润表。

表 6－6　损益类账户发生额　单位：元

会计科目	2019 年 6 月份发生额		2018 年 6 月份发生额	
	借　方	贷　方	借　方	贷　方
主营业务收入		2 360 000		2 250 000
其他业务收入		285 000		260 000
投资收益		118 000		125 000

续表

会计科目	2019年6月份发生额		2018年6月份发生额	
	借　方	贷　方	借　方	贷　方
营业外收入		12 000		
主营业务成本	1 420 000		1 300 000	
其他业务成本	35 000		28 000	
税金及附加	186 000		140 000	
销售费用	239 000		250 000	
管理费用	263 000		260 000	
财务费用	68 000		65 000	
营业外支出	6 000		2 000	
所得税费用	156 000		149 000	

职业拓展能力训练

会计核算形式

（一）目的

练习科目汇总表核算形式。

（二）要求

1. 根据资料1开设总分类账户并过入期初余额。
2. 根据资料2开设有关明细分类账户，并过入期初余额。
3. 根据资料3运用科目汇总表核算形式进行账务处理（每10天编制一次汇总表）。

（三）资料

1. 泰岳股份有限公司2018年11月30日各资产、权益类总账账户余额如表6-7所示。

表6-7　　总账账户余额表　　单位：元

账户名称	借方余额	账户名称	贷方余额
库存现金	3 000	应付票据	80 000
银行存款	5 180 550	短期借款	200 000
应收票据	120 000	应付账款	85 100

续表

账户名称	借方余额	账户名称	贷方余额
应收账款	180 000	预付账款	100 000
其他应收款	5 000	应付职工薪酬	96 000
在途物资	61 000	应交税费	45 000
原材料	720 000	长期借款	210 000
库存商品	2 300 000	股本	11 790 000
固定资产	7 723 000	资本公积	100 000
无形资产	301 700	盈余公积	154 000
利润分配	786 000	本年利润	2 308 150
		累计折旧	2 212 000
合　计	17 380 250	合　计	17 380 250

2. 有关明细账户余额如下：

应收票据：D 单位 120 000 元

应收账款：E 单位 120 000 元；F 单位 60 000 元

其他应收款：李平 3 000 元；王伟 2 000 元

在途物资：A 单位 61 000 元

原材料：甲材料 10 000 千克，15 元/千克，计 150 000 元
　　　　乙材料 6 000 千克，60 元/千克，计 360 000 元
　　　　丙材料 8 000 千克，20 元/千克，计 160 000 元
　　　　丁材料 1 000 千克，50 元/千克，计 50 000 元

库存商品：M 商品 10 000 件，每件 110 元，计 1 100 000 元
　　　　　N 商品 8 000 件，每件 150 元，计 1 200 000 元

应付票据：C 单位 80 000 元

应付账款：B 单位 85 100 元

预收账款：D 单位 100 000 元

应交税费：应交所得税 38 000 元
　　　　　应交城市维护建设税 4 900 元
　　　　　应交教育费附加 2 100 元

利润分配：未分配利润 80 000 元（贷方）
　　　　　提取盈余公积 346 000 元（借方）
　　　　　应付现金股利 520 000 元（借方）

3. 12 月发生经济业务如下：

（1）1 日，签发转账支票（票号为 60349）购买办公用品 1 500 元，交付使用。车间领用 200 元，管理部门领用 1 000 元，销售部门领用 300 元。

（2）1 日，仓库送来收货单，上月从 A 单位购进的乙材料 1 000 千克，61 元/千克，

计61 000元（上月已付款），今日到货，验收入库。

（3）2日，上月委托银行向E单位收取的货款120 000元，银行已收妥入账，收到收账通知；同日，F单位交来转账支票一张，归还前欠货款60 000元，当即填制进账单送存银行。

（4）2日，管理人员李平出差归来，报销差旅费2 800元，余款200元交回现金。

（5）2日，向D企业销售M产品3 000件，单价为160元，计480 000元，增值税税额为62 400元，扣除100 000元预收款，其余款项收到转账支票，当即填制进账单送存银行。

（6）3日，签发转账支票（票号为60350）偿还前欠B单位货款85 100元。

（7）6日，向A单位购买甲材料3 000千克，单价为15元，计45 000元，增值税税额为5 850元，货款及运费3 000元（增值税税额为270元）通过银行汇出，材料入库。

（8）7日，上交上月各项税金和教育费附加。

（9）8日，以转账支票（票号为60351）支付省电视台广告费120 000元。

（10）8日，签发转账支票（票号为60352）预付C单位货款100 000元。

（11）9日，向E单位销售M产品1 000件，单价150元，计150 000元；N产品2 000件，单价为200元，计400 000元。增值税税额共计71 500元。以现金为对方垫付运杂费300元，已办妥委托银行收款手续。

（12）9日，车间技术人员王伟出差归来，报销差旅费3 000元（原借2 000元），出纳员付给王伟现金1 000元。

（13）10日，签发转账支票（票号为60353）支付电费16 200元，其中车间耗用12 000元，厂部3 000元，销售部门1 200元。

（14）12日，从C单位购买乙材料2 000千克，单价为61元，计122 000元，增值税税额为15 860元。扣除预付的货款100 000元，差额以转账支票支付（票号为60354），材料入库。

（15）12日，经批准增发新股500万股，每股面值1元，售价1.80元，款项9 000 000元收妥入账。

（16）12日，9日委托银行向E单位收取的款项已划回入账，收到收账通知。

（17）12日，向B企业购进丙材料3 000千克，单价18元，计54 000元；丁材料1 000千克，单价50元，计50 000元。增值税共计13 520元。款项签发转账支票（票号为60355）付讫，材料入库。

（18）12日，签发转账支票（票号为60356）向希望工程捐款100 000元。

（19）15日，签发现金支票（票号为21693），从银行提取现金2 000元备用。

（20）16日，发放本月工资69 000元（通过银行转入职工个人储蓄账户）。

（21）17日，向D企业销售M产品3 500件，单价160元，计560 000元；N产品1 000件，单价200元，计200 000元。增值税税额共计98 800元。货款收到支票一张，送存银行。

（22）18日，以银行存款偿还到期的短期借款100 000元。

（23）18日，签发转账支票（票号为60367）支付电话费15 000元，其中车间3 000

元，厂部5 000元，销售部门7 000元。

（24）18日，销售人员李文出差，借支差旅费3 000元，付给其现金。

（25）19日，从A企业购买甲材料3 000千克，单价14元，计42 000元；乙材料3 000千克，单价58元，计174 000元。增值税税额共计28 080元，对方代垫运费为5 000元（按重量比例分摊），增值税税额为450元。材料入库，款项暂欠。

（26）19日，接银行利息通知单，支付本月短期借款利息8 000元。

（27）20日，从银行汇出款项249 530元，偿还欠A单位货款。

（28）21日，从A单位购进丙材料5 000千克，单价21元，计105 000元；丁材料2 000千克，单价48元，计96 000元。增值税税额共计26 130元。对方代垫运费为4 200元（按重量比例分摊），增值税税额为378元。款项承付，材料同日到达，验收无误，入库。

（29）21日，向E企业销售N产品1 000件，单价200元，计200 000元，增值税税额为26 000元。收到商业汇票一张，期限二个月。

（30）23日，分配本月工资。生产M产品工人工资20 000元，N产品工人工资18 000元，车间管理人员工资4 000元，厂部管理人员工资15 000元，销售人员工资12 000元。

（31）23日，按职工工资总额的8%计提职工福利。

（32）25日，计提固定资产折旧30 000元，其中车间16 000元，厂部11 000元，销售部门3 000元。

（33）26日，仓库送来发出材料汇总表（如表6－8所示），要求在原材料明细分类账中计算加权平均单价，进而计算发出材料成本，并进行结转。

表6－8　　　　发出材料汇总表　　　　单位：千克

用　途	甲　材　料	乙　材　料	丙　材　料	丁　材　料
生产M产品	10 000	3 000	2 000	
生产N产品		5 000	9 000	2 800
车间一般耗用			500	180
厂部耗用			300	20
销售部门耗用			200	
合　计	10 000	8 000	12 000	3 000

（34）28日，按生产工人工资比例计算分配制造费用，将其计入M、N产品成本。

（35）29日，计算结转本月产品销售成本。

（36）30日，本月M产品投产4 560件，N产品投产4 920件，月末全部完工。计算M、N产品的总成本和单位成本，并作产品入库的账务处理。

（37）30日，经计算，本月应交城市维护建设税15 400元，教育费附加6 600元。

（38）31日，将损益类账户本月发生额结转“本年利润”账户。

（39）31日，根据本月利润总额按25%计算结转应交所得税。

（40）31日，按全年净利润的10%计提法定盈余公积。

（41）31日，进行年终转账。

项目七 会计资料的整理与归档

学习目标

1. 能够引起会计人员对会计档案管理的足够重视
2. 能够使会计人员熟悉相关法律法规对会计档案管理的规定
3. 能够使会计人员学会对会计档案进行整理和装订，会建立会计档案，会对会计档案进行保管
4. 能够掌握会计档案的保管期限和销毁的相关知识，并能够应用于实际工作中

任务一 会计档案的整理与装订

【引导案例】

2019年1月10日，新华公司财务科对2018年12月的记账凭证、2018年1—12月份的会计账簿、会计报表和其他会计档案进行整理和装订。该项工作由会计主管邱天、记账员（明细账）林传文、张质斌以及出纳员王海共同完成。这项工作大概需要2天时间。

思考：你知道哪些资料是会计档案吗？会计人员应该怎样整理和装订会计档案？

【知识准备】

一、会计档案的概念和种类

（一）会计档案的概念

会计档案是指会计凭证、会计账簿和会计报表等会计核算专业材料，是记录和反映经济业务事项的重要历史资料和证据。

《中华人民共和国会计法》规定，各单位对会计凭证、会计账簿、会计报表和其他会计资料应当建立档案，妥善保管。会计档案的保管和销毁办法，由国家财政部门会同有关部门制定。财政部和国家档案局于 2015 年 12 月公布（2016 年 1 月起实施了新的《会计档案管理办法》），对会计档案的立卷、归档、保管调阅和销毁，以及单位变更后的会计档案管理问题作出了更加明确的规定。

（二）会计档案的种类

会计档案具体包括下列内容：

（1）会计凭证类，包括原始凭证、记账凭证、汇总凭证以及其他会计凭证。

（2）会计账簿类，包括总账、明细账、日记账、固定资产卡片、辅助账簿以及其他会计账簿。

（3）会计报表类，包括月度、季度、年度会计报表以及报表附注及文字说明。

（4）其他类，包括银行存款余额调节表、银行对账单、其他应当保存的会计核算专业资料以及会计档案移交清册、会计档案保管清册、会计档案销毁清册等。

二、会计凭证的整理与装订

会计凭证是会计档案的重要组成部分，会计人员要做好会计凭证的整理和装订工作。整理会计凭证时，首先，要把所有应归档的会计凭证收集齐全，根据不同的种类，按时间或按顺序号逐张排放好。其次，整理记账凭证的附件，剔除不属于会计档案范围和没有必要归档的一些资料，补充遗漏的必不可少的核算资料。再次，清除订书针、曲别针等金属物。最后，将记账凭证按适当厚度分成若干本。将会计凭证整理好后，应按照有关规定的要求，将会计凭证装订成册。会计凭证要做到装订整齐、完整、牢固，妥善保管，便于查阅。

会计凭证装订完毕之后，还要完成以下工作：首先，要认真填好会计凭证的封面。封面各记事栏是事后查账和查证有关事项的最基础的索引。其次，填好卷脊上的项目。卷脊上一般应写上“×年×月凭证”和案卷号。最后，将装订好的凭证装入会计凭证盒，由专人负责保管。会计凭证盒各记事栏也要填写完整。

三、会计账簿的整理与装订

年度终了，各种会计账簿，包括总账、明细账、日记账、固定资产卡片、辅助账簿、其他会计账簿等，在结转下年、建立新账后，一般都要把旧账送交总账会计集中统一整理。需要重新整理和装订的是活页账，如各种明细账。首先，将活页账的空白账页抽出，编写页码，按页码顺序排好，加封面后，根据会计账户性质和厚度装订成若干册。然后，填写会计账簿封面。会计账簿封面的有关内容要填写齐全。最后，将装订好的会计账簿分类装入盒内。对于订本账，可直接分类归档。

四、会计报表的整理与装订

会计报表一般在年度终了后，一般由主管报表的人员或会计机构负责人统一收集、整理、装订，并立卷归档。平时，月度和季度报表，由主管报表人员负责保存。年终，将全年会计报表，按时间顺序整理装订成册，登记会计档案（会计报表）目录，逐项写明报表名称、页数、归档日期等。经会计机构负责人审核、盖章后，由主管报表人员负责装盒归档。

五、其他会计资料的整理与保存

其他会计资料，包括银行存款余额调节表、银行对账单、年（季）度成本、利润计划、月度财务收支计划、经济活动分析报告、工资计算表及一些重要的经济合同，会计档案移交清册、会计档案保管清册、会计档案销毁清册等，也应随同正式会计档案进行收集整理。但是，这部分资料不是全部移交档案部门，有的在一个相当长时间内，由会计部门保存。这就需要认真筛选，把收集起来的这些资料，逐件进行鉴别，将需移交档案部门保管存放的，按要求另行组卷装订，而后移交档案部门。

会计档案的整理和装订要规范化。封面、盒、袋要按统一的尺寸、规格制作，卷脊、封面的内容要按统一的项目印制、填写。要做到收集按范围，整理按规范，装订按标准。

任务二
会计档案的归档与移交

【引导案例】

2019 年 1 月 12 日，新华公司将 2018 年度的所有会计档案整理并装订完毕，交给会计主管邱天，由他编制会计档案保管清册，然后归档保管。一年期满后，再交单位档案室保管。2019 年，新华公司发生了以下与会计档案管理有关的事项：

(1) 1 月 31 日，邱天生病了，需要休息 1 个月，临时交接有关工作，经理袁强委托出纳员王海临时保管会计档案。

(2) 3 月 10 日，业务往来单位家乐佳有限公司因业务需要，经新华公司领导批准，并办理登记手续后，查阅了 2018 年有关会计档案，对有关原始凭证进行了复制，并办理了登记手续。

思考：由单位出纳员王海临时保管会计档案的做法是否合法？业务往来单位家乐佳查阅会计档案的做法是否合法？

【知识准备】

一、会计档案的归档

根据《会计档案管理办法》的规定，各单位每年形成的会计档案，应当由会计机构按照归档要求，负责整理立卷，装订成册，编制会计档案保管清册。

当年形成的会计档案，在会计年度终了后，可暂由会计机构保管一年，期满之后，应当由会计机构编制移交清册，移交本单位档案机构统一保管；未设立档案机构的，应当在会计机构内部指定专人保管。出纳人员不得兼管会计档案。

移交本单位档案机构保管的会计档案，原则上应当保持原卷册的封装。个别需要拆封重新整理的，档案机构应当会同会计机构和经办人员共同拆封整理，以分清责任。

二、会计档案的移交

单位之间交接会计档案的，交接双方应当办理会计档案交接手续。

移交会计档案的单位，应当编制会计档案移交清册，列明应当移交的会计档案名称、卷号、册数、起止年度和档案编号、应保管期限、已保管期限等内容。

交接会计档案时，交接双方应当按照会计档案移交清册所列内容逐项交接，并由交接双方的单位负责人负责监交。交接完毕后，交接双方经办人和监交人应当在会计档案移交清册上签名或者盖章。

各单位保存的会计档案不得借出。如有特殊需要，如有经济业务往来的单位需要查阅与业务相关的会计凭证或公检法等监察部门需要查询与案件有关的会计资料等，经本单位负责人批准，可以提供查阅或者复制，但必须办理登记手续。查阅或者复制会计档案的人员，严禁在会计档案上涂画、拆封和抽换。

各单位应当建立健全会计档案查阅、复制登记制度。

根据【任务案例】，经理袁强委托出纳员王海临时保管会计档案的做法是错误的，出纳员不得兼管会计档案的保管工作；业务往来单位家乐佳经领导批准，并办理登记手续后，查阅、复制会计档案的做法是合法的。

任务三
会计档案的保管与销毁

【引导案例】

新华公司一年以上的会计档案，由档案室王明保管。王明工作认真负责，对会计档案的管理整齐有序，他将会计档案分别按保管期限和会计档案种类进行存放保管。2018年10月31日，他对会计档案进行了整理，发现一部分会计档案保管期限已满，决定向经理袁强提出销毁意见，对其进行销毁。这部分会计档案包括：保管期限已满30年的会计凭证一批、保管期限已满30年的会计账簿一批、保管期限已满10年的银行对账单和银行存款余额调节表一批、保管期限已满10年的月度和季度财务报表（包括文字分析）一批。王明将需要永久保存的年度财务会计报告（包括文字分析）、会计档案保管清册和会计档案销毁清册单独存放。经理袁强批准了王明的申请。王明编制了会计档案销毁清册，袁强签字后，将以上保管期限已满的会计档案于当天进行了销毁，并由专人负责监销。

思考：以上案例中，新华公司对保管期满的会计档案进行销毁的做法是否合法？

【知识准备】

一、会计档案的保管

根据《会计档案管理办法》的规定，会计档案的保管期限分为永久和定期两类。永久是指会计档案须永久保存；定期是指会计档案保存应达到法定的时间。会计档案的定期保管期限分为10年和30年两类。会计档案的保管期限，从会计年度终了后的第一天算起。《会计档案管理办法》分别规定了企业和其他组织会计档案保管期限和财政总预算、行政单位、事业单位和税收会计档案保管期限。《会计档案管理办法》所附企业和其他组织会计档案保管期限表如表7-1所示。

表7-1 企业和其他组织会计档案保管期限表

序号	档案名称	保管期限	备注
一	会计凭证类		
1	原始凭证	30年	
2	记账凭证	30年	
二	会计账簿类		
3	总账	30年	
4	明细账	30年	
5	日记账	30年	
6	固定资产卡片		固定资产报废清理后5年
7	其他辅助性账簿	30年	
三	财务报告类		包括各级主管部门
8	月度、季度、半年度财务会计报告	10年	包括文字分析
9	年度财务会计报告	永久	包括文字分析
四	其他会计资料		
10	银行存款余额调节表	10年	
11	银行对账单	10年	
12	纳税申报表	10年	
13	会计档案移交清册	30年	
14	会计档案保管清册	永久	
15	会计档案销毁清册	永久	
16	会计档案鉴定意见书	永久	

《会计档案管理办法》规定的会计档案保管期限为最低保管期限，各类会计档案的保管原则上应当按照《会计档案管理办法》附表所列期限执行。

各单位会计档案的具体名称如有同《会计档案管理办法》附表所列档案名称不相符的，可以比照类似档案的保管期限办理。

对会计档案应当科学管理，妥善保管，存放有序。严禁随意堆放，严防毁损、散失和泄密。

二、会计档案的销毁

会计档案的销毁是会计档案管理的重要内容，必须严格规范有序进行。

保管期满的会计档案，除《会计档案管理办法》规定的特殊情形外，可以按照以下程序销毁。

（一）编造会计档案销毁清册

由本单位档案机构会同会计机构提出销毁意见，编制会计档案销毁清册，列明销毁会计档案的名称、卷号、册数、起止年度和档案编号、应保管期限、已保管期限、销毁时间等内容。单位档案机构和会计机构将编制好的会计档案销毁清册和销毁意见报本单位负责人，单位负责人进行复核后，在会计档案销毁清册上签署销毁意见。

（二）专人负责监销

监销人在销毁会计档案前，应当按照会计档案销毁清册所列内容清点核对所要销毁的会计档案。

会计档案销毁时，监销人员根据不同情况有相应的单位派出。一般企业、事业单位和组织，应当由档案机构和会计机构共同派员监销；国家机关销毁会计档案时，应当由同级财政部门、审计部门派员参加监销；财政部门销毁会计档案时，应当由同级审计部门派员参加监销。

销毁后，应当在会计档案销毁清册上签名盖章，并将监销情况报告本单位负责人。

（三）不得销毁的会计档案

根据《会计档案管理办法》的规定，保管期满但未结清的债权债务原始凭证和涉及其他未了事项的原始凭证，不得销毁，应当单独抽出立卷，保管到未了事项完结时为止。单独抽出立卷的会计档案，应当在会计档案销毁清册和会计档案保管清册中列明。

正在项目建设期间的建设单位，其保管期满的会计档案不得销毁。

另外，采用电子计算机进行会计核算的单位，应当保存打印出的纸质会计档案。

具备采用磁带、磁盘、光盘、微缩胶片等磁性介质保存会计档案条件的，由国务院业务主管部门统一规定，并报财政部、国家档案局备案。

【任务案例】中，新华公司对保管期满的会计档案进行销毁的做法是不合法的。

【知识归纳】

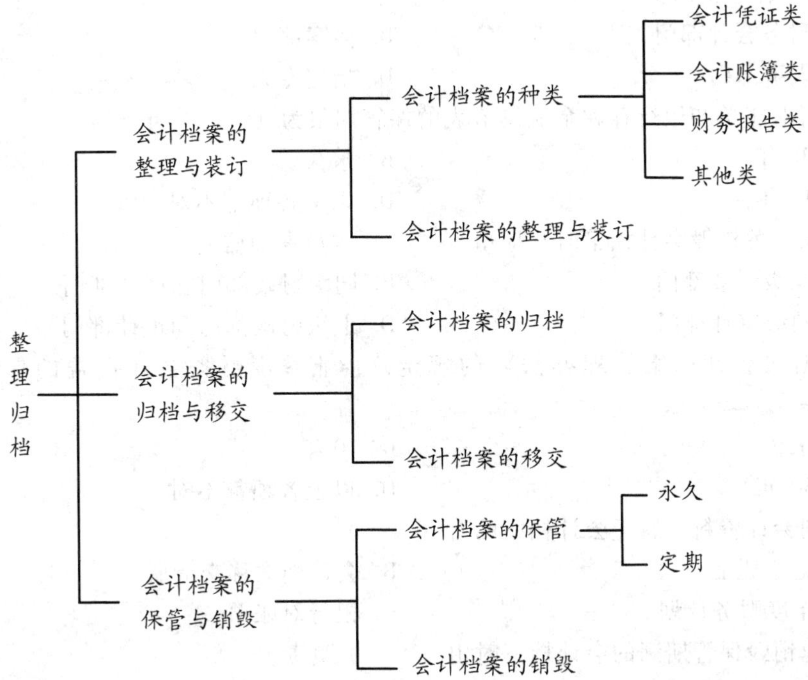

【职业能力训练】

职业判断能力训练

一、单项选择题

1. 下列会计档案中需要保管 10 年的是（　　）。
   A. 银行存款总账　　B. 银行存款日记账
   C. 银行对账单　　D. 辅助账簿
2. 以下内容不属于会计档案的是（　　）。
   A. 库存现金日记账　　B. 总账
   C. 购销合同　　D. 购货发票
3. 下列会计档案中，不需要永久保存的是（　　）。
   A. 年度财务报告　　B. 银行存款日记账和总账

C. 会计档案保管清册　　D. 会计档案销毁清册

4. 各单位每年形成的会计档案，都应由本单位（　　）负责整理立卷，装订成册，编制会计档案保管清册。

A. 财务会计部门　　B. 档案部门

C. 人事部门　　D. 指定专人

5. 银行对账单和银行存款余额调节表的保管期限为（　　）年。

A. 30 年　　B. 永久

C. 10 年　　D. 以上各项都不对

6. 国家机关销毁会计档案时，应由（　　）派员参加监销。

A. 同级财政部门　　B. 同级财政部门和审计部门

C. 同级审计部门　　D. 上级财政部门和审计部门

7. 根据《会计档案管理办法》的规定，企业季度财务会计报告的保管期限为（　　）。

A. 永久　　B. 10 年

C. 30 年　　D. 以上各项都不对

8. 下列会计资料不属于会计档案的有（　　）。

A. 记账凭证　　B. 会计档案移交清册

C. 年度财务计划　　D. 银行对账单

9. 企业销毁保管期满的会计档案时由（　　）负责。

A. 本单位的档案机构和会计机构共同派人

B. 主管部门派人

C. 同级财政部门派人

D. 同级财政和审计部门派人

10. 其他单位如果因特殊原因需要使用原始凭证时，经本单位负责人批准（　　）。

A. 可以借出　　B. 只可以查阅不能复制

C. 不可查阅或复制　　D. 可以查阅或复制

11. 按内部牵制原则的要求，会计机构中保管会计档案的人员，不得由（　　）兼任。

A. 会计人员　　B. 会计机构负责人

C. 出纳人员　　D. 会计主管人员

12. 固定资产卡片的保管期限为（　　）。

A. 固定资产报废清理时　　B. 固定资产报废清理后保管 10 年

C. 固定资产报废清理后保管 5 年　　D. 固定资产报废清理后保管 30 年

13. 其他会计核算资料是指与会计核算、会计监督密切相关、由会计部门负责办理有关数据资料，不包括（　　）。

A. 银行对账单　　B. 存贮在磁性介质上的会计数据

C. 财务数据统计资料　　D. 生产计划书

14. 会计档案保管期限是从（　　）起。

A. 本年会计年度末　　B. 会计年度终了的当天
C. 会计年度终了后的第一天　　D. 会计档案归档的当天

二、多项选择题

1. 下列属于会计档案的内容的是（　　）。
A. 原始凭证　　B. 总分类账
C. 财务情况说明书　　D. 会计档案保管清册
2. 会计档案中的定期档案的保管期限有（　　）。
A. 5 年　　B. 10 年
C. 30 年　　D. 永久
3. 保管期限为 10 年的会计档案有（　　）。
A. 月度财务报告　　B. 季度财务报告
C. 行政单位月度报表　　D. 银行存款余额调节表
4. 企业的下列会计档案中，保管期限为 30 年的应有（　　）。
A. 往来款项明细账　　B. 存货总账
C. 银行存款日记账　　D. 长期股权投资总账
5. 对本单位档案机构保管的会计档案，需要拆封重新整理的，应由（　　）同时参与，以分清责任。
A. 原财务会计部门　　B. 经办人
C. 本单位档案机构　　D. 本单位人事部门
6. 下列会计档案中保管期限为永久的有（　　）。
A. 年度财务会计报告　　B. 会计档案销毁清册
C. 现金和银行存款日记账　　D. 会计移交清册
7. 会计档案销毁清册中应列明所销毁会计档案的（　　）等内容。
A. 起止年度和档案编号　　B. 应保管期限
C. 已保管期限　　D. 销毁时间
8. 保管期满，不得销毁的会计档案有（　　）。
A. 未结清的债权债务原始凭证
B. 正在建设期间的建设单位的有关会计档案
C. 超过保管期限但尚未报废的固定资产购买凭证
D. 银行存款余额调节表
9. 下列会计资料中属于会计档案范围的有（　　）。
A. 银行对账单　　B. 财务收支计划
C. 会计账簿　　D. 会计档案移交清册
10. 下列会计档案中，保管期限为 30 年的有（　　）。
A. 原始凭证　　B. 库存现金日记账
C. 明细账　　D. 记账凭证

三、判断题

1. 本单位的会计档案机构为方便保管会计档案，可以根据需要对其拆封重新整理。（　）

2. 当年形成的会计档案，在会计年度终了后，可暂由本单位会计机构保管5年。（　）

3. 会计账簿类会计档案的保管期限均为15年。（　）

4. 各单位保存的会计档案原则上不得借出，但如有特殊需要，经本单位负责人批准，可以借出。（　）

5. 财政部门销毁会计档案时，应当由同级审计部门派员监销。（　）

6. 正在项目建设期间的建设单位，其保管期满的会计档案也不得销毁。（　）

7. 对于保管期满但未结清的债权债务原始凭证和涉及到其他未了事项的原始凭证，不得销毁，应单独抽查立卷，由档案部门保管到未了事项完结时为止。（　）

8. 财会部门或经办人，必须在会计年度终了后的第一天，将应归档的会计档案全部移交档案部门，保证会计档案齐全完整。（　）

9. 按照《会计档案管理办法》的规定，会计档案立卷后，可暂由本单位财会部门保管1年。（　）

10. 定期保存的凭证，只要保管期满，即可立即销毁。（　）

四、分析题

1. 济南路通市政公司档案科会同企管办对公司会计档案进行了清理，编造会计档案销毁清册，将保管期已满的会计档案按规定程序全部销毁，其中包括一些保管期满但尚未结清债权债务的原始凭证。

请分析该公司在销毁会计档案中是否有违反法律规定之处？请说明理由。

2. 济南路通市政公司是山东省建筑公司的业务往来单位，因业务需要，提出查阅山东省建筑公司2008年的有关会计档案。山东省建筑公司负责人批准后，济南路通市政公司查阅了其有关会计档案，复制了有关原始凭证，并办理了登记手续。

请分析山东省建筑公司向济南路通市政公司提供查阅会计档案、复制有关原始凭证是否符合法律规定？请说明理由。

3. 山东中元科技公司会计科的档案管理员吴梅要休产假5个月，公司经理许博为节省人力资源成本，委托出纳员李黎临时保管会计档案。

请分析由出纳员临时保管会计档案的做法是否符合法律规定？为什么？

参考文献

（1）财政部．企业会计准则讲解（2018 年版）．
（2）财政部．会计基础工作规范．1996．（2019 年修订）
（3）财政部，国家档案局．会计档案管理办法．1998．（2018 年修订）
（4）陈国辉．基础会计（第六版）［M］．大连：东北财经大学出版社．2018．
（5）吕静静．会计基础［M］．北京：水利水电出版社，2017．
（6）邹娟．会计基础［M］．北京：化学工业出版社，2018．